博洋咨询 PHDMC

管理咨询是一种力量

MANAGEMENT CONSULTING IS A KIND OF POWER

何腊柏◎著

十年企业管理咨询实践的心灵感悟

第三只眼睛对企业管理的冷静旁观

源于经典但更新颖鲜活的管理智慧

企业管理出版社
ENTERPRISE MANAGEMENT PUBLISHING HOUSE

图书在版编目（CIP）数据

管理咨询是一种力量/何腊柏著. —北京：企业管理出版社，2014.7

ISBN 978-7-5164-0861-2

Ⅰ. ①管… Ⅱ. ①何… Ⅲ. ①企业管理—咨询 Ⅳ. ①F270

中国版本图书馆CIP数据核字（2014）第113583号

书　　名：管理咨询是一种力量
作　　者：何腊柏
选题策划：刘　刚
责任编辑：程静涵
书　　号：ISBN 978-7-5164-0861-2
出版发行：企业管理出版社
地　　址：北京市海淀区紫竹院南路17号　邮编：100048
网　　址：http：//www. emph. cn
电　　话：总编室（010）68701719　发行部（010）68414644
编辑部（010）68701891　（010）68701661
电子信箱：emph003@ sina. cn
印　　刷：三河市南阳印刷有限公司
经　　销：新华书店
规　　格：170毫米×240毫米　16开本　15.5印张　228千字
版　　次：2014年7月第1版　2014年7月第1次印刷
定　　价：42.00元

推荐序

心中无缺　行者无疆

何腊柏是我大学时代的学长，我们都曾经就读于兰州大学管理系，当时他是研究生，我是本科生。尽管属于一个系，但研究生和本科生鲜有交流的机会。我们又因为都属于同一个学生党支部，需要一起参加政治学习，所以就有了交集。一次我得知他是校研究生会主席，当时很吃惊，因为他实在有点“其貌不扬”，不过听他发言后，感觉就大不一样了。他属于比较“深刻”的那种，认真且富有思想。他有一句座右铭：心中无缺便是富，成就别人乃为贵。他身体力行，做人如是，做管理咨询更是。

他对咨询事业有着不一般的认真和执着。例举一个刚刚发生的故事，2014 年 3 月他随中国企业联合会管理咨询专家代表团到美国进行商务考察学习，代表团到达纽约后，他发现行程单里没有去费城的计划，但是他特别想去费城，他要去拜谒“科学管理之父”——泰勒的墓碑。他说泰勒是管理咨询行业的鼻祖，是他心中的神。纽约到费城单程 100 英里，既不能影响其他团员的行程又不能脱团，他怎么去呢？他雇了一辆车，在夜深人静其他团员都熟睡的时候，偷偷摸摸出发了。可第二天清早，居然端坐在宾馆早餐厅与大家一起共进早餐。他就是这么一个人，平时和他交流，三句不离管理咨询，总不知道他为什么对管理咨询那么痴迷，那么挚爱，原来他是这样一个内心有着虔诚信仰的人。

他给人的印象就像一名斗士，激情四溢。他的文字亦是如此，情感饱满、文锋犀利。例如他在《“三核”定位企业战略》这篇文章中谈到：企业进行战略定位，规划未来发展大计，第一个重要环节就是对企业的核心价值进行定位，确定企业的核心价值。他强调指出：“企业必须反复追问一个基本命题，那就是：企业为什么而生存？为什么而发展？想想看，我们的乳品企业为了牟取暴利可以添加三聚氰胺，我们的医药企业利欲熏心竟然制假售劣，我们的矿业企业为了追求短期的营业收入和经济效益竟然往地层深处注入有毒废水，我们越来越多的企业核心价值迷失，残暴践踏人类价值，追求变态发展和畸形增长，这种发展和增长于人类何益？于社会何益？缺失核心价值的企业哪里还有资格高谈阔论企业战略，又怎么可能拥有未来？”他总是站在商业的原点不断追问商业的本质，他气势逼人的一连串发问让漠视核心价值的企业如坐针毡，真的是文如其人！

他坚持认为一位优秀管理咨询顾问，不仅要出实践成果，还应该多出好思想。应该让好的管理思想变成管理变革的推力。所以它给本书书名定为《管理咨询是一种力量》，实在恰如其分。本书中他纵论企业战略、以人为本、薪酬分配、绩效考核以及企业文化等，无论归纳或演绎，无论针砭或抨击，都能让人感受到一股强大的正能量。他忧虑而不悲观，抨击而不攻击，他批评近年来国企改革死水微澜，但他始终坚信，国企改革一定会迎来一个姹紫嫣红的春天。这就是他，一位思想富翁，一位兼具管理理性和乐观主义情怀的管理学者。

可是他绝不是一个学者，尽管他勤耕不辍，著述颇丰。他只想做一位名副其实的管理咨询人。他坚持认为，商学院过去时的教科书永远滞后于企业进行时的管理变革。所以他一直坚守在管理咨询的前沿，活跃在管理咨询的前线。他主持的某大型石化公司企业文化建设咨询案例成果被国务院国有资产监督管理委员会编入《中央企业企业文化建设研讨交流会案例选编》，被中国企业文化促进会收入《中国特色企业文化建设案例》，列入全国企业文化管理师培训指定教材；他主持的企业发展战略和人力资源管理项目多次获得中国企业联合会管理咨询委员会颁发的全国优秀管理咨询案例奖。他创造了“咨询一家满意一家”的优秀咨询业绩，书写了咨询人生春华秋实的华丽篇章。

咨询生活，如歌人生。阅读何腊柏博士的《管理咨询是一种力量》，字里行间，让人感受到的是一种燃烧的激情，一种催人奋进的力量。我情不自禁有了一种把它推荐给读者的想法，但绝对没有想到为本书作序，一是资格不够，二是写序是一种难活，担心水平不及。何博士的书稿交给出版社后，出版社让他找人写一个序，他说他人缘“差”，也找不到其他人写序，只好找我。看在这么多年我们一直有短信交流的份上，只好仓促上阵。但是真的没底，心里一直打鼓，不知会不会帮倒忙。他倒是很坦然，告诉我，高端读者吃大餐吃得多了，你就给上一盘小凉菜，给大家开开胃。他这哪里是求我写序啊，这么多年总算被他“算计”了一次。意思不明摆着吗，要吃大餐还得阅读正文。

《管理咨询是一种力量》这本书是何腊柏博士十余年咨询实践的心灵感悟，是第三只眼睛对企业管理的冷静旁观。当然，书中文字蕴含的激情和力量不仅属于他本人，而应该属于你，属于他，属于我们每一位读者。

埃森哲咨询总监　马芳
2014 年 4 月 22 日

自序

什么是管理咨询？管理咨询究竟是什么？投身管理咨询的十余年时间里，常常会面对来自朋友或者客户的发问。《管理咨询是一种力量》的出版，希望回应社会各界尤其是企业界朋友对管理咨询寄予的一份关切，并共同分享我多年管理咨询的实践感悟和理性思考。

2014 年 3 月，我随中国企业联合会管理咨询专家团到美国考察学习，专门安排了去费城的行程。对大多数中国人来说，费城的名气远不如华盛顿、纽约、旧金山等城市，但对美国人而言，费城是绝对不可忽视的。费城是美国最具有历史厚重感的城市，是美国的开国之都，被称为美利坚合众国的摇篮。它是美国独立革命的诞生地，《独立宣言》在这里签署，自由钟第一次在这里敲响，美国第一部宪法在这里诞生，华盛顿、富兰克林、杰斐逊都在这里留下辉煌的人生轨迹。当然，作为一名管理咨询顾问，专程造访费城却因为一份特别的情结，一份对“科学管理之父”泰勒先生的崇敬之情。泰勒通过在费城伯利恒钢铁公司的实践探索，将科学引入管理领域，提高了工厂管理的科学性。泰勒以“工业工程师”的身份，运用科学诊断方法对美国东方铁路公司存在的管理问题进行诊断，并有针对性地提出解决方案，一举解决了美国铁路公司长期存在的经常晚点、事故不断和严重亏损等问题。在大多数管理咨询顾问的心中，费城无疑是管理咨询的发祥地，对我而言，费城之行，是对管理咨询的追根溯源，更是一次朝圣之旅。在我心中，泰勒不仅是“科学管理之父”，他真正是管理咨询行业的鼻祖。泰勒 1881 年在费城伯利恒钢铁公司开始探索科学管理，开展工作时间研究，也正是这一年，由伯利恒钢铁公司的老板沃顿先生捐助的全美第一所商学院——宾夕法尼亚大学沃顿商学院正式建校，沃顿商学院从建校至今创造了许多欧美商学院的第一：1881－1910 年沃顿出版了第一本商业教科书；1921 年创立了第一个商学院工业研究中心，并与同年设立了 MBA 学位，并保持全球 MBA 教学教育的领跑者地位至今。“科学管理”运动的兴起伴随着工商管理学科的诞生，也许这是一个巧合，但是后来获授沃顿商学院荣誉博士学位的泰勒，他开创的“结合个案、基于诊断，提出解决方案”的工作思路和方法，被现代管理咨询继承和发扬光大，并形成经典的“麦肯锡咨询法则”（普遍认为现代管理咨询以 1926 年麦肯锡公司的创建为标志），至今仍然是管理咨询行业的看家本领。泰勒不仅是“科学管理”的创始人，而且是管理咨询职业化的第一位身体力行者，是他的身体力行使“工业工程师”及其演化而来的管理咨询顾问变成了一种职业。毫无疑问，他点亮了管理咨询的灯塔，开启了管理咨询的航程。此次费城之行，让我心生无限感慨！站在“科学管理之父”泰勒的墓碑前，沐浴“科学管理”的百年光辉，用心领略经典的“麦肯锡咨询法则”，强烈感受到管理咨询的变革能量，我的心如同费城的母亲河特拉华河一样波浪滔滔。十余年顾问生涯的上下求索，上百个企业案例的潜心研究，数十个咨询案例的实践验证，还有迢迢万里远赴美国费城的朝圣之旅，凝聚成内心的一句肺腑之声，那就是：管理咨询是一种力量。

管理咨询自从诞生以来就在企业发展进程中扮演变革“推手”的角色，然而这个“推手”常常是隐形的。事实上管理咨询的力量主要表现为思想的力量，但这一点与商学院又有明显不同。同样是传道解惑，授鱼授渔，但商学院过去时的教科书永远滞后于企业进行时的管理变革。管理咨询发端于“工业工程师”，脱胎于“职业经理人”，针对个案传道解惑有的放矢，紧密结合实际开展个案研究，基于问题诊断和系统性思考提出创新性解决方案。管理咨询始终置身于企业变革的浪潮之中，以理性维护企业健康，以激情推动管理变革，以智慧构建企业持续成长机制。管理咨询实实在在融入了市场经济波澜壮阔的历史进程，已经成为一种直接作用于企业并推动企业变革的不可或缺的力量。

本书记述一名管理咨询顾问所忧所虑、所思所想，主要由五十一篇评论性文章组成，各篇文字以咨询语言叙述，以商业评论形式呈现，针对问题，结合案例，阐明观点，提出主张。全书共分为五个部分，涵盖企业普遍关切的战略规划、组织变革、人力资源管理、薪酬分配制度优化和企业文化建设等热点内容。五个部分的内容既独立成篇，又紧密关联，共同构成具有内在逻辑联系的整体，希望能够相对完整地呼应变革时代企业管理层特别是企业领导人对企业发展战略、组织管控、人力资源管理、薪酬分配制度改革以及企业文化建设等企业管理领域热点难点问题的关切。

第一篇“战略忧思”，对事关企业战略规划大局的“三核”定位、多元化扩张、一体化战略、核心竞争力、商业模式、品牌定位等战略难点问题进行了深度剖析，展开评论，揭示企业可持续发展规律。

第二篇“管理咨询与组织变革同行”，对中国企业管理体制存在的沉疴痼疾进行抨击，揭示管理咨询作为外部推力参与企业组织变革的必要性。

第三篇“以人为本不是一个口号”，着重围绕人力资源团队建设展开议论，用一个个生动的案例诠释人力资源管理的内在规律。

第四篇“薪酬分配制度的公正与效率”，专门就企业薪酬分配和绩效考核存在的问题释疑解惑，阐明“公正决定效率”的薪酬分配之道。

第五篇“企业文化卓越之道”，用鲜活事实阐释了一个道理，那就是：企业不仅是经济组织，应该有超越利润之上的追求；企业文化建设重点是定位企业核心价值，难点在于捍卫企业核心价值。

《管理咨询是一种力量》是一本传播管理思想的书。严格地讲，这本书不是写出来的，它是笔者近十余年咨询实践的心得体会和咨询过程中的心灵感悟，是针对企业管理热点难点问题而进行的理性思考。过去的这些年，我几乎倾注全部热情和精力投入管理咨询工作，聆听上千家企业高管倾谈管理之惑，帮助百余企业纾缓和破解管理之难，往往于旅行奔波空隙，或静夜山水之间，孤独遐想，思绪如潮。出于一种“先企业之忧而忧”的职业情怀，每每忍不住提笔抒怀，感而慨之。所以我要告诉读者的是，本书的每一篇文字都是第三只眼睛对企业管理的冷静旁观，是一名管理咨询顾问忠实于职业的心灵告白，是一位职业咨询人十余年的执着和上下求索。管理咨询顾问本质上以实现管理知识转移和转化为重要职责，但他绝不是知识的“搬运工”。他传道解惑却不是学院教授，他解决企业管理问题，又不同于职业经理人。所以一个优秀管理咨询顾问必须努力达到这样的境界，不仅要求能够理论结合实际，帮助企业创新性解决管理难题，还应该善于结合咨询案例实践进行理性思考；不仅要出实践成果，还应该多出好思想，一种源于经典但更新颖鲜活的管理思想，一种更加生动和令人耳目一新的管理逻辑，并且让管理咨询实践中产生的好思想惠及更多的企业。这是一种责任，管理咨询人应该担负起这样一种责任！

特别需要说明一点，本书有多篇文字涉及对传统管理体制、企业盲目扩张、现代公司治理结构、收入分配制度等热点问题的评论，读者对有些观点可能会有争议，可能觉得部分评述言辞比较犀利，在此我坦诚地告诉亲爱的读者，本书文字表达的是一种真实思想和真切情感，仅代表一名专业管理咨询顾问的管理视角。文字出现争议也许是难免的，但更重要的是，大家对体制变革和管理提升的期待是一致的，大家都拥有一颗憧憬变革的心和一份拥抱春天的情怀，正如海子的诗句所描绘的“面朝大海、春暖花开”。当代中国正信步迈入全面深化改革的新时代，改革已经成为我们这个时代的共同语言，为改革鼓而呼，或者争而鸣，无论如何，我们幸运并快乐。

出版本书，是我多年的心愿。谨以此书献给我们北京博洋零询管理顾问公司曾经服务过的企业客户和未来将要服务的企业客户，向企业致谢，向变革者致敬！

何腊柏

2014 年 3 月 31 日

目录 CONTENTS

第一篇

战略忧思

战略问源：致敬老子

联合国教科文组织统计，全世界译本最多、发行量最大的书籍第一是《圣经》，第二就是《道德经》。《道德经》包含不朽的战略思想，不愧是战略思想的源头活水。

西方学者普遍认为，“战略”（strategy）一词最早见于公元580年拜占廷国王毛莱思所编写的一部军事教材，它源于古希腊语“strategos”，为一个军事术语，意为“将道”（strategeicon）。实际上，“战略”一词最先出现于公元3世纪我国晋代司马彪所著《战略》一书。

战略思想远早于“战略”一词的出现。战略首先是一种思想，而后才是概念及其他。关于战略思想的起源，一直存在争论。一般认为，战略思想起源于春秋末年孙武及其撰写的军事战略宝典《孙子兵法》，其实不然。研读老子《道德经》和《孙子兵法》，发现《孙子兵法》的许多战略战术思想与《道德经》的战略智慧存在千丝万缕的联系。学界需要修正一个共识，那就是，战略实则发端于老子的道学，老子的道学才是战略思想的源头活水。

判断战略思想最早源自《道德经》而不是《孙子兵法》，主要依据有二：

第一，从时间上看，《道德经》成书早于《孙子兵法》。

据有关史料记载，老子大约生于公元前571年，孙武生于公元前535年，和孔子是同一时代的人。从生卒时间上推断，老子的《道德经》显然早于孙武的《孙子兵法》。

第二，从内容上看，《道德经》包含极其丰富的战略思想，而《孙子兵法》的战略思想与《道德经》的战略思想一脉相承。

《道德经》八十一章，章章论“道”，其核心思想就是“尊道贵德”。那么“道”是什么？“道”字的文字结构可分为“首”和“辶”两部分，可释义为“生命体运动的规律”。站在企业的角度看，“道”就是研究企业成长发展的规律（含方向、目标、路径等），包括研究分析其过去的轨迹、现在的状态和将来的发展趋势。这恰恰是企业战略所要研究的主要内容。

国学大师王国维说到成就大事业需要具备“三境界”：其中第一境界就是寻找和选择道路。他借用两句诗来表达选择道路的过程：“昨夜西风凋碧树。独上高楼，望尽天涯路。”“昨夜西风凋碧树”，喻指人要清晰认识严峻的生存环境；“独上高楼”，指高瞻远瞩，独立判断，因地制宜选择适合自身的发展道路；“望尽天涯路”，意思是要理性决策，从多条发展道路中选择更适合自身的发展道路。研究和制定企业发展战略，正是从“道”开始，所做的一切实质上就是在研究、探索和选择一条企业持续健康成长的正确道路。

老子提出“人法地，地法天，天法道，道法自然”，企业战略谋划就是强调遵循规律，不能超越资源和能力盲目扩张。老子强调“道生之，德畜之”，认为万物皆由道而生，由德而育。道生万物，德养万物。企业成长和发展需要的就是“尊道贵德”。老子提出的“物行之，势成之”，更为战略之要。势是力量，是时势，是环境，是趋势。“高屋之上，建瓴水也”，是势；“强弩之末，不及鲁缟”，也是势。“功盖三分国，名成八阵图”。诸葛亮《隆中对》提出“三分天下”战略，《隆中对》好就好在顺势而行，妙就妙在乘势而为。《孟子·公孙丑上》引用齐国谚语：“虽有智慧，不如乘势；虽有鎡基，不如待时。”自古兵家重形势，拳法重扑势。凡事审时度势，顺势而行，则势如破竹，锐不可挡。企业制定和实施战略规划，又何尝不要求审时度势，顺势而行？

《道德经》从开篇第一句“道可道，非常道”到第二十五章“人法地，地法天，天法道，道法自然”，再到第五十一章“道生之，德畜之，物行之，势成之”，都是在讲道论道。《孙子兵法》谈到了“道、天、地、将、法”，将“道”列于这五大要素之首。《道德经》通常被看成一部哲学著作，但其中有关军事战略的内容不少，如“兵者不祥之器，非君子之器，不得已而用之”（《道德经·第三十一章》），“用兵有言：吾不敢为主而为客，吾不敢进寸而退尺”（《道德经·第六十九章》），“以正治国，以奇用兵”（《道德经·五十七章》）等。《孙子兵法》的“非危不战”，“不战而屈人之兵”和“上兵伐谋，其次伐交，其次伐兵，其下攻城；攻城之法为不得已”，本质上也是反对战争；孙武继承了老子“以奇用兵”的思想，明确提出“兵者，诡道也”，“兵以诈立”等。《孙子兵法》与《道德经》两部不朽著作中诸如此类紧密关联的战略思想还有很多。

以上分析不难看出，《孙子兵法》的军事战略思想基础正是老子的道学，正如《战争论》的作者克劳塞维茨军事思想的理论基础是德国古典哲学一样，《孙子兵法》十三篇始终贯穿着老子哲学思想。《孙子兵法》与《道德经》是继承和被继承的关系，老子与孙武的关系应该属于一种“师生”关系。

孙武正是继承和发展了老子的战略思想精髓，撰写了《孙子兵法》这部不朽的军事圣典。毋庸讳言，孙武作为《孙子兵法》的主要撰写者和军事战略实践者，对军事战略理论做出了奠基性贡献，其被后人誉为“战略之祖”，也是实至名归。但如果从《孙子兵法》与老子道学的继承关系讲，我们尊老子为“战略师祖”一点也不为过。据联合国教科文组织统计，全世界译本最多、发行量最大的第一是《圣经》，第二就是《道德经》。老子道学包含的不朽的战略思想，至今光芒四射，对研究、谋划和制定现代企业战略规划具有重大指导价值。

从《隆中对》看战略的“三度”属性

一个成功的战略，不在其字数的多少，不在其篇幅的厚薄，关键在于须得“高、远、深”之要领。《隆中对》兼具“三度”属性，堪称古今中外最成功的战略经典。

一个成功的战略，必有高度、远度、深度“三度”属性，也就是说，战略谋划必须做到：站得高，看得远，谋得深。《隆中对》兼具“三度”属性，被誉为千古奇策，堪称古今中外最成功的战略经典。

高度——《隆中对》以“匡扶汉室”为战略使命，“以三分天下”为战略愿景，可谓高屋建瓴。刘备以“帝室之胄”，扬“匡扶汉室”大旗，借荆州、取益州、联东吴、出秦川、得天府，三分之路顺时顺势。

远度——关于“远度”的论述最早见于《后汉书·孔融传》，书中有这样一句话：“故明德之君，远度深惟，弃短就长，不苟革其政者也。”远度指的就是深远谋划。《隆中对》之远见卓识，绝非凡人能及。刘备三顾茅庐之时，缺将少兵，势单力薄，几年打拼下来，仍然寄人篱下，连一个根据地也没有建立起来。袁术对刘备不屑一顾：“术生年以来，不闻天下有刘备”。就这样一位被袁术之辈瞧不起的所谓“皇叔”，在《隆中对》的战略构想里却可以成为一位改变汉末时局、书写三国史诗的主角。

深度——《隆中对》篇幅短小，诸葛亮的战略建议不足300字（不含标点符号），而内外战略环境分析就几乎占了近1/3的篇幅。诸葛亮正是基于对时局的深透分析和对时势的正确研判，才提出了三分天下的战略目标。“今操已拥百万之众，挟天子以令诸侯，此诚不可与争锋。孙权据有江东，已历三世，国险而民附，贤能为之用，此可以为援而不可图也。荆州北据汉、沔，利尽南海，东连吴会，西通巴蜀，此用武之国，而其主不能守，此殆天所以资将军，将军岂有意乎？益州险塞，沃野千里，天府之土，高祖因之以成帝业。刘璋暗弱，张鲁在北，民殷国富而不知存恤，智能之士思得明君。将军既帝室之胄，信义著于四海，总揽英雄，思贤如渴……”诸葛亮寥寥数语，拨云见日。难怪刘备禁不住发出“孤之有孔明犹鱼之有水也”的感叹。这就是深度，这就是战略，这就是《隆中对》。

所以说，一个成功的战略，不在其字数的多少，不在其篇幅的厚薄，关键在于须得“高、远、深”之要领。我们有的企业战略规划动辄上百页甚至数百页，可是既无高度，又无深度，更兼目光短浅，只能是劳民伤财，废纸一堆。

“三核”定位企业战略

战略就是定位核心价值、核心能力、核心业务，抓住了“三核”，就抓住了企业战略的牛鼻子。

什么是战略？“战略就是定位、取舍和配称”。这是“竞争战略之父”迈克尔·波特教授关于战略的一个最著名的观点。大师告诉人们，战略谋划的第一件事就是定位。可是具体对什么进行定位，如何进行定位，波特教授并没有做出进一步详解，这给企业战略管理实践留下了一道难题。

商学院的教科书上说，战略定位就是将企业的产品、形象、品牌等在预期消费者的头脑中占居有利的位置。这样的解释似乎把“战略定位”与杰克·特劳特所说的“品牌定位”划上了等号。其实，迈克尔·波特所讲的“战略定位”与杰克·特劳特所指的“品牌定位”完全不是同一回事，理论上的混淆给企业战略管理实践带来了很大的困惑。

企业战略是关于企业纲领性、全局性、长远性问题的重大谋划。对企业未来发展做出总体性谋划，无疑是做一篇大文章。按照现代战略管理文献对企业战略的一般分类，企业战略一般分为两大类，企业总体战略和企业经营战略。与企业经营战略显著不同的是，企业总体战略不仅要问答如何经营和如何竞争等问题，更要关注企业生存的意义、企业发展的方向和目标以及企业凭什么去发展等本质性问题。所以说，从企业总体战略理论的要求来看，企业战略定位仅仅考虑企业产品、形象、品牌定位以及市场竞争策略是远远不够的。谋划企业战略定位这篇大文章，须紧紧围绕企业纲领性、全局性、长远性问题谋篇布局，力求抓住少数几个核心要素进行定位，以达到提纲挈领的效果。

研究和归纳安索夫、波特、普拉哈拉德和哈默尔、柯林斯和波勒斯的战略理论，并充分考虑企业战略管理实践的需要，我们在企业战略咨询实践中提出了一种“三核”战略定位模型（见图1-1），即用核心价值、核心能力和核心业务这三个“核”来对企业战略进行定位。对企业总体发展战略而言，核心价值、核心能力和核心业务三个核心要素相互融合、相互作用，缺一不可。其中，核心价值就是柯林斯和波勒斯所强调的“利润之上的追求”，它定位企业的使命、愿景和核心价值观，决定企业的发展方向、奋斗目标和企业道德品质，是现代企业战略管理的前提；核心能力代表企业的竞争优势，并孕育企业的核心业务和优质利润，是现代企业战略管理的重点；核心业务代表企业的主业定位，它决定于核心价值和核心能力，是现代企业战略管理的难点。归根结底一句话，现代企业战略管理主要就是做好核心价值、核心能力和核心业务三个紧密关联的关键环节的谋划和管理。可以说，抓住了“三核”，就抓住了企业战略规划的牛鼻子。

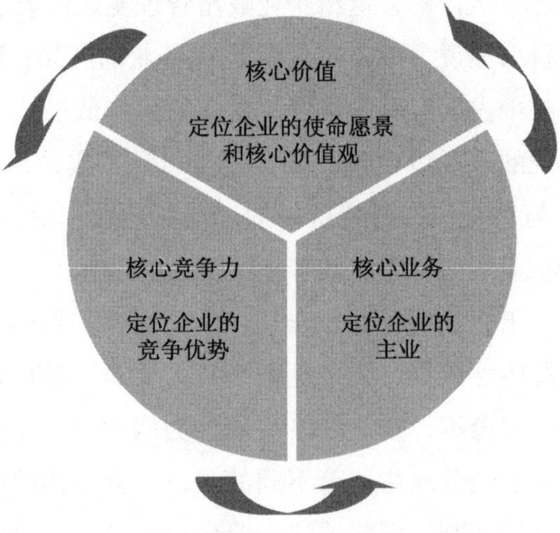

图1-1 战略“三核”定位模型

一、核心价值——战略定位之魂

就像伟大的国家、军队、教会、学校等持久机构一样，卓越公司都拥有自己的核心价值。核心价值系指企业的使命、愿景以及为实现使命和达成愿景所必须秉持的基本理念。核心价值属于“利润之上”的追求，是企业的理想和信念体系，是企业存在和发展的终极理由。柯林斯和波勒斯在《基业长青》中提供的研究结果表明，对大多数高瞻远瞩的公司而言，赚钱只是公司目标之一，但往往不是首要目标，更不是公司战略谋划的优先考虑。这就是说，企业进行战略定位，规划未来发展大计，第一个重要环节就是对企业的核心价值进行定位，确定企业的核心价值。企业必须反复追问一个基本命题：企业为什么而生存？为什么而发展？想想看，我们的乳品企业为了牟取暴利可以添加三聚氰胺，我们的医药企业利欲熏心竟然制假售劣，我们的矿业企业为了追求短期的营业收入和经济效益竟然往地层深处注入有毒废水，我们越来越多的企业核心价值迷失，残暴践踏人类价值，追求变态发展和畸形增长，这种发展和增长于人类何益？于社会何益？缺失核心价值的企业哪里还有资格高谈阔论企业战略，又怎么可能拥有未来？

老子《道德经》第四十二章云：“道生一，一生二，二生三，三生万物。”从老子道学的观点来看，核心价值无疑就是企业之“道”。企业有了这个“道”，其持续成长乃至走向卓越就变成了可能。从生物遗传学的角度看，企业的核心价值还可以比做生物的遗传密码——基因，它对企业的生存和发展起着首要的决定性作用。

过去，一直存在一种把企业当成机器看待的传统经营理念。我们认为，企业绝不是“经营机器”或“竞争机器”。机器可以“做”出来，企业是“做”不出来的。著名管理学家阿里·德吉斯在《长寿公司》一书中指出，真正的企业是一个生命体，虽然企业的经营活动是由人来“做”的，但企业从小到大，从弱到强不是“做”出来的，而是生长出来的，它有一种内在的基因在持续发生作用。老虎不是因为它的身体长到多大后才变得强的，它之所以强是因为它具有老虎的遗传基因。同样，卓越企业之所以卓越，与其拥有并坚守的核心价值紧密相关。

二、核心能力——战略定位之要

企业核心价值反映了企业想做什么，而核心能力决定企业能做什么。显然，企业想做什么和能做什么是完全不同的两回事。谋划企业战略，重要任务之一就是识别、开发和培育竞争对手难以模仿的核心能力。实践中发现，许多企业进行战略谋划，忽略对核心能力进行定位，其结果往往不是停滞不前就是盲目扩张。

核心能力是指企业拥有的足以带来相对于竞争对手的竞争优势的一系列资源和能力，或者是与资源和能力有关的知识，而且这些资源、能力或知识能够为企业带来持续竞争优势。受普拉哈拉德和哈默尔"核心能力"理论的深刻影响，人们越来越认识到，核心能力是形成企业持续竞争优势的源泉，是企业实现可持续发展的法宝。重视并投入足够的精力精心打造企业核心能力，是不断强化企业的持续竞争优势的根本途径。

企业渴望拥有核心能力，但想要拥有核心能力并不是一件容易的事情。企业获得核心能力的完整过程一般包括定位、培育、应用以及维护与发展等多个重要环节，而实践证明，对核心能力进行准确定位恰恰是打造核心能力的第一难关。许多企业对此都感到困惑，甚至连一些知名企业也不例外。柳传志、张瑞敏等知名企业家对自家企业核心能力的定位就曾出现朝秦暮楚的情形。核心能力定位不准将直接导致企业核心能力建设无的放矢。

关于如何定位企业的核心能力，普拉哈拉德和哈默尔在提出"核心能力"概念的同时，提出了可用来判定核心能力的三种检验方法。其一，核心能力能够为公司进入多个紧密关联业务领域提供支持；其二，核心能力应当对最终产品为客户带来可感知价值有重大贡献；其三，核心能力是竞争对手难以模仿的。巴尼总结了资源基础学派的观点，进一步提出了判定公司核心能力的四个标准，那就是珍贵、稀缺、难以模仿、不可替代。普拉哈拉德和哈默尔的三种判定方法以及巴尼的四个标准无疑为准确定位企业核心能力提供了一种较好的思路。

三、核心业务——战略定位之本

核心价值也好，核心能力也罢，最终都要落实到企业的经营业务尤其是核心业务。核心价值须通过核心业务而落地，核心能力需通过核心业务予以表现。实践中我们感到定位核心业务是企业整体战略规划中的一个难点，说它是难点倒不是因为技术层面的难度，而是来源于克制人的欲望的难度。研究表明，优秀企业之所以优秀，源于内心的一份定力，这份定力就是对欲望的克制，对核心业务的合理定位与坚持。必和必拓、淡水河谷、力拓等世界矿业巨头在其逾百年的发展历程中，多次经历资源价格的起起伏伏，但始终坚持把矿产资源开发作为主营业务，始终如一地注重储备质优量大的上游资源项目；反观我们的矿业企业，看到房地产存在暴利就贸然进军房地产行业，看到虚拟经济一时繁荣，就恨不得倾其生产经营流动资金投入信托、基金、股市等，乐此不疲大玩钱生钱的游戏。如此舍本逐末，企业焉能不每况愈下？

做企业尤其是要做一家高寿命企业，光有欲望和热情是不够的。必须像手术室的外科大夫一样具有冷峻的思维，以冷静的目光，拿一把冷冷的手术刀去解剖面临的问题。企业进行整体战略规划确立核心业务时，尤需克制欲望，避免冲动。那么究竟如何定位核心业务呢？最根本的一点就是从核心能力出发，以核心能力为依据，做“力”所能及的事情。核心能力所不及的业务，一定不能确立为核心业务。美国战略管理学家马凯兹提出的“归核化战略”，强调的就是这种思想，即业务须向企业的核心能力靠拢，资源须向核心业务集中。当然“归核化”并不等于专业化，也不等于简单地否定多元化，而是强调企业的业务与企业核心能力的相关性。归核化后的企业仍可能是多元化的，但业务间的关联度较高，企业竞争优势日渐增强。

战略规划犹如做文章

战略规划犹如写文章。一篇好文章，最重要的一点就是要有鲜明的主题，并反复强化主题直至升华主题。

王石2009年在云南企业家论坛做演讲时，提出了一个新颖观点，他认为要把一家世界一流企业说清楚大概只需要2秒钟的时间，比如，可口可乐——世界最大软饮料公司。王石认为万科远没有达到世界一流企业的知名度，所以介绍万科需要6秒钟：万科是“中国城市住宅开发商、上市蓝筹、受尊敬的企业”。王石用6秒钟把万科是什么、行业地位、客户口碑大概说清楚了。如果回到15年前，恐怕用10分钟时间都介绍不清万科究竟是一个什么企业。

能用越短的时间把一家公司说清楚，说明该公司就越有成就，越有市场竞争力。可口可乐是这样，今天的万科也是这样。而进一步的实证分析表明，越是具有竞争力的企业，其发展主题就越发鲜明、清晰和突出。

其实，战略规划犹如写文章。一篇好文章，最重要的一点就是要有鲜明的主题，并反复强化主题直至升华主题。企业战略规划，首先必须弄清楚，该企业存在的意义是什么，它的成就之梦是什么，它的核心能力是什么，它的核心价值观又是什么。在清楚回答这些基本问题之后，企业必须鲜明而又坚定地确立富有个性特质的发展主题。企业的发展主题即是企业的使命、愿景、目标、方向、核心能力、核心价值观、核心产业、主要竞争策略在某企业特定发展阶段的凝结。对特定的一家企业来说，无论使命、愿景，无论目标、方向，无论核心能力、核心价值观、核心产业乃至主要竞争策略，这些构成企业发展主题的一一对应的元素一般不容同时存在多项对应的情况。这就是说，同一个企业既不能同时有多个发展目标和发展方向，也不能同时存在两个以上的核心价值观和过多的核心业务。企业切忌同时提出多个发展主题，主题太多即没有主题，令人无所适从。企业确立一个鲜明而又富于个性的发展主题，不但有利于优化配置和集中利用有限的人财物资源，持续打造企业核心能力，而且有利于培育和扩大企业的竞争优势，巩固和强化竞争地位。

谈起围绕主题做竞争文章，让人不禁想起了2004年5个申奥城市为申办2012年奥运会最后所开展的精彩对决。巴黎、纽约、莫斯科、伦敦、马德里5个申办城市“论技术差别甚微，论实力旗鼓相当”，巴黎更是信心爆棚，志在必得。在这场几乎公认为奥林匹克运动诞生以来最为激烈的一次申办大战中，经过全体与会国际奥委会委员的四轮投票，伦敦最终以54∶50仅四票的微弱优势，击败了此前一直被舆论和民调多数看好的夺标大热门巴黎，最终获得了2012年奥运会举办权。屡败屡战的巴黎无疑是值得同情的，但这毕竟是一场残酷的竞赛。笔者认为，伦敦最终战胜巴黎的秘诀就在于：伦敦代表团的陈述报告主题鲜明而又突出，一小时的陈述报告始终紧扣主题，给人留下了极为深刻的印象。伦敦人用心血精雕细琢的陈述报告不但主题鲜明，而且整个陈述过程自始至终围绕“奥运精神和奥林匹克传统的传承”这样一个主题有序展开，层次递进。代表团中不同的报告人从运动员到市政官员再到英国王室成员和首相，从不同角度都传递出紧扣主题的同一个信息、同一种声音，那就是：传承奥运精神和文化，吸引更多的年轻人参与体育运动。整个陈述报告不但前后呼应，而且浑然一体；不但层次感强，而且高潮适时而至。伦敦奥申委主席塞巴斯蒂安·科这位两度夺下奥运金牌的前运动员，动情地讲述了自己的成长经历，从自己拥有的第一双跑鞋和12岁时通过黑白电视机收看奥运会比赛的回忆说起，以自己的真情实感和诚恳语气，表达出希望通过伦敦这个国际性多元化大都市将奥林匹克精神传递给全世界的年轻人的强烈愿望，把伦敦申奥主题推至高潮。英国首相布莱尔甚至用法语说：“伦敦将激励全世界的青年人，将他们的思想实现。”伦敦代表团出色的陈述报告让国际奥委会委员情不自禁产生强烈的情感共鸣。这样一个紧紧围绕主题、不断强化主题乃至升华主题的精彩陈述报告，深深地打动了国际奥委会委员的心。反观巴黎的陈述报告，主题不鲜明不突出，给人的感觉则比较平淡。巴黎在陈述伊始提出的申奥口号是“奥运之恋”，同时在陈述报告里又提出另外一个口号是“负责、团结和持续”。接下来又有报告团成员强调法国的价值观和奥林匹克的价值观的一致性：和平、分享、尊重、友谊，以及重视文化间的对话。综观整个陈述报告，似乎又是突出“立体化交通、环保、安全”三大理念。巴黎这么多口号、价值观、理念，让人“目不暇接”，给人的感觉是主题不集中，不突出。

不比较不知道，一比较就明白了。五城市同场陈述，比拼的就是各自紧扣主题做文章的功底。伦敦人深知，一小时的申奥陈述报告绝不是一篇普通的文章，它是整个申奥过程的高潮，不亚于“临门一脚”。伦敦代表团的陈述报告准备很充分，做得好极了。

有人始终没有弄清楚湖南卫视为什么那么火爆荧屏笑傲江湖？湖南卫视节目收视率名列前茅，品牌影响不断扩大，在与各省卫视乃至中央台的竞争中脱颖而出，其夺人眼球的秘诀究竟是什么呢？研究表明，其胜出的关键就在于湖南卫视围绕主题做竞争文章的功力。

早在 1997 年湖南电视台上星之时，湖南卫视就在全国电视界率先实施品牌战略和周末战略，随后推出的娱乐节目《快乐大本营》，很快在全国刮起了一阵“快乐旋风”。2004 年，湖南卫视确立“打造最具活力的中国电视娱乐品牌”的品牌战略。湖南卫视一切节目都围绕“快乐”主题做文章，坚持“把快乐进行到底”。从《快乐大本营》到《天天向上》，再到《超级女声》和《快乐男声》，以及《爸爸去哪儿》，湖南卫视王牌栏目快乐主题不折不扣，快乐风格一以贯之。中国改革开放以来，国民经济和社会发展进入近三百年来最好的时期，无论是在经济还是文化等各个方面都在飞速地发展，作为当代中国人，没有理由不快乐。而作为大众媒体的电视，不仅有责任和义务记录、渲染这种快乐，还要为大众带来更多的快乐。快乐可以跨越地域乃至国界，快乐没有老幼之别，没有男女之异，快乐让平凡的生活不再平淡，快乐让中国梦的旅途不再枯燥。应该说，湖南卫视聪明地抓住了“快乐”主题，而且也做好“快乐”文章，从而在电视收视这样一个竞争最为激烈的市场中，增强了竞争力，并取得了非常好的经济效益和社会效益。

申奥大战也好，卫视收视竞争也好，竞争程度完全可以用残酷和惨烈来形容，定然不亚于我们一般的企业产品市场之竞争。伦敦申奥的成功经验和湖南卫视的竞争战略如出一辙，那就是紧扣主题做文章。

五粮液的多元化困局与中国企业的多元化误区

五粮液的成长性和经营绩效远不及贵州茅台。五粮液多元化战略之所以失败，源于三大败因：好大喜功；不自量力；一把手决策体制。

对投资者而言，上市公司五粮液的公司形象可以用两句话来概括："关联交易饱受诟病，多元化扩张备受质疑"。这样一种公众形象定位无疑使"五粮液"这样一个熠熠生辉的知名品牌蒙上了一层阴影。受其影响，"五粮液"品牌在广大消费者心中的美誉度大打折扣，"五粮液"悠久的文化好像被注了水而正在变得淡而无味。

笔者注意到，五粮液股份有限公司董事长兼五粮液集团公司总裁唐桥最近接受第一财经日报记者采访，再次强调五粮液集团公司的多元化之路势在必行，五粮液多元发展是必由之路。进一步分析唐桥的有关谈话不难看出，这位来自政府部门的领导在执掌五粮液两周年之后，并没有对其前任王国春的多元化思维进行理性梳理，没有给五粮液的发展模式赋予新的诠释，而只是习惯性地沿袭了五粮液正在渐行渐远的多元化发展路线。

当然，五粮液一如既往的多元化战略在经营绩效上的反映就是，其成长性和经营绩效都远不及奉行专业化的贵州茅台优异。

从公司的长期成长性看，贵州茅台 2001 年上市，上市 8 年，销售收入年增长 509%，净利润 1158%；五粮液 1998 年上市，上市 11 年，销售收入年增长 200%，净利润年增长 342%。

从静态的经营绩效看，2008 年，贵州茅台毛利率高达 90. 30%，五粮液毛利率为 54. 39%；贵州茅台销售净利率高达 48. 54%，五粮液净利率只有 23. 07%，不及贵州茅台一半；贵州茅台实现净利润 40. 01 亿元，超过五粮液净利润占比约34.85个百分点。

从投资回报看，8年茅台给投资者的分红回报是11年五粮液的三倍。是什么原因导致了五粮液与贵州茅台的较大差距呢？是技术差距吗？是管理差距吗？是人才差距吗？是品牌差距吗？是体制差距吗？是政策环境差距吗？应该说都不是。至少王国春和唐桥不会同意这些差距之说。那原因究竟是什么呢？原因就在于五粮液不尽合理的多元化。

据统计，五粮液股份公司上市以来投资控股了包装、印刷、环保、化工、果酒、建筑装饰、玻璃、商贸等业务领域共计17家公司，投资总额合计超过40亿元，但这些公司至今给母公司贡献的利润累计只有5.62亿元。有6个投资项目未见收益，两个项目累计收益贡献为负值。

评价五粮液多元化的功与过，无须多言，数据无疑是最有理性的。数据告诉人们，多元化非但没有给五粮液的业绩做出锦上添花的贡献，而恰恰是分散了公司管理精力，增加了公司资源负担。

五粮液的多元化战略之所以失败，源于三大败因：

败因之一：好大喜功。

五粮液多元化动机是什么呢？五粮液集团公司实施多元化发展战略的动机非常简单，就是为了实现2020年销售收入达到1000亿元的发展目标。王国春和唐桥都在不同场合谈到：五粮液仅仅是建立在白酒的基础上，要想做大做强不太可能。四川省委省政府和宜宾市委市政府要求五粮液集团公司2020年销售收入达到1000亿元。而行业数据显示，2008年整个白酒行业销售额也不过1200亿元，五粮液不可能独占白酒市场，所以必须实施多元化发展战略。不难看出，五粮液的多元化思维带有某种强烈的“功利”色彩，五粮液的多元化是一种典型的“政绩驱动型”多元化模式。

笔者经过多年理论和实证研究，认为公司实施多元化发展战略的合理动机大体可以归于强化主业、接替主业、分散风险三类。强化主业型多元化系指为了提升主业盈利能力，增强公司主业竞争优势而实施多元化战略。譬如某电解铝企业为了缓解电力供应和降低用电成本，提升电解铝的稳定盈利能力，涉足火电行业，实施横向一体化扩张。接替主业型多元化系指为实现公司主营业务转型或升级而做出的阶段性多元化安排。因为按照产业结构学派的观点，一个公司的主营业务具有阶段性特征，从长期来看，很可能面临转型。那么一个公司如果在某一阶段同时开展波士顿矩阵所提及的现金奶牛类、瘦狗类、明星类、问题类四类业务，亦被视为一种合理的多元化安排。譬如诺基亚公司，正是通过不断实施多元化战略，实现了主营业务从橡胶、森工、彩电、电脑直至手机的不断接替和升级。分散风险型多元化是指为分散单一业务经营风险而实施的多元化。实行专业化经营的公司，好比把所有鸡蛋都放在同一个篮子里，亦有可能因行业变革而遭遇系统性风险，所以多数专业化经营公司都有可能转向实施适度多元化战略。我国原来的外经贸企业，在不再享有进出口专营权之后，纷纷采取多元化发展战略，就属于此类。譬如中国五矿集团公司，过去单一经营五金矿产进出口业务，现已经成为一家以矿产资源开发、五金矿产贸易以及房地产、物流等多元化业务结构的大型企业集团。

败因之二：不自量力。

分析五粮液的资源和能力状况，可以看出，五粮液负债率极低，资本雄厚，资源充裕；经营能力更不用说，王国春1985年执掌五粮液以来，把一个资产3000万元、负债2500万元、员工仅800人的五粮液酒厂打造成为中国最大的白酒制造企业之一，不仅造就了民族品牌的一个传奇，更推动了白酒行业的快速发展。其实，五粮液具备的这些资源和能力只能说明五粮液在白酒主业发展上具备良好资源基础和突出的经营能力，并不说明五粮液具备多元化的足够资源和能力。据五粮液历年公告显示，五粮液股份公司上市以来投资控股了包装、印刷、环保、化工、果酒、建筑装饰、玻璃、商贸等业务领域共计17家企业，涉足的这些多元化业务不但投入产出很低，而且没有任何迹象表明，五粮液有足够资源和能力把这些业务作强做大。王国春和唐桥多次提出五粮液涉足多元发展的三个条件：其一，必须要有核心技术；其二，必须要有经营团队；其三，必须三五年之内能够成为行业排名的前三，十年之内必须成为本行业的龙头老大。但直至目前看来，恐怕还没有人知晓五粮液股份公司与五粮液集团公司业，已涉足的多元化业务究竟哪一块业务三五年之内能够成为行业排名的前三，十年之内能够成为本行业的龙头老大。

一个公司实施多元化战略，必然要消耗更多的资源，必然要求公司拥有相关业务领域的技术能力或经营管理能力。没有足够资源和能力支持的多元化战略显然是难以想象的。任何企业的资源和能力都是有限的，不论专业化还是多元化，企业都只能做“力”所能及的事情。德隆集团、格林柯尔、江龙印染等企业扩张欲望膨胀，盲目实施多元化战略，导致资金链断裂，管理失控，教训不可谓不深刻。

败因之三：一把手决策体制。

五粮液股份公司与五粮液集团公司多年来存在的关联交易一直受到诟病，根源在于五粮液股份公司和五粮液集团公司的治理结构不规范。可以想象，在一个治理结构长期不规范的公司里，在习惯了“一把手”决策体制的国有控股企业，董事会几乎不可能在公司多元化重大决策中发挥应有作用。五粮液集团97年建成的5万吨酒精生产线刚投产即夭折；在“安培纳丝”亚洲威士忌项目上白白丢掉了几千万；当年雄心勃勃要建成“亚洲第一流”制药集团的梦想几乎注定永远成为梦幻……五粮液多元化理想与现实屡屡形成巨大反差，多元化项目本身的可行性以及决策程序的科学性不能不令人怀疑。

多元化是涉及公司前途命运的重大战略决策，必须遵循民主、科学的决策程序，经由专家机构充分论证和董事会慎重决策，而不是遵循领导意志，由企业“一把手”个人拍板。实证研究表明，大凡经由“一把手”个人拍板的多元化绝大多数都陷入了多元化“陷阱”

央企过度扩张或是一种病态

"规模庞大"源于对"巨头"所拥有的更大权力的贪恋或向往。"庞大"的机构（包括商业性机构）不仅具有社会毁灭性，而且在经济上和技术上也不具备存在的合理性。

——布兰德斯

近年来，央企通过大举并购地方国企实施扩张战略，扩张力度前所未有。地方政府看重央企背后的资金实力，公开声称"不求所有但求所在"，央企纵横捭阖，屡屡上演"跑马圈地"盛宴。据不完全统计，从2008年以来，已有葫芦岛锌业、哈量集团、乌兰水泥、宁钢股份、山东海化、南京熊猫、宝光股份、许继电气、平高电气、保定天鹅、银河动力、鹰联航空、振华科技、湖南有色、云南铜业、青铜峡铝业、长江动力、宁夏发电以及山西、内蒙、宁夏多家大型煤矿等由地方国资控制的国企被央企收入囊中。央企向地方扩张的结果是，央企的资产规模和员工规模进一步低效膨胀，"大企业病"将日趋严重，央企高度集权的治理结构和僵化的官僚管理体制将面临更加严峻的挑战。

美国布兰德斯法官早在20世纪初就提醒人们要警惕"规模庞大"的问题，他认为"规模庞大"源于对"巨头"所拥有的更大权力的贪恋或向往。他坚信"庞大"的机构（包括商业性机构）不仅具有社会毁灭性，而且在经济上和技术上也不具备存在的合理性。管理大师德鲁克20世纪40年代在《公司的概念》一书中也讨论过公司规模的边界问题，大师认为公司的规模一定存在一个上限。由于"规模庞大"往往与"集权体制"和"官僚主义"如影相随，"规模庞大"机构的持续生存和发展必须依赖于改革，必须通过建立有效的分权管理体制，以尽量化解庞大机构存在的弊端。斯隆正是通过创立了事业部体制，使通用汽车在20世纪40年代成功走出了“规模庞大”的泥沼。

不可否认，目前的问题是，在央企资产规模和业务几乎毫无约束扩张的同时，央企公司治理结构的建设和管理体制的改革并未有实质性的推进。央企的手越伸越长，管理半径日渐加大，可我们这些带有副部级官衔的企业，在管理上是否力所能及，不能不令人打几个问号。如果考虑到央企不时再冒出一个个“陈同海”、“蒋洁敏”和“宋林”，央企规模再大又怎样？央企规模无限扩大的结局必然是涉嫌“垄断”，陷入低效，迭出腐败，或可能使央企发展成令人更为担心的与中央和地方进行利益博弈的第三方势力。

“规模庞大”是资产还是债务，是陷阱还是馅饼，这始终是一个问题。

如此做大又怎样——点评魏家福的冒进战略

魏家福十分推崇一句话：大海航行靠舵手，企业发展靠战略。然而由这位船长主持的中远集团新“十年战略”华而不实，充满机会主义的冒进色彩。这种战略是“做大做强”惯性思维的继续，是GDP政绩思维主导下的企业病态式发展逻辑，是无视航运市场发展周期和航运业务内在成长规律的一种简单的一厢情愿。

过去十年中国经济连续保持高速增长，其三大历史“功绩”是：过去的十年是生态环境遭到最严重破坏的十年；过去的十年是房价火箭般窜升疯狂掠夺民众财富的十年；过去的十年是贪污腐化变本加厉的十年。用超过过去50年的生态破坏和透支未来50年土地资源换来的十年GDP高速增长，留下太多的污染需要治理，留下极度过剩的产能需要处置，留下莫大的房地产泡沫亟待化解，请问过去的十年究竟是增进人民福祉的十年还是“失去的十年”？

十年前，另一家中央企业——中钢集团公司，当时全年销售收入不过130亿元。黄天文就任总裁以后，用八年时间把销售收入做到了1500亿元，中钢集团昂首挺进世界500强，在海外设立了23家子公司和2个代表处，拥有中钢国际、中钢澳洲、中钢德国、中钢印度五大海外区域核心公司，分别辐射东南亚地区、澳洲地区、非洲地区、欧洲地区和南亚地区。黄天文创造了一个企业高速增长的神话，可是2011年的5月16日，年仅56岁的中钢集团总裁黄天文被国资委就地免职，所谓的神话就此破灭。中钢集团对外盲目投资留下一堆烂摊子，资产负债率连续数年高于90%，2010—2012年连续三年发生巨亏。

2013年，公众纷纷把目光再次聚焦于又一家中央企业——中远集团。这又是一个企业快速增长快速做大的神话，目前拥有资产总额已达3000多亿元，船队规模中国第一、世界第二。中远集团旗下的A股上市公司中国远洋年报披露，2006年中国远洋营业收入为362亿元，2007上市，当年营业收入大幅增长至496亿元。以后连年保持高速增长，2011年和2012年分别为689亿元和721亿元。可是做大了又怎么样，2011年和2012年中国远洋连续发生巨额亏损，分别亏损104亿元和95.59亿元，蝉联A股亏损王。想想看，要不是魏家福年届63岁到了央企领导人必须交班的年龄，中国远洋这匹脱缰的野马还不知道会怎么绝尘而去？幸运的是，中国远洋的投资者再不用去听魏家福夸夸其谈的宏伟战略和看似道歉实为辩解的说辞了。2013年7月1日，中组部正式宣布，魏家福卸任中远集团董事长，中远集团的魏家福时代就此终结。

一、成也战略败也战略

魏家福办公室正对门一直摆放着一尊半人高的毛主席塑像，自比为船长的他心中对舵手无比崇拜。工作中的魏家福十分推崇这样一句话：大海航行靠舵手，企业发展靠战略。作为中远集团的“舵手”，对战略的意义自然心知肚明。魏船长1998年上任后，认为中远集团原来施行的“下海、登陆、上天”多元化战略行不通，于是请来国务院发展研究中心的专家为中远集团谋划发展战略。专家组做了八个月时间，递交了咨询报告。魏家福把咨询成果浓缩成了两句话：第一，要从全球航运承运人向以航运为依托的全球物流经营人转变；第二，从跨国经营向跨国公司转变。此后十年，魏家福领导中远集团严格按照战略实施，圆满达成了战略目标，连续多年稳居中国百强物流之首，并坚定贯彻“走出去”方针，实现了中远集团由跨国经营向跨国公司的转变。成功的战略定位加上适逢世界航运业新一轮繁荣周期，让中远集团插上了腾飞的翅膀，航运、物流码头、修造船等各项业务获得高速增长。2007年中国远洋乘势登陆A股市场，上市后连续两年分别创造了190.85亿元和108.30亿元的利润神话。与此同时，中远集团的跨越式发展，吸引了世界的目光。中远集团战略发展案例被列入沃顿商学院教案。魏家福作为中国第一位被邀请的国企 CEO，他在沃顿商学院发表的激情演讲，听众报以长时间的热烈掌声。中远集团成功了！可是成功得有点飘飘然的魏船长和他的中远巨轮，万万没有想到，一场金融风暴正要席卷全球。而且更让魏家福和他的团队不可思议的是，这场金融风暴的影响是如此深远。

战略定位的成功让魏家福更加坚信“大海航行靠舵手，企业发展靠战略”的道理。于是魏家福启动了他的第二个十年战略规划，即 2011－2020 年十年战略规划。在这位老船长的战略视野里，中远集团这家中国最大的海运企业，绝不能只是一家拥有很高行业份额的巨无霸企业，而应该是围绕着航运产业核心价值链，依托庞大的船队，成为全球航运业的“领航者”，成为“国际航运产业集群”的领头企业。于是，中远集团错误地实施了“拥有和控制并举”的船队规模扩张策略，不仅大量造船，而且大量签订长期租船合约，并锁定了中长期运价。没想到2008 年金融风暴之后，全球航运市场迅速下行，航运市场高度繁荣带来的庞大需求戛然而止，现货市场量价齐跌，无货可运和高额租金的双重压力使中远航运陷入巨额亏损的万丈深渊。

二、新“十年战略”华而不实，充满机会主义的冒进色彩

初步分析 2011－2020 年十年发展战略，发现该战略有两处最大的硬伤：

1. 战略犯了重大方向性错误

魏家福早年当过船长，信奉舵手，深知大海航行方向的重要。可是中远这艘巨轮，他未来行进的方向是什么呢？魏家福再一次借助于外部智力机构，不过这一次出场的不是国务院发展研究中心，而是某管理咨询公司。数月研究和咨询之后，中远集团新战略出炉，概括为一句话就是：围绕着航运产业核心价值链，依托庞大的船队，成为全球航运业的“领航者”。“庞大的船队”是多大？是越大越好吗？全球航运业的“领航者”，是十年之内航运规模超过马士基，坐上全球航运巨头的第一把交易？这究竟算是长期愿景还是十年战略目标？

无论如何，这决定了“中远”巨轮前行的方向。这种战略定位是“做

大做强”惯性思维的继续，是GDP政绩思维主导下的企业病态式发展逻辑，是无视航运市场发展周期和航运业务内在成长规律的一种简单的一厢情愿。笔者从事的也是企业战略管理咨询工作，实在想请问一下魏家福和他聘请的咨询机构一个最基本的问题，现在航运市场究竟是卖方市场还是买方市场？你单向地一味地扩张船队规模有什么用，市场永远是龙头，你的目标市场呢，你的市场细分呢，你争夺市场的竞争优势呢……你以为做大了就自然会有市场吗？

举一个例子，花炮海运是一个细分的航运市场，我国是世界上最大的花炮产地，可是花炮海运市场多年来一直被世界航运巨头马士基所垄断。马士基拥有对花炮航运价格的绝对话语权，由其把持的美洲线路价格一路飙升，平均每个货柜涨价2000美元，更令人咋舌的是，中国到南美国家苏里南的线路居然从8000美元/货柜涨到17000美元/货柜。我国的花炮企业是多么期待像中远这样的航运巨头能够承运中国特具知识产权的花炮漂洋过海，能够为降低中国花炮的海运成本做出一点贡献。中远不是要做全球航运业的“领航者”吗，难道就任凭马士基对中国花炮产业进行如此赤裸裸的“劫持”？中远做大又有什么用？

如果说花炮产业是一个小行业，花炮海运市场是一个小市场，中远集团这样的副部级企业看不上，那我们再看看一个大行业和大市场。全球铁矿石海运市场，中远占有多少份额？中国在国际铁矿石海运贸易中占据半壁江山甚至更多，却长期在铁矿石海运费定价方面毫无话语权，这是谁的耻辱？为什么日本海运巨头能够掌控铁矿石海上运输？由于铁矿石海运长期被世界矿业巨头和日本海运巨头把持，海运价格持续上涨直接导致铁矿石成本不断攀升，长期挣扎在亏损边缘的中国钢铁企业强烈呼吁中国有关企业通力协作，积极参与铁矿石海运市场竞争，在铁矿石海运市场占有一席之地。面对中国钢铁企业多年的强烈呼吁，中远这样的国内航运老大，是不是好好审视一下自己的“做大”战略，战略谋划是不是可以适当少做一些华而不实的官样文章，踏踏实实在提高航运软实力方面多下一些功夫？

2. 战略缺乏核心能力支撑

魏家福2011年在国际财联第41届世界大会发表了一次演讲，演讲的主题是：核心能力是企业可持续发展的基础。这是很少能够见到的中远集团以及魏家福公开阐述中远集团核心能力的文献。魏家福说：企业要想实现可持续发展，提高核心能力是基础的基础，关键的关键，核心能力是企业有效整合各种资源和能力的能力。认识到核心能力是企业可持续发展的基础，这很可贵。但把中远集团的核心能力定位于“企业有效整合各种资源的能力”，笔者实在不敢苟同。魏家福主政中远的前些年，长袖善舞，整合了不少政府资源、金融资源、社会资源，推进了中远集团的发展。譬如，魏家福在1999年，以“乌纱”担保，向中央承诺中远三年内扭亏为盈，获得批准实行债转股，帮助中远集团安全渡过东南亚金融危机。2005年，中国远洋准备在香港上市。魏家福给香港首富李嘉诚打了个电话，李嘉诚当即表示，买1.5亿美元中远的股票。随后，魏家福又请香港房地产巨头李兆基吃饭，李兆基也当即表示，买1亿美元的股票。席间，他又给淡马锡CEO何晶打电话，何晶也回复，除了公司要买中远1.5亿美元股票，个人私下里也要买些。这些都是魏家福至今引以为豪的职业亮点。但是我要告诉魏家福的是，您今天再打一个电话试一试，做产业做企业，重要的是研究发现行业发展和企业成长的规律，而绝不是把个别经验当成规律。

中远要做全球航运业的“领航者”，先要超越马士基。是船队规模和营业收入超过马士基还是核心能力超越马士基？中远集团和他聘请的咨询机构是否对马士基的核心能力做过系统研究，是否对两家企业的竞争能力做过系统比较，是否对二者之间的实力和能力差距做过深入分析，我们不得而知。但是有一点可以断定，马士基领先中远集团的绝不仅是总运力、市场份额、航线规模、营业收入以及它前瞻性的后向一体化策略。马士基的管理机制、成本控制、航线优化、市场细分、客户服务等软实力，有太多太多值得中远集团仰视的内涵。马士基用心服务客户超过一百年，与客户达成的信任关系和长期积累形成的市场美誉度，由此而铸成的金字招牌，也许是中远集团永远也难以企及的战略秘诀。做品牌又不是养鸡，怎么可以速成。送给中远集团新一届领导团队一句话：花钱可以买来航空母舰，但核心能力绝对不是买来的。

中国矿业公司一体化扩张之殇

实现一体化战略，是实现矿业企业有效扩张的不二选择。但一体化扩张战略是一柄双刃剑，正确运用可做大产能、收入和利润之“馅饼”，有效实现战略扩张，并捍卫或扩大市场竞争优势；反之则会掉入一体化“陷阱”，企业从此将一蹶不振，步入漫漫“熊”途。

追求成长是企业的永恒主题。理论上讲，企业战略扩张的基本模式有两类：一体化（integration）和多元化（diversification）。但从实践来看，矿业公司的多元化之路，基本上走不通。对矿业公司这样具有专业深度的企业，实现一体化战略，几乎是实现矿业企业有效扩张的不二选择。

一体化扩张战略，其实就是一种产业链整合战略，产业链整合的方向有横向和纵向两种，分别称之为横向一体化和纵向一体化。横向一体化主要指对同行业企业的并购，以实现资本在同一产业和部门内的集中化，目的是扩大生产经营规模，降低产品成本，提高竞争优势，巩固市场地位。纵向一体化指企业实施的向产业链上下游各环节延伸的扩张战略，包括上游原材料和能源供应、下游的产品深精加工乃至市场销售终端。纵向一体化包括后向一体化和前向一体化。后向一体化的目的是建立安全可靠的上游供应体系，防范供应风险并降低交易成本，前向一体化的目的主要是提升产品的价值和产业利润水平。

一、国际矿业巨头——一体化战略的成功标杆

矿业公司实施一体化战略而获得成功的范例多集中于横向一体化和后向一体化。研究表明，国际矿业巨头必和必拓、淡水河谷、力拓、嘉能可、特克－科明科等公司，它们壮大成长和成功的历史就是一部坚定而又

持续实施横向一体化战略的编年史。他们钟情而又执着于矿产资源的并购，不急不忙，不露声色长期跟踪心爱的“猎物”，静待时机。有利的时机一旦出现，它们总是该出手时就出手，而且毫不手软。譬如，巴西淡水河谷从 1942 年成立以来几乎就没有停止过对矿产资源的并购整合，目前其拥有的主要优质矿产储量可维持开采近 400 年，其中保有优质铁矿石储量约 40 亿吨。有趣的是，巴西淡水河谷几乎不染指任何钢铁冶炼和钢产品深加工等下游业务。依靠实施横向一体化战略而不断成长为国际矿业巨擘，淡水河谷积累而成资源优势以及在资源开发环节的强大核心能力，不能不令全球矿业企业仰视。

成功的国际矿业公司几乎无一例外对横向一体化战略偏爱有加，但也并不排斥纵向一体化，包括后向一体化和前向一体化。譬如，必和必拓涉足铝产业链的铝矾土开采、氧化铝精炼和金属铝冶炼环节，美国铝业公司几乎涵盖铝产业链从铝土矿资源开发到各种铝初级产品、半成品及铝制品的生产和销售。但这里有一个“度”的问题，所谓“度”就是风险控制。我们注意到，必和必拓前向一体化没有延伸到下游铝加工，这就是必和必拓的智慧。美国铝业公司虽然做的是全产业链，但美国铝业公司的管控方式、运营机制有它的独特之处。我们看到的是全产业链，看不到的是管控能力和管理文化。全产业链是一个概念，是知识，可以模仿，而管控方式、运营机制和管控能力不可复制，难以模仿。管理文化的移植绝对没有那么容易，淮南生橘，淮北则为枳。

如何控制前向一体化的“度”，中国铝业公司似乎开始醒悟了，其最近公开披露的信息说，拟全面退出铝加工业务板块，以降低资产负债率，专注于优质资源开发及围绕优质资源开展业务。中国铝业一体化战略在遭遇重大挫折后有所醒悟有所反思，无论如何，这是一件好事。

二、中国矿业公司纷纷陷入一体化窘境

综观国内稍具规模的矿业企业，清一色的几乎都是集采、选、冶和深加工等产业链各环节于一体的纵向一体化矿冶企业。论规模，中国的确已经有了世界级企业，中国铝业公司是全球第二大氧化铝生产商、第三大原

铝生产商，营业收入和资产规模足可比肩国际矿业巨头，可是强大吗？中国铝业公司年报显示，业绩持续低迷，股价每况愈下，上市六年即两度发生巨亏，2012年全年亏损高达82亿元。这些年，中国铝业公司使出浑身解数降低成本，年复一年与成本较劲，勒紧腰带搞生产经营，弄得企业上下怨声载道，活力尽失，效能低迷。中国铝业公司陷入如此窘境，难道只是归罪于客观原因吗？

中国矿业公司如何一体化，这是个问题。一体化扩张战略是一柄双刃剑，正确运用可做大产能、收入和利润之“馅饼”，有效实现战略扩张，并捍卫或扩大市场竞争优势；反之则会掉入一体化“陷阱”，企业从此将一蹶不振，步入漫漫“熊”途。

中国铝业公司由全国各地重点氧化铝企业横向整合而成，在氧化铝产业环节居于绝对垄断地位。由于氧化铝环节居于铝产业链的咽喉位置，是铝土矿的大客户，是电解铝的供应商，按照竞争五力分析模型，无论是对供应商还是对用户，其谈判能力都强大无比，在价格上几乎是说一不二。当年的中国铝业公司，央企利税大户，如日中天。可是好景不长，中国铝业之后大举施行一体化扩张战略，疯狂收购下游的电解铝企业和铝加工企业，资产规模急剧膨胀，营业收入迅速放大。中国铝业最大是收获，如意进入了世界500强，生产经营规模在央企排名靠前。可是中国铝业公司的命运从此发生了转折。中国电力成本高，是世界公认的，全球电解铝行业平均电价只有2.8美分/千瓦时，而中国电解铝企业的电价高达7美分/千瓦时，电力成本几乎占到中国铝业电解铝生产成本的50%，就电价这一道槛，中国铝业公司就是迈不过去。中国铝业公司在铝深加工环节遭遇到的困境，就更不用提了。铝加工产品直接面对消费市场，铝加工企业及其产品高度市场化，铝加工产品的消费市场如同一片大海，中国铝业公司这样的国老大，对市场的反应哪里赶得上从市场上一路拼杀出来的民营企业？可以说，中国铝业公司陷入今天这样的窘境，完全是大举实施前向一体化惹的祸。

铝行业是这样，铜、铅、锌的情况也好不了多少。江西铜业、云南铜业、铜陵有色、中金岭南、湖南有色，哪一家不是“大而全”。中国企业特别偏爱纵向一体化尤其是后向一体化，这不是企业的错。错在体制，根在文化。体制方面讲，国有企业负盈不负亏，国有经济管理体制赋予了国有企业做大的动力，因为只有做大才能够获得更多的资源，只有做大才能够安置更多的就业，只有做大才能够“绑架”政府。文化方面看，中国社会从几千年的封建社会一步跨入现代市场经济，封建割据思想源远流长，挥之不去。想想看，自己的矿产资源岂容他人整合？不但是矿山，冶炼产能也一样。所以大家看到的全球矿业格局是，世界上有必和必拓、淡水河谷、力拓、嘉能可、特克－科明科等跨国矿业巨头，世界矿业发展的话语权就掌控在这些跨国矿业巨头之手。中国至今没能出现一家跨国矿业巨头，中国矿业公司太弱小，在全球矿业市场毫无地位，一直难以摆脱受人宰割的命运。

三、中国矿业公司一体化战略新抉择

为提升在世界矿业市场的地位，中国矿业公司实施一体化战略：

1. 稀缺性资源环节应大力实施横向一体化资源整合战略

中国有色金属资源除钨储量人均占有水平较高以及钛、锌储量人均占有水平与世界持平外，其他主要金属矿产资源远低于世界人均水平，其中铜、铝和镍等人均拥有资源量仅分别为世界平均水平的13%、10%和9%。我国铁矿资源总储量不足世界储量的9%，其中富矿石保有储量在总储量中仅占2.53%。国家应尽快出台相关政策，鼓励和支持有关企业实施横向一体化资源整合，包括国内和国际两种资源的整合，形成资源龙头企业，提升中国矿业公司在世界矿业市场的地位，增加中国矿业公司在世界矿业市场的话语权。

2. 基础性大宗矿产品行业重点实施后向一体化战略

基础性大宗金属矿产品主要为铁和铝。铁矿资源的开发利用与基础和物流设施密切相关，铁矿公司可实施后向一体化战略，将产业链伸向有关的基础设施和物流产业；电解铝产业的发展与电力供应乃至煤炭供应有密切关联，所以可以投资控股或参股发电企业和煤炭资源开发公司。中国铝业控股收购宁夏发电集团，无疑是在企业发展战略调整方面迈出了具有转折意义的一步。

3. 小品种矿产品行业和珍稀矿产品行业实施前向一体化战略

小品种矿产品行业和珍稀矿产品行业比较特殊，譬如黄金、稀土、有色金属的钼、钴等，由于资源珍稀，其高附加值须通过精深加工环节予以实现，所以仅仅掌握矿产资源是不够的，必须实施前向一体化战略，做精做透精深加工环节，最大限度挖掘产业链下游环节的效益。

4. 非金属矿行业实施前向一体化战略

除少数几个品种外，中国非金属矿产资源储量总体上比较丰富，比如硅灰石、石墨、菱镁矿、重晶石、膨润土、石膏、石英岩、滑石等，所以资源领域的争夺并不是资本关注的焦点。非金属矿价值的提升主要在提纯、精深加工和改性环节，所以，前向一体化无疑是非金属矿业公司战略谋划的重要考量。

从与国际矿业巨头的差距看中国矿业公司转型之迫

中国矿业公司与国际矿业巨头相比较，不仅不“强”，也不“大”。无论是营业收入的含金量还是盈利能力和偿债能力，都有相当大的差距。中国矿业公司亟须集体反思战略定位，须始终不渝注重提升盈利能力，坚持不懈壮大核心业务，持之以恒加大资源性资产配置。

一、中国矿业公司与国际矿业巨头差距几何

进入2013年世界500强的矿业与能源企业比较多，但主业集中于有色金属矿产领域有八家公司，分别是国际矿业巨头必和必拓、力拓集团、淡水河谷、英美资源公司以及中国最大的四家有色矿业巨头中国铝业、五矿集团、江铜集团和中国有色矿业集团公司。八家公司的营业收入及500强排名如表1－1所示。

表1－1 八家公司2013年世界500强排名表（单位：亿美元）

公司名称	必和必拓	五矿集团	力拓集团	淡水河谷	中国铝业	英美资源	江铜集团	中国有色矿业集团
营业收入	722.26	518.07	509.67	476.94	388.22	287.61	278.8	241.46
500强排名	115	192	195	210	273	360	414	482

由表1－1可以看出，世界500强主要根据各公司当年取得的营业收入排定座次，所以四大中国矿业巨头与四大国际矿业巨头看起来“实力”接近，差距并不大。但深入分析便可透过现象看出本质，中国矿业公司与国际矿业巨头相比较，不仅不“强”，也不“大”。无论是营业收入的含金量还是盈利能力和偿债能力，都有相当大的差距。

1. **中外矿业公司营业收入含金量大不相同**

营业收入系指企业在从事销售商品，提供劳务和让渡资产使用权等日常经营业务过程中所形成的经济利益的总流入，营业收入作为一个重要绩效指标，正常情况下，它大抵可以反映一家公司的经营规模和综合实力。世界500强企业以营业收入的多寡排定座次，有一定的道理。但是必须注意到一点，中国企业计算营业收入的方法与国际企业有很大差异。中国企业多年来受GDP政绩思维影响，普遍存在一种把数字做“大”的偏好，所以通常会把集团公司内部上下游产业链上每一个事业单元的营业收入分别计算然后合计，尽管这些事业单元的产品和服务并不都是直接面对外部市场。譬如，矿业集团公司有矿山、冶炼和加工等上下游事业单元，矿山的产品全部供应给集团内部产业链中游的冶炼厂，冶炼厂的部分产品直接供应给集团内部产业链下游的加工厂，中国矿业集团公司会把这三个事业单元都分别计算营业收入然后相加合计营业收入。这样计算出的集团公司营业收入远远大于集团公司的销售收入。而国际企业更看重的是“干货”，通常不会如此计算营业收入，所以二者比较，中国企业的营业收入更接近产值的概念，国际企业营业收入更接近销售收入的概念。国际企业营业收入的含金量要高得多，中国企业的营业收入则存在许多水分。

2. **中外矿业公司盈利能力差距远大于营业收入差距**

对八家世界500强矿业公司2008年至2012财年五年内的资产收益率进行分析发现，四家国际矿业巨头的年平均资产收益率远远高于中国矿业巨头，说明国际矿业巨头的盈利能力远远强于中国矿业巨头。八家世界500强矿业公司资产收益率比较如表1-2所示。

表1-2 2012财年八家世界500强矿业公司资产收益率比较

2013年500强排名	公司名称	资产收益率					
		2008	2009	2010	2011	2012	平均
115	BHP Billiton	40.15%	14.71%	26.22%	41.67%	23.41%	29.23%
195	Rio Tinto	17.81%	11.11%	24.56%	11.09%	-6.38%	11.64%
210	Vale	31.06%	9.4%	25.06%	29.45%	7.4%	20.58%

续表

2013年500强排名	公司名称	资产收益率					
		2008	2009	2010	2011	2012	平均
360	Angloamerican	25.79%	9.28%	19.11%	15.78%	-3.96%	13.2%
192	五矿集团	4%	1.6%	1.7%	2.1%	1.8%	2.24%
273	中国铝业	-1.5%	-1.2%	-0.1%	0.1%	1.1%	-0.32%
414	江铜集团	未进入世界500强				1.8%	1.8%
482	中国有色矿业集团					0.5%	0.5%

从2012年全年取得的利润来分析则是更为直观，四家中国矿业巨头2012年全年利润之和只有区区2.81亿美元，仅占必和必拓全年利润的0.18%，不及必和必拓利润额154.17亿美元的一个零头。

3. 中国矿业公司资产负债率远远高于国际矿业巨头，存在巨大偿债风险

比较分析八家世界500强中外矿业公司的资产负债情况发现，中国矿业公司与国际矿业巨头资产负债率却有惊人的差别。2012年中国四大矿业巨头平均资产负债率高达87.92%，而四大国际矿业巨头则为51.32%。国际矿业巨头资产负债率连年均控制在非常合理的水平，中国矿业公司资产负债率普遍高得离谱（见表1-3），说明中国矿业公司偿债能力很弱。

表1-3 2012财年八家世界500强矿业公司资产总额和负债率比较（单位：亿美元）

公司名称	必和必拓	五矿集团	力拓集团	淡水河谷	中国铝业	英美资源	江铜集团	中国有色矿业集团
资产负债率	49.05%	85.54%	60.14.%	43.53%	95.24%	52.55%	91.26%	79.62%

这些年来，中国企业受GDP政绩思维影响，唯“做大”马首是瞻，更有企业为了进入500强而盲目举债扩张，深深陷入“举债——扩张——再举债——再扩张”的怪圈。重庆市市长黄奇帆提供的数据显示：我国政府目前负债规模大体占GDP的40%~50%，而企业负债总额已达70多万亿元，占GDP的比重达130%，处于亚太经合组织国家最高区间，也远高于世界成熟经济体50%~70%的水平（美国政府负债水平虽然高达110%，但企业负债率只有40%左右）。不少中央大型企业集团负债率多年来都处

在90%以上，如果不是有国家信用支撑，则随时存在资金链断裂的巨大风险，生命危在旦夕。

4. 中国矿业公司矿产资源资产配置远远低于国际矿业巨头

分析八家500强矿业公司2008年以来营业收入和利润的增长情况，发现一个有趣的情况，那就是2008年爆发严重金融危机之后，国际矿业巨头的收入和盈利不降反升，而且连创新高，而中国矿业公司则普遍一蹶不振，多数处于盈利边缘苦苦挣扎。进一步分析发现，国际矿业巨头强大的抗风险能力与其高比例的资源性资产配置密切相关，国际矿业巨头营业收入和利润主要来自矿产资源开发、运营和矿石产品销售，这是2008年世界金融危机爆发以后国际矿业巨头仍然保持强劲增长的根本原因。

必和必拓是名副其实的全球第一大矿产资源公司，它在全球25个国家拥有100余个矿业开发项目，包括智利埃斯康迪达铜矿、智利塞罗科罗拉多铜矿、秘鲁廷塔亚铜矿、秘鲁安塔米纳铜钼矿、澳大利亚坎宁顿银铅矿、澳大利亚WMC铀矿等世界级大矿。目前，必和必拓是世界上氧化铝和金属铝的主要供应商，是世界第三大铁矿供应商（保有储量45亿吨）、第三大铜生产商，世界第五大银、铅、锌生产商，世界第四大镍生产商和第二大铬铁合金生产商，世界第一大炼焦煤和锰矿供应商（锰资源储量4.73亿吨），世界最大的高质量钻石生产商，世界最大的动力煤生产商和出口经销商之一。

力拓集团的主业为矿产资源勘探和采掘。力拓在澳大利亚、加拿大和巴西等国拥有110亿吨铁矿石储量，其中在澳大利亚西部拥有九座大型优质铁矿；力拓在美国独资拥有并独立经营坐落于美国蒙大纳州粉河盆地、怀俄明州的四个露天煤矿，持有蒙大纳州Decker矿场50%的权益，在澳大利亚全资或控股五座大型煤矿；力拓在美国、智利、印尼、澳大利亚、南非等国控制了多家铜矿。

淡水河谷是世界第一大铁矿石生产和出口商，在巴西保有铁矿石资源储量就达40亿吨；在委内瑞拉开采煤、铝矾土、铜、铁和钻石；在秘鲁、智利开采铝和铜；在阿根廷开采钾、铝和铜；在加蓬开采锰；在莫桑比克开采煤、铝和铜；在安哥拉开采钻石、铝、铜、钾和铁；在巴西开采铝、铜、镍、锰、钻石、高岭土和铝矾土；在蒙古开采铝、铜和煤；在中国开采煤、铜、铝和铝矾土。淡水河谷主要矿产资源可控储量可维持开采近400年。

英美资源集团是世界领先的铂金和钻石生产商，通过收购位居全球第一的钻石开采与营销公司、世界顶级钻石珠宝商戴比尔斯（De Beers Diamond Jewellers）掌控南非钻石资源，戴比尔斯半个多世纪以前创造的广告语——“钻石恒久远，一颗永留传”，至今家喻户晓。英美资源也是主要的煤炭和铜生产商，它在美国、加拿大、澳大利亚、爱尔兰、赞比亚、智利、秘鲁、委内瑞拉、巴西、哥伦比亚、马里等国家掌控了大量铜、锰、镍、锌、金以及冶金煤等资源。

四家中国矿业巨头掌控了多少资源？

五矿集团拥有的矿产资源主要有：铁矿资源量21.95亿吨、锰矿资源量1155.95万吨、铜资源量1352.9万吨、铅锌资源量2650万吨；国内具有优势的钨、锑、铋、稀土资源量，分别达到213.74万吨、27.99万吨、30万吨和16.19万吨。

中国铝业拥有铜资源量约1500万吨，铝土矿资源储量6.3亿吨。

江铜集团拥有的铜资源储量为1500万吨，稀土资源储量270万吨。

中国有色矿业集团有限公司共保有重有色金属资源量约2021万吨（其中铜1157万吨、钴25万吨、镍68万吨、铅172万吨、锌545万吨、钨37万吨、锡5万吨、钼12万吨），贵金属共8221吨（其中金469吨、银7751吨），铝土矿资源量超过3亿吨，铁矿石约3500万吨，萤石矿84 000吨。

对比之下，中国矿业公司与世界矿业巨头的资源性资产配置差距可谓天渊之别。中国矿业公司无论是资源性资产配置意识还是资源性资产配置能力，都还处在一个非常稚嫩的阶段。

二、中国矿业公司实施战略转型迫在眉睫

（一）中国矿业公司亟须集体反思战略定位

十三年前，中国向全世界响亮地提出了“走出去”战略，中国矿业公司由此迈开了融入世界矿业版图的大步。这十余年时间里，中国矿业公司

可谓是纵横捭阖，境内外大举扩张，经营规模不断扩大，中国四大矿业巨头先后进入了世界500强榜单。可是对比分析中国矿业公司与国际矿业巨头在盈利水平和资产负债率等方面的巨大反差，无论如何让国人也一点都高兴不起来。中国四大矿业巨头2012年平均净资产收益率仅为1.06%，平均资产负债率却高达87.92%，请问这样的公司是世界500强吗？明眼人心里清清楚楚，不过是掺了水分的“营业收入”进入了全球企业前500名而已。

营业收入进入500强，盈利能力不如十年前，资产负债率长期居高不下。人们不仅要问，中国矿业究竟在追求什么？我们的发展究竟为了什么？毫无疑问，这是一个战略问题，中国矿业公司必须进行集体反思，须反复追问德鲁克的经典三问：我们的事业是什么？我们的事业将是什么？我们的事业究竟应该是什么？

战略定位是关于企业发展的纲领性、全局性、长远性问题的重大谋划。在战略定位方面，国际矿业巨头无疑是中国矿业公司学习的榜样。国际矿业巨头的战略定位不仅精准而有个性，而且具有强大的核心能力支撑。

以必和必拓为例，必和必拓是全球最大的资源公司，致力于成为一家全球领先的多元化资源公司。支撑必和必拓战略定位的恰恰是其多年注重培养和锻造的核心能力——世界一流的多元化资产组合能力。必和必拓的核心能力和战略定位最终转化成必和必拓多元化资源投资和多元化资源掌控能力。对必和必拓而言，称之为“全球第一大多元化资源公司”实至名归。

中国四家矿业巨头如何进行战略定位呢？以中国铝业公司为例，中国铝业公司究竟是一家铝业公司还是一家矿业公司？究竟是要成为铝业巨头还是要成为矿业巨头？多年一直争论不休。2007年9月1日，中国铝业对外宣布：“中国铝业公司要从单一的专业化公司向多金属国际化矿业公司迈进。”显然，中国铝业试图模仿国际矿业巨头的战略发展模式，致力于成为一家世界一流的多金属矿业公司。可是中国铝业忽略了一个战略定位的关键元素，那就是自成立以来一直深耕氧化铝——电解铝——铝加工产业链，根本上不具备多金属资源的并购及其掌控能力。这些年来，中国铝业在实施多金属资源战略方面不仅乏善可陈，更是败笔连连。中国铝业公司控股收购云铜集团，收购价高不说，管理整合出现了大问题，导致云铜经营业绩每况愈下。中国铝业进入稀土资源领域屡屡受挫，至今几无所获，仅在稀土冶炼分离和深加工环节有所介入。中国铝业实施多金属资源战略六年多来，不仅是多金属资源扩张令人大失所望，原来的主业铝业板块也是一蹶不振，业绩持续低迷。中国铝业上市六年即两度发生巨亏，2012 年全年亏损高达 82 亿元，2013 年仍在亏损的泥沼中苦苦挣扎。

中国铝业公司陷入今天这样战略扩张无序、发展质量令人失望的尴尬境地，与其贸然实施的多金属资源战略不无关系。设想一下，假如中国铝业公司紧紧围绕“铝”概念进行战略谋划，致力于做成世界上领先的专业性铝业公司，大力实施后向一体化战略和横向一体化战略，向铝土矿和煤电领域有序扩张，或许有可能成为超越俄铝、美铝等专业性铝业公司的世界铝业巨擘。

其实，中国矿业公司做强做大，并不是只有一条战略道路可以选择。为什么大家都要挤在同一个“跑道”上并驾齐驱？为什么一定要做多元化资源公司或综合性矿业公司？全世界 100 多个国家毕竟只有少数几家国际矿业巨头。中国四家矿业巨头既无必要也不可能都成为必和必拓或者力拓。换一个“跑道”或许可以独领风骚。五矿集团，是不是可以考虑做成中国的“三井物产”？中国铝业和江西铜业，是不是可以分别专注于铝业和铜业，在铝行业和铜行业做成可控资源和经营规模世界第一、拥有具有自主知识产权的核心技术、发展质量优良且能够保持可持续发展？

（二）中国矿业公司战略转型升级的方向

1. 始终不渝注重提升盈利能力

进入 21 世纪以来，在中国式 GDP 思维的推动下，中国企业掀起了一股奋勇争创世界 500 强的热潮。2001 年，中国 12 家公司首次进入世界 500 强，此后便一发而不可收。2013 年财富世界 500 强榜单，有 89 家中国企业进入了世界 500 强。世界 500 强排行榜的本意是通过这样一个排行榜反映出全球大型公司在各个国家的分布，它本来是一个国家经济发展及其企业业务发展的自然反映，可是许多中国公司偏偏把进入 500 强变成了一个刻意追求的目标，于是形成了片面追求营业收入增长乃至拼凑营业收入的情形。事实证明，这些年，中国企业疯狂追逐500强，大量举债盲目扩张，根本没有做到平衡、协调发展，这种不注重发展质量的粗犷式增长模式，难以持续。

必和必拓公司和力拓集团都实现了100多年的可持续发展，英美资源集团再过三年就将迎来百年诞辰，最年轻的巴西淡水河谷公司也已经步入了古稀之年。国际矿业巨头为什么基业长青？最基本的经验就是：在合理控制资产负债风险的前提下实现营业收入规模与盈利能力的协调发展。国际矿业巨头可持续发展的成功经验，无疑为中国四大矿业巨头树立了一个标杆。

2. 坚持不懈壮大核心业务

核心业务是与多元化经营相联系起来的一个概念，通常指一个多元化经营的企业或企业集团中具有竞争优势并能够带来主要利润的业务，企业的核心业务在企业的业务组合中，一定是在该行业中最具有竞争能力的业务。核心业务可以给市场和消费者一个明确的概念：我是什么，我主要做什么。

如果把企业比做一棵枝繁叶茂的大树，那么核心业务无疑就是大树的主干。主干挺拔粗壮则生命旺盛，主干细弱必难经风雨。中国矿业公司实施战略转型升级，首要的一条就是对核心业务进行定位并始终不渝坚持壮大核心业务。四大国际矿业巨头都在实施多元资源发展战略，但他们都拥有各自不同的强大的核心业务板块。譬如，淡水河谷拥有采矿、物流、能源和钢铁等四大事业板块，但坚持以采矿业务尤其是铁矿石投资开发与开采运营为核心业务。与其他矿业巨头相比，淡水河谷在铁矿石投资开发与开采运营方面，可以说拥有绝对实力和独有的优势。

企业发展到相当大的经营规模之后，走向适度的相关多元，是一个趋势。但实施多元化发展战略，务须时刻保持一份冷静和克制。国际矿业巨头相关多元化战略比较成功，他们有两条基本经验值得中国矿业公司借鉴：

第一，坚持先专业化后多元化的战略方针，在做好了专业化并拥有了专业化的核心能力才考虑实施适度相关多元战略。

第二，坚持按照专业化、一体化、多元化的顺序实施有序扩张，在发展的早中期选择专业化和一体化，在专业化战略、一体化战略没有选择余地的条件下再慎重考虑多元化。

3. 持之以恒加大资源性资产配置

一个公司是不是强大，必须看其营业收入规模和盈利能力，但判断一个矿业公司是不是强大，光看营业收入规模和盈利能力绝对不够。中国铝业假如不发生巨亏，假定它的盈利能力可以与国际矿业巨头媲美，也不能说明它就是一家真正的国际矿业巨头。如果营业收入和盈利主要来自电解铝和铝加工产品，充其量说中国铝业是一家国际铝业巨头。中国铝业是不是一家强大的国际矿业巨头，必须评价其包括铝土矿在内的矿产资源的可控储量。我们看看英美资源集团怎么做，英美资源公司长期坚持投资最具有吸引力的世界级的矿业资产，专注于拥有具备生命周期长、低成本和明显拓展潜力的大型铜矿、钻石、铁矿石、冶金煤、镍矿等矿产资源。中国铝业公司六年前提出要成为一家多金属国际化矿业公司，六年过去了，请问中国铝业掌控了多少矿产资源？未来，中国铝业准备如何去掌控境内外更多的矿产资源？中国矿业公司如果有志于成为一家国际矿业巨头，就必须摈弃一直热衷实施的前向一体化战略，大力推行后向一体化战略，持之以恒加大资源性资产（resources assets）配置。矿产资源是矿业公司最重要的资源性资产，具有较强的经营性属性，能够为未来带来实实在在的效用。对矿业公司而言，资源永远为王。掌控了足够矿产资源，矿业公司进可攻退可守，这才是国际矿业公司永保不败金身的王道。

中国“大”钢企奈何变成一只愤怒的“小鸟”

一方面，中国钢产量已经突破全世界钢产量的一半，另一方面，中国77家大中型钢企利润总额不及三大矿业巨头利润之和的1/3。中国钢铁企业与其指望铁矿石降价不如反思战略，与其满怀愤怒怨天尤人不如责问自己。

一、中国钢企与国际矿业巨头的巨大盈利差距值得深刻反思

三大矿业巨头财报显示，2010年和2011年，全球三大矿业巨头盈利大增，其中，2010年三大矿业巨头共实现净利润486亿美元，2011年三大矿业巨头盈利再度攀升，共实现净利润516亿美元。中钢协对国内77家大中型钢企2010年和2011年的盈利数据进行了统计，统计数据显示，纳入统计的77家大中型钢企。① 每年的利润总和不过800多亿元，也就是说，77家大中型钢企利润总额不及三大矿业巨头利润之和的1/3。

因为众所周知的原因，三大矿业巨头是全球最主要的铁矿石供应商，三大矿业巨头的盈利大增有很大一部分来自他们铁矿石业务的强势以及连年的价格暴涨。作为世界第一钢铁大国，中国是全球铁矿石的重要消费国，中国钢企是三大矿业巨头铁矿石的主要买家。据工信部统计，2010年中国总共进口铁矿石6.18亿吨，2011年中国铁矿石进口量达到6.86亿吨，2012年再创新高，总进口量达7.44亿吨。中国铁矿石对外依存度连

---

① 77家钢企是纳入中国钢铁工业协会统计的大中型钢厂，包括了宝钢、武钢、沙钢等所有我国最知名的钢铁企业

年保持在60%以上。中国钢企对三大矿业巨头的盈利大增做出了重大贡献。中国媒体普遍认为，中国钢企之所以赚得少，直接原因之一就是铁矿石的连年涨价，吞噬了中国钢企的利润。中国钢铁工业协会前常务副会长罗冰生算了一笔帐，2010年中国钢企进口铁矿石6.18亿吨，平均每吨铁矿石上涨48.51美元，中国的钢铁企业2010年仅进口铁矿石成本上涨一项就多付了外汇300.1亿美元，按照汇率1∶6计算，折合人民币1980亿元，要全部进入钢铁生产的成本，是77家大中型钢企全年实现利润的2.2倍。来自钢协的声音大抵反映出国人对三大矿业巨头因铁矿石涨价而获得巨额利润的一种不平衡心态。

面对三大矿业巨头不断推高铁矿石价格，中国钢铁企业一方面表现出非常愤怒，但另一方面却又无可奈何。其实，你越是愤怒人家越是偷着乐，而且还理直气壮。当下，中国钢铁企业重要的不是指望别人的同情和怜悯，而是必须深刻反思陷入被动挨打的深刻原因。

市场经济，弱肉强食，盈者有理，亏者有因。做生意虽不讲唯利是图，但从生意中尽可能赚多一些钱，本无可厚非。做生意都有游戏规则，国际贸易更是如此。你和别人做生意，人卖你买，愿买愿卖。再说，人家铁矿石并不单是卖给中国钢企，卖别人120，凭什么卖你80。买卖历来如此，价格如果可以接受，就选择成交，价格超过你的购买力，你可以选择不成交，当然你也可以通过谈判要求对方适当让利，但你绝没有任何理由强迫别人给你输送利润。新中国成立以来尤其是改革开发以来，中国综合国力日益增强，正健步走进中华民族实现伟大复兴的新时代，全世界几乎没人相信会有坚船利炮威逼中国钢企与国际矿业巨头签订“辛丑条约”。铁矿石价格连年上涨，2004－2010年铁矿石进口价格涨幅分别为：18.8%、71.5%、19%、9.5%、85%、－40%、61%，累计涨幅超过了200%，可谓涨幅惊人。铁矿石价格持续攀升的主要推手有两个：一是国际投资资本，二是持续增长的市场需求。不可否认的是，占全世界钢产量50%的中国钢铁产业对铁矿石源源不断的巨大需求应该说是最基本的因素。当然，任何商品的价格涨到一定程度之后都可能形成泡沫，如同中国当前的楼市价格。国内楼市价格存在严重泡沫，可以运用宏观调控进行坚决遏制。但铁矿石作为一种国际商品，即便存在泡沫，中华人民共和国发改委乃至国务院也无能为力。

77家中国钢企全年利润总额不及三大矿业巨头的1/3，国人心态有些不平衡可以理解，但因此滋生和蔓延一种埋怨情绪乃至愤愤然实不足取。实事求是地讲，三大矿业巨头和中国钢企之间存在的巨大盈利差距，客观上反映了国际矿业巨头和中国钢企在企业发展战略、盈利模式、经济增长理念以及核心竞争力等方面的巨大差距，揭示了中国钢企在国际化战略以及国际市场竞争策略等方面的短板和缺失，更反映出中国钢铁行业多年来GDP驱动非科学发展、钢铁产能低水平盲目扩张的混乱无序现状。三大矿业巨头利润过高也好，中国钢企利润很薄也罢，二者之间并不是一个简单的因果关系。如果要找原因，原因是多方面的，外在因素是一个重要因素，这方面，作为三大矿业巨头之一的力拓公司（2010年净利润为143.24亿美元，较2009年增长194%）也坦陈：如此高的收益，主要归结为其"在铁矿石上的强势"，"发展中国家超预期的需求"。然而，对中国钢企而言，值得深刻总结反思的主要还是内在原因和主观原因。

二、中国钢企与国际矿业巨头对弈，棋输三步

如果说中国钢企与国际矿业巨头在下一盘棋，这盘棋无疑是一个初段棋手与高段棋手的对弈，人家让我们三步都不见得能赢。中国钢企应该认真研究和学习新日铁的成功经验，深刻反思自身主观原因，找准盈利能力低之根源，知道自己的软肋所在，继而苦练内功，提升自己的盈利能力。笔者以为，至少有三个方面的短板拖累了中国钢企的博弈能力，制约了中国钢企盈利能力的提升。

1. 核心竞争力短板

无论是三大矿业巨头还是德国日本的钢铁企业，要么在资源垄断方面，要么在自主知识产权方面，要么关键工艺技术方面，要么在产品的科技含量和附加值方面，都拥有其独特的核心竞争力。就拿工艺技术和产品附加值来说，中国进口的铁矿砂生产出来的钢材，其屈服度、耐腐蚀度和金属抗疲劳度等与德日钢铁公司有很大差距，中国钢厂主要是生产粗钢、

螺纹钢和钢胚等半成品，德日等拥有尖端技术的钢铁公司，进口中国的低端产品后通过技术加工生产出精品钢材，例如汽车底盘、不锈钢和白色家电钢板等，再以高价卖给中国。中国几代人一直有一个航母梦，早在数年前就拨款4000多万美元给某造船厂，修路、建船坞、盖工房，等这些基础设施都搞完了，却发现我们没有造航母用的钢。建造一艘航母，大约需要2万吨特种钢材，而能用于航母建造的特种钢材全世界仅4个国家能够生产。后来我们费尽周折从乌克兰运回来一个“瓦良格”号，可是在大连港一放就是三四年。中国钢产量世界第一，可就是研制不出修复航母所需的特种钢材。到宜昌旅游，通行在西陵长江大桥上，导游会给我们讲述这样一个故事：西陵长江大桥系三峡水利枢纽的关键配套工程之一，大桥全长1118.66米，单跨900米，桥身可载重290吨。大桥总造价为3.8亿元，其中两根主悬钢缆的造价就高达2个亿，每一根足足一个亿，也就是说两根钢缆的价格就占去大桥总造价的52%。令我们吃惊的当然不是两根钢缆造价如此之昂贵，而是因为中国这么多的钢厂竟无一家有能力生产出主悬钢缆所需的钢丝，无奈只能从英国进口。上海宝钢可以说是中国钢企中最具竞争力的公司，宝钢公司一家的利润占77家钢企2010年利润之和的26%。但宝钢与国际知名钢铁企业相比，差距仍然十分明显。1998年宝钢与德国的克虏伯公司合资，在上海投资了不锈钢板卷工程，目前所生产的所有高端产品都须依靠德国的生产线。中国钢企普遍缺乏核心竞争力，铁矿石进口价格上上斤斤计较，就一点也不奇怪了。

2. 竞争战略短板

日本钢铁企业具有较强的抗风险能力，长期保持较高盈利水平，研究发现，日本钢铁企业在竞争战略上技高一筹，以产业链竞争战略化解铁矿石涨价风险。在国际市场上，日本钢铁企业除了购买矿产资源外，还积极推进国际并购，参股国际矿业巨头，仅在澳大利亚24个主要铁矿中，日本企业就重点投资了8家，参股了16家。这样做不但争取了国际矿业巨头对日本企业有利的贸易条件，同时作为股东还可以分享矿业公司产品价格上涨所带来的股权分红收益。2004年以来，铁矿石价格连年上涨，但每一次都是新日铁率先与国际铁矿石巨头达成协议。日本一个小小岛国，资源极度贫乏，铁矿石进口量仅次于中国，但由于新日铁这样的企业直接或间接持有国际铁矿石巨头的股权，所以铁矿石涨价，对以日本企业来讲，无非是把钱从左手转到了右手。而对中国钢企而言，参与国际竞争的唯一方式就是购买矿石，谈判、讨价还价、再谈判、再讨价还价，无休无止，由于没有什么谈判筹码，在定价过程中根本没有话语权，所以每一次涨价都是中国钢铁企业的一场灾难。我们就不明白，中国钢铁企业为什么就一条路走到黑？为什么就不能奋发图强，努力争取在境外铁矿石资源合作开发领域有所作为？

3. **文化短板**

我们从小就念经似地唱着“团结就是力量，这力量是铁，这力量是钢”。钢企因为炼的就是钢，最自以为是，总以为自己最牛，所以可以各行其是，可以不讲团结。俗语说，人心齐泰山移。一盘散沙，撒出去，有什么力量？进口铁矿石因为不团结而吃亏，出口稀土矿也是如此。稀土这么重要的战略资源，我们的企业急功近利，为了自身的一点蝇头小利，硬生生地把稀土产品卖成白菜价。真是“崽卖爷田心不痛！”中国企业似乎习惯于家里横、窝里斗，强敌当前常常不能握紧拳头，这只能归于缺乏教养，精神退化，实在是文化之悲哀，家门之不幸！

中国钢企和国际矿业巨头做生意吃了亏，钢铁协会呼一呼、造造舆论，媒体喊一喊、敲敲边鼓，不是不可以，但必须端正心态，埋怨别人不如责问自己。生意亏了别指望同情，利润薄了别指望救济，铁矿石价格涨了别指望宏观调控。国际市场竞争，毕竟只有强者才能赢得尊严。

有一种多元化叫“虚拟养猪”

新华都实施另类多元化战略取得的成功，主要归结为两点：把主营业务当“儿女”养，并实行“独生子女”政策；把非主营多元化业务当“猪”养，实施“虚拟养猪”战略。

2008年4月15日，打工皇帝唐骏以10亿身价“转会”新华都实业集团股份有限公司（以下简称新华都），使名不见经传的陈发树及其控制的新华都系突然进入大众视野。一年之后的2009年5月10日，唐骏让陈发树花费16亿巨资豪饮“青岛啤酒”——受让青岛啤酒7.01%H股的股份，再次把低调沉稳的陈发树及其新华都系推至舆论焦点，给经济危机“阴霾”笼罩下的资本市场平添了一抹亮色。人们禁不住以一种好奇的目光关注陈发树和新华都，关注新华都独特而又略显另类的多元化战略发展模式。

分析新华都多元化战略发展模式，可以总结出其两个方面的成功经验：

1. 把主营业务当“儿女”养，并实行“独生子女”政策

陈发树1987年开始创业，创办“华都百货”，至1996年整整十年，目不斜视，心无二欲，专心致志发展百货、超市业务。人们常说“十年磨一剑”，陈发树扎扎实实磨了十年的“剑”，壮大了主业，奠定了日后实施多元化发展战略的坚实基础。1997年新华都实业集团股份有限公司成立之后，公司仍然一如既往地坚持以百货、超市为主业。尽管新华都以控股和参股形式涉足了工程机械、房地产、旅游、矿业、啤酒等多个非主营业务领域，但迄今为止，百货、超市的主业地位未有任何改变，坚定不移稳步壮大主营业务的战略没有改变。在陈发树心中，主业就好比他的“儿女”，而且是“独生子女”。要把“儿女”培养成材，所以新华都企业始终注意突出主业地位，坚持资源优先配置主业，稳步壮大主营业务。

主营业务实行“独生子女”政策，这主要是由企业资源和能力的有限性所决定的。许许多多的企业之所以陷入多元化陷阱，遭遇大败局，主要原因就在于欲望太多，欲望过高，并高估自身拥有的资源和能力。我们国家长期实行独生子女政策，鼓励一个家庭只生一个孩子，为什么？因为我国人口基数大，经济实力较弱，社会保障水平较低，耕地资源、矿石资源、教育资源等供给短缺。从一个民族繁荣昌盛和一个国家兴旺发达的高度来看，在有限资源约束下，实行优生优育是必然选择，别无它途。

当然，提倡主营业务实行“独生子女”政策，强调突出主业地位，优先发展主业，并不是全盘否定主业多元化战略发展模式。企业须根据自身资源和能力状况确定切合企业自身实际情况的多元化发展战略。我们建议广大中小企业坚定奉行“独生子女”政策，实施“单主业发展战略”，只发展一个主业。对大型企业而言，可以有条件地实施“多主业发展战略”，但原则上主业不能超过3个。

2. 把非主营多元化业务当“猪”养，实施“虚拟养猪”战略

新华都通过资本运作相继进入了多个非主业领域，1999年投资参股武夷山旅游发展股份有限公司，占35%的股份；2000年出资参股紫金矿业集团股份有限公司，占13.16%股份；2009年5月10日，通过资本市场受让百威英博持有的青岛啤酒7.01% H股的股份。新华都发展非主营多元业务有一个共同的核心理念，那就是，以企业价值最大化为导向，投资参股优势行业的优质企业并分享其成长。新华都每一次资本运营的动机都是“为卖而买”，追求企业价值最大化，而不是“为控制权而买”，坚持对非主营业务“不求控制，但求分享”。以投资参股青岛啤酒为例，尽管陈发树表示将至少持有青岛啤酒股份5~10年，但终究还是要出售变现的。显然，陈发树看中的是青岛啤酒的成长性和价值增值空间，他要通过投资青岛啤酒这只绩优蓝筹股，实现像投资紫金矿业那样的数十倍乃至数百倍的价值增值。

笔者把新华都这种非主营业务多元化战略称之为“虚拟养猪”战略。在陈发树看来，主业必须当“儿女”养，而非主业则完全没必要当“儿女”养。陈发树把紫金矿业和青岛啤酒这样的企业看成一只只品质优良的“猪仔”，陈发树选准“猪仔”投资参股不是为了“吃猪肉”，只是期待投资的“猪”在养肥的时候把它卖了变现。他无须建“猪舍”，无须把“猪仔”抱回来亲自喂养，他甚至不知道怎么“养猪”，也无须拥有“养猪”技能，因为有最好的“养猪”能手帮他把这头“猪”养肥。他唯一要做的就是选中“猪仔”，然后谈好“猪仔”价格，再后就是决定在适当时候把养大了养肥了的“猪”卖掉。

陈发树和新华都以一种“虚拟养猪”思维来实施企业非主营业务多元化发展战略，而不是像其他企业一样把多元业务都当成“儿女”来抚养，丰富和创新了企业多元化发展战略的内涵，这给选择多元化战略发展模式的企业提供了许多有益的启示：

启示之一：采取不同的策略发展主营业务与非主营业务。

新华都的做法就是，把主营业务当“儿女”养，把非主营业务当“猪”养。“养猪”和“养儿女”最大不同就是，“猪”可以买了再卖，卖了再买，“儿女”就不能买卖了。我们许许多多的企业多元化发展战略之所以失败，原因就是把主营业务与非主营业务都当成“儿女”养。海尔、五粮液、三九集团等知名企业莫不如是。以海尔为例，海尔集团涉及的产业横跨家电、通讯、IT、家居、生物、软件、物流、金融、房地产、电器部品、数字家庭、生物医疗设备等。海尔集团针对每一项业务几乎都成立了直属海尔集团的全资子公司或控股子公司。如针对生物、金融、房地产、生物医疗设备等产业海尔集团分别成立了青岛海尔药业股份有限公司、青岛海尔保险代理有限公司、海尔地产集团、青岛海尔特种电器有限公司。海尔集团对每一块业务都视同“儿女”，亲手照料，甚至拽在手心不撒手。如此庞大的“家庭”海尔集团的管理能力如何能及？如此众多的“儿女”海尔集团哪里负养得起？海尔多元化的结果只是分散了资源能力，增加了主业负担，安置了就业，产出了亏损。

启示之二：坚持以企业价值最大化为导向，实施非主营业务多元化发展战略。

企业发展多元化业务，归根结底要实现利润，要提升价值，实现企业价值最大化。判断多元化战略是否成功，标准就是看能否实现企业价值最大化。这就是多元化的“猫论”。新华都坚持这一标准，获得了极为丰厚的投资回报。可是我们的五粮液呢？五粮液股份公司上市以来投资控股了包装、印刷、环保、化工、果酒、建筑装饰、玻璃、商贸等业务领域共计17 家公司，投资总额合计超过 40 亿元，但这些公司至今给母公司贡献的利润累计只有 5.62 亿元。有 6 个投资项目至今未见收益，两个项目累计收益贡献为负值。无须多言，数据无疑是理性的。

启示之三：采取“虚拟养猪”战略，对非主营业务“不求控制，但求分享”。

说到养猪，通常情况下都必然涉及建猪舍、买饲料、聘请饲养员和防疫员等问题。但新华都采取“虚拟养猪”战略，就回避了自己“建猪舍、买饲料、聘请饲养员和防疫员”等技术性和事务性问题。陈发树和唐骏心里非常清楚，有金志国为新华都酿造啤酒和营销啤酒，还担心什么呢？我们有的企业口口声声要把非主营业务做成行业数一数二的一流企业，结果大都事与愿违。三九集团本来做药（主业）还可以，后来巨资投入并自主开发经营房地产。试想一下，如果赵新先当时出资参股万科，让王石替自己去开发经营房地产业，那结果会是怎样呢？万科的高成长和高回报表明，三九集团投资万科的回报可能一点也不会比陈发树投资资金矿业逊色。

启示之四：“虚拟养猪”战略获得成功的关键环节是选择“猪仔”。

唐骏空降新华都后，有意将陈发树打造成为中国的巴菲特。唐骏在为新华都寻找多元化投资目标时一直注意借鉴吸收巴菲特的投资理念。唐骏坦言，新华都选择目标企业有三个清晰的标准，第一是与民生相关的产业，第二是投资对象在行业中排名前三，第三是投资对象需有国资背景。青岛啤酒完全符合这个标准。其实在决定受让青岛啤酒股权之前，新华都关注青岛啤酒已经有很长一段时间。早在 2008 年夏天，唐骏获得陈发树授权即对青啤展开深入调研，包括与青啤管理层董事长金志国和总裁孙明波进行了积极接触。由此可看出，新华都实施“虚拟养猪”战略既有理念导向，也有明确的投资标准，更是在决策之前提前做足了功课。这一点实在值得许许多多的中国企业学习。

成本领先战略其实是个“怪胎”

——丰田汽车召回事件的沉痛教训

渡边捷昭就任丰田公司第十代总裁之后，坚决实施所谓的“成本领先战略”。他有一句著名的座右铭，那就是“拧干毛巾里的最后一滴水”。他对于成本极致压缩的追求，使丰田所属各级企业陷入锱铢必较的状态，最终导致爆发史无前例的大规模召回事件。

据不完全统计，从2009年11月26日丰田宣布在美国召回420万辆脚垫有问题的汽车至今，丰田正式宣布召回各种问题汽车共计达810万辆（丰田作为全球汽车产量最高的公司，2009年全年汽车产量不过650万辆）。接二连三的召回事件让丰田章男焦头烂额。丰田汽车大规模召回事件再次向全球企业发出最严厉的警示：成本领先战略其实是一个“怪胎”，或者干脆说成本领先根本就不是一个战略。

“成本领先战略”不是哈佛大学迈克尔·波特教授提出来的吗?《竞争战略》中文译本的确是这样翻译的，商学院的老师也总是这样教授学生：“成本领先战略”是三大基本战略之一。其实，波特教授原著《Competitive strategy》并不是这样讲的。原文是这样：

In coping with five competitive forces, there are three potentially successful generic strategy approaches to outperforming other firms in an industry:

1. overall cost leadership

2. differentiation

3. focus

波特教授基于五种力量（五力分别是供应商的讨价还价能力、购买者的讨价还价能力、潜在竞争者进入的能力、替代品的替代能力、行业内竞争者现在的竞争能力）分析，针对同行特定竞争对手，提出了三种通常的应对“五力”和胜过同行竞争对手的战略途径（方式），其中之一是总成本方面的领导地位（优势）。这一优势表现为公司在总成本（包括显性成本和隐性成本、连接成本和间接成本）管理和控制方面的优势，其实质是一种内部管理能力优势。所以从原文看，波特教授并没有提出所谓“成本领先战略”，更没有建议工商企业把“成本领先”确定为企业发展战略。一些企业之所以热衷于打起“成本领先战略”，完全是出于企业追求自身利润最大化的考虑。收入减成本就是利润，成本降低则利润提高，这仅是经济学的基本概念。而企业经营管理实践非常复杂。君子爱财须取之有道，你要降低成本可以，要看你降低什么成本以及以什么方式降低成本。如果为降低成本而克扣工人薪水和不给员工上劳动保险，几乎可以肯定，其结果是总成本不降反升。丰田公司怎么样？这家位居汽车行业产量冠军宝座的公司，从 2005 年渡边捷昭就任总裁开始就不择手段削减成本，结果呢？渡边捷昭 2009 年被迫辞职，2009 年底开始接二连三地发生丰田汽车召回事件。

丰田为什么会发生如此严重的大规模召回事件？令许多人倍感痛心和难以接受。人们记忆中的丰田几乎是“高品质”的代名词，“丰田精益生产方式”更是日本制造业奋力赶超欧美的强大助推器，令日本国民引以为豪，被誉为世界制造业的标杆。“丰田精益生产方式”强调的准时生产、持续改进、一个流（无间断生产流程）、自动化、生产均衡化等精要至今还在被全球制造企业研究、学习和效仿。丰田精益生产杜绝的八种浪费即生产过剩、现场等候时间、不必要的运输、过度处理或不正确处理、存货过剩、不必要的移动搬运、瑕疵、未被使用的员工创造力，几乎是在教导全球制造企业如何使成本管理科学化。丰田过去一直奉行的“顾客第一、销售第二、生产第三”的战略发展理念，创造出“丰田精益生产方式”，为全世界的消费者提供了高品质的产品，赢得了广大消费者的信赖。以 2003 年为例，丰田在美国市场的召回率比福特汽车少 79%，比克莱斯勒少 92%。在同年评选的最值得信赖的 38 款车中，丰田入选了 15 款车型，并且丰田没有一款车进入“应该避免购买”的名单之列。可是，随着渡边捷昭强力实施低成本战略，这一切都发生了变化。

丰田公司此番严重的召回事件，其直接原因是美国零部件供应商 CTS 集团生产的油门踏板存在缺陷。有缺陷的油门踏板怎么会被装配进上千万辆的丰田汽车呢？如果丰田是一家中国企业，许多人的答案也许会是商业贿赂，但在日本丰田的阳光体制下，商业贿赂几乎是不可想象的。真正的罪魁祸首是，渡边捷昭错误实施的“成本领先战略”。

2005 年，时逢一轮原材料价格大幅上涨，有最出色“成本杀手”之称的原运营副总裁渡边捷昭正式接棒就任丰田公司第十代总裁。渡边捷昭上任伊始就坚决实施所谓的“成本领先战略”。他有一句著名的座右铭，那就是“拧干毛巾里的最后一滴水”。他对于成本极致压缩的追求，导致丰田所属各级企业陷入锱铢必较的状态。有些丰田所属生产厂甚至在员工所用饮水机上划线，规定员工一次饮水的上限。他提出一种“服务加班”概念，倡导员工“自愿”以义务劳动的方式为企业加班，但不索取任何费用，也不做任何记录。他为了削减成本不择手段，几近疯狂，最终导致丰田公司大量选择使用廉价供货商，譬如美国零部件供应商 CTS 集团。正是 CTS 供应的油门踏板，直接导致了这一次史无前例的大规模召回事件的发生。战略确立方向，战略决定行为，行为导致结果。所以说，丰田汽车大规模召回事件是渡边捷昭强力实施“成本领先战略”的必然结果，它不发生在昨天，就会发生在今天，亦或发生在明天。进一步讲，任何企业，只要把“成本领先”作为一种公司发展战略，就必然误入发展歧途，乃至短命夭折。

华为拒绝上市为什么

华为经营规范，业绩靓丽，成长稳健，无疑是证券市场的宠儿。可是华为如同《皇帝的新装》中的那个纯真男孩，宁愿相信自己的眼睛。在这样一个喧嚣浮躁的社会，华为二十年拒上市诱惑于千里之外，坚持用自己一双黑色的眼睛去寻找光明，有些另类，却筑成了浮躁世界一道最美丽的风景。

最近媒体披露华为创始人任正非的一封内部邮件，任正非再次澄清：华为董事会二十多年来，从未研究过上市问题，而且强调指出：未来五至十年内，华为不考虑整体上市，不考虑分拆上市，不考虑通过合并、兼并、收购的方式，进入资本市场。笔者认为，任正非的这一审慎申明，不仅是对华为“内涵式”发展模式的坚守，是基于华为可持续发展战略的冷静判断，也是对投机之风日兴、浮躁之气日盛的当代证券市场的鄙视，是华为不合浊流不染污泥的铿锵宣示。

一、上市不是公司发展的唯一模式

任正非在他的邮件里提到了一个重要理论依据，那就是：上市不是公司发展的唯一模式。关于这一理论，通过对华为和中兴通讯进行对比研究可以找到验证。作为华为二十年的竞争对手，中兴通讯早在1997年就成功登陆深圳证券交易所，2004年底又在香港主板成功上市。可是，中兴通讯上市又如何？1997年中兴通讯以6亿元起步，到2012年营业收入才800多亿元，人均收入一直在9~10万元左右徘徊，收入增长甚至没跑过CPI。2012年财报显示：华为实现销售收入2202亿元，净利154亿元，中兴通讯营业收入842亿元，全年巨亏超25亿元。公司上市又如何？近在咫尺的竞争对手中兴通讯在上市之初，实力和经营业绩远胜于华为，可是上市之后并没能持续保持领先优势。反而一直没有上市的华为，其经营业绩和发展成就越来越让上市公司中兴通讯望尘莫及。华为人看到，公司上市未必能够砸碎套在自己身上的体制枷锁，未必能够使公司经营管理脱胎换骨，未必能够让公司员工激情活力尽情迸发，财富源泉充分涌流。更有不计其数的上市公司股东、高管，纷纷在公司股价居于高位时套现离场，与自己曾经钟情过、追求过的事业挥手诀别。华为显然不愿意看到公司上市之后出现这样的结局，华为要走自己"内涵式"发展道路，致力不断深化管理变革，打造一个适应市场要求和永葆青春活力的现代化管理企业。

二、御诱惑以明志，拒上市以致远

昨天还是按部就班的工薪一员，今天就成了沾沾自喜的千万富翁；昨天拥有的资产才值几百万，今天已成为一位身价过亿的富豪。证券上市屡屡上演一夜暴富神话，令多少国企民企心驰神往，令多少饮食男女魂牵梦绕。上市拥有巨大的诱惑力，以致千军万马挤过独木桥，不少公司甚至恶意包装，坑蒙拐骗无所不用其极。

华为经营规范，业绩靓丽，成长稳健，无疑是证券市场的宠儿。可是华为就如同《皇帝的新装》中的那个纯真男孩，宁愿相信自己的眼睛。在这样一个喧嚣浮躁的社会，华为二十年拒上市诱惑于千里之外，坚持用自己一双黑色的眼睛去寻找光明，有些另类，却筑成了浮躁世界一道最美丽的风景。

证券市场从来就不是一个干净的地方。现代证券市场发端于荷兰阿姆斯特丹，兴起于美国华尔街，但华尔街从形式到本质都是一个注了水的赌场。大家都知道，华尔街有一座闻名全球的铜牛雕塑，被投机者们视为"牛市"的象征。殊不知，"华尔街牛"恰恰源于一段"注水牛"的故事。早在18世纪初，距离纽约仅60英里的达切斯县，有一位名字叫做丹尼尔·德鲁的牛贩子，发明了一个短时间内迅速给牛增加体重的赚钱办法：头一天晚上，他让牲畜吃下很多盐，但一直不给它们喝水，次日早上赶着牛去纽约贩卖，让牛在进入纽约市区之前的一条小溪喝足了水，牛的体重立刻增加了好几加仑。然后德鲁把他们赶到纽约，在那里把他们按斤论两地卖给屠夫。后来，德鲁又将此道用于增发股票，使用印刷机生产大批铁路股票卖给广大投资者。从“注水牛”到“掺水股”（watered stock），德鲁就这样无耻地重复他的投机勾当。华尔街铜牛的设计者意大利人迪莫迪卡也许正是为了善意提醒投资者永远不要忘记“注水牛”的往事以及牛贩子丹尼尔·德鲁的臭名昭著，才塑造了这座铜牛，但是“注水牛”和“掺水股”的故事随着岁月的流逝而被淡忘，在华尔街投机者的眼里，铜牛却成了华尔街牛市的象征。

“出来混迟早要还的”，用这句话来形容华尔街投机者的命运可能再恰当不过。丹尼尔·德鲁一生靠投机赚了无数的金钱，尽管他百般狡诈，诡计多端，但是他却没能笑到最后，这位臭名昭著的华尔街大亨最终没能免于破产的命运。

电影《华尔街：金钱永不眠》里金融大鳄戈登（道格拉斯饰演）有一句经典台词：“贪婪是好的。”贪婪、造假、欺诈，无疑是华尔街的先天遗传基因。师承华尔街的世界各国证券市场，几乎毫无例外地青出于蓝而胜于蓝，中国股市的造假和欺诈伎俩更是登峰造极，令人发指！华为真的从来没有想过上市吗？准确地讲，华为即便要上市，去哪里上市是一个问题，总不能去外星球吧。要么同流合污，把华为推向万丈深渊；要么对上市说不，带领华为在寂寞的星空中孤独行走。这些年来，任正非和他的华为一直在上市与不上市的抉择中苦苦挣扎，生就一身傲骨的任正非或许只能昂首问天，仰天长叹！

未来五至十年内，华为不考虑整体上市。但是十年之后呢？十年之后78岁的任正非还会做出同样的申明吗？也许十年内会出现一个敢于向华尔街开刀的“罗斯福”总统，以及他的“新政”，也许华为未来的上市不是传说。

构建企业商业模式的五个环节

商业模式构建是战略规划的重要组成部分。教科书对商业模式的定义过于晦涩，对大多数人来说，商业模式或是一个耳熟不能详的概念。把握五个环节，商业模式将变模糊为清晰。

以往为企业做战略咨询，一般都是按战略管理学经典教材教给我们的战略框架去做，现在则完全不同，要求切合实际分析并解决阻滞企业生存和发展的实际问题。说得具体一点，战略咨询必须为企业构建良性发展模式，必须帮助企业构建起能够获取合理利润乃至优质利润的商业模式。如果战略咨询不解决企业商业模式存在的问题，不指导和帮助企业构建或优化商业模式，这样的战略只能是一座空中楼阁。

对大多数人来说，商业模式（business model）或是一个耳熟不能详的概念，尽管被商界人士常挂在嘴边，尽管 PE 和 VC 人士对之更是钟爱有加。有人可能不以为然，那我们先看看 MBA 教科书对商业模式的定义。

MBA 教科书一般引用泰莫斯对商业模式的定义：商业模式是指一个完整的产品、服务和信息流体系，包括每一个参与者和他在其中起到的作用，以及每一个参与者的潜在利益及相应的收益来源和方式。在分析商业模式过程中，主要关注一类企业在市场中与用户、供应商、其他合作者的关系，尤其是彼此间的物流、信息流和资金流。

有的教材对商业模式给出了另外一种表述：商业模式是一种包含了一系列要素及其关系的概念性工具，用以阐明某个特定实体的商业逻辑。它描述了公司所能为客户提供的价值以及公司的内部结构、合作伙伴网络和关系资本等借以实现（创造、推销和交付）这一价值并产生可持续盈利收入的要素。

作为一名管理咨询顾问，长年累月与企业打交道，心里最清楚企业想什么、要什么。如果有咨询顾问拿这样的定义去与从事经营管理实务的企业经理层交流“商业模式”，那只能说两个字：悲哀!

在企业管理学专业领域，笔者自认为还算是一个文化人，但是面对“商业模式”如此理论化的定义，理解起来却一点都不轻松，认真读几遍还是一头雾水，不知所云。咨询顾问的重要职责，就是实现知识转移和提供解决方案。在咨询过程中不是不要讲概念，但要求用咨询语言进行阐释，须深入浅出，通俗易懂，而且重点不是讲是什么，而是讲如何做。关于“商业模式”的咨询就是这样，不但要求须用深入浅出的咨询语言清楚表达出什么是“商业模式”，帮助企业把握“商业模式”的内涵精要，更重要的是要明明白白告诉企业如何去构建或优化商业模式，掌握构建或优化商业模式的实践要领。

作为管理咨询机构，我们解读的商业模式，是指企业围绕三个“如何”（如何整合资源，如何创造价值以及如何获取合理利润）所做出的具有特色的商业流程安排。商业模式也可以理解为商业逻辑，商业模式不追求价值最大化或利润最大化，但毫无疑问，商业模式的核心是企业如何获取合理利润乃至优质利润。

构建企业商业模式一般应把握五个方面的要领（以制造类企业为例）：

1. 产品市场定位

企业的存在以提供产品为前提。通常是我们想好了要为社会提供某种产品，才创办一个企业，而绝不是先注册成立一家企业，注册以后再想做什么就做什么。市场经济条件下，产品须面向市场。市场不是抽象的而是十分具体的，所以市场定位就是，清楚回答具体的客户是谁，具体“掏”谁的包，赚谁的钱。市场上站着的走着的全都是客户，把他们的腰包全给“掏”了，那是痴人说梦。市场犹如汪洋大海，一家企业能舀到几瓢水就可以了。所以构建企业商业模式的第一环节，就是基于产品市场细分（segmentation）的目标市场（targeting）选择。譬如可以把皮鞋产品市场细分女性皮鞋和男性皮鞋，时尚皮鞋和经典皮鞋，中低档皮鞋和高档皮鞋等，对某一皮鞋制造商来说，究竟是进入某一个细分市场还是进入某几个细分市场，通常在企业创办之初就必须做出明确抉择。

2. 产品价值定位

企业为什么而生存，为什么可以发展？最基本的一条，企业必须为客户创造价值。企业的产品能否在市场上实现价值，关键取决于这个产品为客户创造了什么价值；企业的产品在市场上能够实现多大价值，关键取决于这个产品为客户创造了多少价值。客户不是施主，绝不会出于同情和怜悯购买商品，客户愿意花钱埋单，唯一的真实原因就是通过购买某种商品获得了某种需要的价值，包括物质功能、精神功能、文化价值，以及这些价值综合反映出来的品牌价值。同样是一双皮鞋，不同品牌相差数千元，当然产品存在品质差异，但大家其实都心知肚明，产品质量、物质功能、生产成本之间的差距不会那么悬殊，这种悬殊差距其实是品牌价值的差距。茅台酒为什么供不应求，价格一路高歌，一瓶53度飞天茅台生产成本不过百元，可是市场上2000元也一瓶难求（假冒除外），显然，竞相购买茅台的客户并不仅是关注茅台酒的物质功能，而更多的是看重其精神功能和文化价值，中国大陆普遍认为，喝茅台已经成了一种身份、地位和实力的象征。

3. 主要业务或主要产品定位

一个企业，可能经营多种业务或制造多种产品，但一定是有限的“多”，是经济合理的“多”。而且多种业务或多种产品一定有主有次，主要的业务或产品销售收入须占总量的1/3以上，这是做企业的一般规律。譬如皮鞋企业，产品可能有男鞋有女鞋，有高档鞋和中低档鞋，有的企业甚至制造多个品牌的皮鞋，但是合理的商业模式，必须问产品结构，要单品收入。也就是说，企业可以多品种或多品牌，但必须定位主要单品，主要单品须重点配置资源，要力保主要单品获得足够发展并形成某种优势，使主要单品收入在全部销售收入中占有1/3以上的比重。

4. 价值环节6选X

商业模式必须清楚回答企业如何创造价值的问题。企业创造价值的过程具体表现为一组创造价值的活动或环节，这些构成企业的基本价值链。就制造企业而言，价值链一般包含六个基本价值环节，即设计、采购、订单处理、生产、分销、物流配送。企业可根据自身的资源和实力，结合行业发展状况，在某个发展阶段选择从事全部六个基本价值活动或从事某一个或几个最擅长的价值活动（即6选X）。企业对基本价值活动的选择决定企业的商业模式是OEM、ODM、OBM抑或其他。通常而言，在一个相对成熟的传统制造行业，企业一般会倾向于选择从事某一个或几个最擅长的价值活动，把不擅长或没有优势的价值活动实施外包。譬如耐克公司，“生产”活动全都实行外包；丰田公司即便从事“生产”活动，但也仅限于组装；中国许多从事传统制造的企业名义上是制造企业，其实只是“代工”工厂（OEM），是人家的外包基地。当然，OEM未必做五十年一百年，对有的企业而言，它只是某一发展阶段的选择，是一种比较选择，是一种无奈或者说是一种次优选择。所以说，企业构建商业模式，必须在商业价值环节的选择方面做出明确而不是含糊的决定，做必须做的而且是最擅长做的事情。

5. 渠道规划与设计

渠道是商品和服务从生产者向消费者转移的具体通道或路径。传统意义上的分销渠道有批发、经销、代理等形式，现代形式的渠道有特许加盟、直营商场专柜、超市卖场、电子商务等。渠道不同，商业模式有异。所以说渠道规划与设计是商业模式构建的重要一环。

渠道规划和设计需要考虑许多因素的影响，一是商品的特点，包括商品的价值、商品的季节性、商品的时尚性、商品的技术含量以及商品的品种和批量等；二是细分市场的特征，包括客户的分布和购买习惯等；三是市场竞争环境的影响；四是品牌建设的要求；五是资金和人才的制约。

当然，渠道不是一成不变的，即便是同一家企业，销售同样的产品，渠道也会因时而变。譬如，戴安娜内衣以前主要发展特许加盟店，该公司为了扭转品牌的颓势，于2001年痛下决心实施渠道变革，终止了许多特许加盟专卖店的经营，改为以“分公司+直营商场专柜”为主渠道；杉杉服装则恰恰相反，曾经也一度是以“分公司+直营商场专柜”为主，营销费用居高不下，杉杉果断变招，砍掉很多分公司、办事处等分支机构，直接采用特许加盟的方式发展地区加盟商，再发展下一级加盟商。戴安娜内衣和杉杉服装渠道变革的经验表明，渠道变革并没有固定模式，因地制宜因时而变就好。兵无常势，水无常形。我们相信，渠道变革作为商业模式变革和创新的主题之一，必定随着时间的推移而不断深化。

矿业公司品牌定位与品牌形象塑造

品牌定位就是设法把品牌的差异化定位植入客户的心中，在客户心中占据一个独特而有价值的位置。矿业企业品牌定位的重点应该是公司品牌而不是产品品牌。与国际一流企业比较，中国矿业企业在公司品牌形象塑造方面存在巨大差距，中国矿业企业没有把公司品牌定位提升到战略高度进行思考，品牌建设缺乏系统性设计，品牌塑造没有形成持续行动，导致公司品牌内涵模糊，公司品牌个性不鲜明。

一、公司品牌定位与产品品牌定位的区别

加强品牌建设，打造一流品牌，是培育世界一流企业的战略选择。研究表明，一流企业与一流品牌密不可分。一流品牌是企业软实力的象征，是企业竞争力和自主创新能力的标志，是高品质的代名词，是企业知名度、美誉度的集中体现，更是高附加值的重要载体。中国企业要实现“做强做优、世界一流”的目标就必须努力打造世界一流的品牌。对中国矿业企业而言，打造一流品牌更是“走出去”战略统率下实现全球资源配置的必然要求，是有效利用“两种资源、两个市场”所必须的。

实施品牌战略，打造世界一流品牌，品牌定位无疑是第一环节。品牌定位简单地说就是品牌差异化识别，比较理论化的解释，即赋予品牌一个有别于竞争对手的独特定位，清晰传达我品牌与竞争品牌的差异，设法把品牌的差异化定位植入客户的心中，在客户心中占据一个独特而有价值的位置，给客户一个选择的理由，给合作者一个合作的理由。品牌定位通常分为产品品牌定位和公司品牌定位。“王老吉”、“康泰克”、“白加黑”等

都属于经典的产品品牌定位案例，星巴克、IBM、埃克森美孚、必和必拓等属于经典的公司品牌定位案例。

产品品牌定位和公司品牌定位有较大区别。产品品牌定位通常采用“代名词”策略，譬如“王老吉”，原来不过是一个普通的凉茶品牌，为了让“王老吉”这个品牌在广大消费者心中占据一个独特而又有价值的位置，“王老吉”通过精心策划推出了“怕上火喝王老吉”的品牌定位，成功地让“怕上火”成为“王老吉”品牌代名词，继而把“怕上火”的概念深植入消费者心中。“王老吉”这个凉茶品牌的定位无疑取得了巨大的成功，以至于很少有消费者知道“王老吉”背后的生产经营企业是谁，消费者根本无需在意生产经营“王老吉”凉茶的公司品牌，无论它是广州医药集团公司还是加多宝集团公司。与产品品牌定位不同的是，公司品牌定位要求尽可能用一句简短的话清晰阐述公司的核心价值诉求、核心业务及其核心能力等内涵，使公司品牌在客户心中留下深刻印象。经典的公司品牌定位案例有“星巴克——销售咖啡体验”，“IBM 就是服务”等。

矿业企业品牌定位相对比较复杂。由于矿业企业向市场销售的产品主要是工业生产资料而非大众消费品，所以其品牌定位的重点应该是公司品牌而不是产品品牌。举一个例子，金川集团公司是一家矿业企业，主要生产和销售电解镍、电解铜、铂族金属、钴的化学物、硫酸等工业生产资料，所以金川公司需重点研究“金川公司”这一公司品牌定位，要赋予“金川公司”浓缩的品牌内涵和鲜明的品牌个性，让“金川公司”这块公司品牌在客户心中占据一个独一无二的位置，给客户提供一个优先考虑购买金川出产的电解镍和电解铜的理由，也给国内外投资者、研究和设计院所、供应商、人才等合作者一个选择与金川公司开展合作的理由。显然，作为一家以生产和销售工业生产资料为主的矿业企业，金川集团公司品牌定位的重点是公司品牌而非产品品牌。我们知道，金川集团公司注册有“金驼”牌电解镍，但是我们注意到，不论是在各种有关镍的论坛上还是在镍钴订货会上，听到客户谈论的都是“金川”镍的品质如何，价格如何，很少听到谈论“金驼”镍。这至少说明，“金川公司”这块公司品牌更被客户看重，远比“金驼”这个产品品牌深入人心。

二、矿业公司品牌塑造的几个环节

世界一流矿业公司与其一流矿业公司品牌定位高度一致，非常配称。必和必拓、力拓、淡水河谷等世界矿业巨擘个个声名显赫，如雷贯耳，它们个性鲜明且以一贯之的公司品牌定位无疑令人印象十分深刻。提起必和必拓，马上让人想到的是“全球最大的矿业公司”；说到力拓，马上联想到的是“全球领先的采矿和金属公司”；谈起淡水河谷，眼前浮现的则是“全球化铁矿石生产运营的领导者”品牌形象。这些国际矿业巨头通过持之以恒的品牌塑造，在全世界的客户和合作者心中深深植入了独特而又相对固化的矿业公司品牌形象。与国际一流企业比较，中国矿业企业在公司品牌形象塑造方面存在巨大差距，中国矿业企业没有把公司品牌定位提升到战略高度进行思考，品牌建设缺乏系统性设计，品牌塑造没有形成持续行动，导致公司品牌内涵模糊，公司品牌个性不鲜明。中国矿业企业应该借鉴国际矿业巨头公司品牌建设的成功经验，通过加强五个方面的工作，优化公司品牌定位，强化公司品牌形象。

1. 简明传达品牌核心内涵

王石曾经讲到万科与国际一流企业的区别，他认为能用2～3秒钟把一个企业讲清楚，一定是一流企业。比如，“世界最大软饮料公司”，不用猜，可口可乐。他说，介绍万科至少需要6秒钟，所以万科远没有达到世界一流企业的知名度。能够用越短的时间把一个公司说清楚，说明该公司品牌越有影响力、越有知名度，必和必拓、力拓、淡水河谷等全球矿业巨擘都能用一句话把公司品牌内涵诠释清楚，中国铝业、五矿集团、中国有色矿业集团、江铜集团、金川集团等矿业公司品牌，能否用一句简短的语言把公司品牌内涵和品牌个性简明扼要阐述清楚，这是公司品牌定位面临的首要问题。

2. 始终注重培育核心能力和壮大核心业务，以强化公司品牌形象

必和必拓、力拓、淡水河谷能够成为世界一流矿业品牌，与他们始终如一注重培育全球资源配置能力和壮大采矿业务密切关联。不管战略发展环境如何变迁，公司如何变革，业务如何发展，有一点始终不变，那就是不断提高全球配置资源能力，不断增加资源可控储量。必和必拓在全球25个国家拥有100余个矿业开发项目，包括智利埃斯康迪达铜矿、智利塞罗科罗拉多铜矿、秘鲁廷塔亚铜矿、秘鲁安塔米纳铜钼矿、澳大利亚坎宁顿银铅矿、澳大利亚WMC铀矿等世界级大矿。淡水河谷主要矿产资源可控储量可维持开采近400年，仅在巴西就保有铁矿石资源储量达40亿吨。中国大型矿业企业应该借鉴全球矿业巨擘的品牌定位经验，必须围绕品牌定位持续培育全球资源配置能力，壮大资源开发业务，否则品牌定位必定是盛名之下其实难副，品牌形象在客户心中也终将大打折扣。以中国铝业为例，中国铝业试图实行公司品牌定位转型，提出了“国际化多金属矿业公司”战略。可是在客户心中，中国铝业的品牌形象始终是“氧化铝、电解铝、铝加工”，中国铝业的核心业务就是铝产业链，核心能力主要集中于氧化铝和电解铝等主要价值链环节，中国铝业无论是全球资源配置能力还是资源开发业务，都与“国际化多金属矿业公司”的品牌定位有太大的差距。品牌定位是在客户心中的定位，绝不是自贴标签自喊口号，如果不下大力气持续培育全球资源配置能力及壮大资源开发业务，中国铝业的“国际化多金属矿业公司”品牌定位终究是一厢情愿，或许成为一个颇具“掩耳盗铃”意味的笑柄。

3. 在关键工艺流程环节掌握核心技术，并拥有自主知识产权

世界一流品牌企业在工艺技术方面一定是一个创新者，而不是一个模仿者或者跟随者。譬如必和必拓等国际矿业巨头，它们在勘探、采矿、选矿、冶炼等关键环节都掌控着具有自主知识产权的核心技术。中国矿业公司塑造中国矿业公司的国际一流品牌形象，必须扭转过去主要依赖引进技术的发展模式，必须下大气力培育原始创新能力，增强集成创新能力，在关键工艺技术环节和成套装备方面掌控拥有自主知识产权的核心技术，通过自主创新在若干关键领域形成以自主知识产权为主导的技术标准体系，将国内标准上升为国际标准，增强国际标准制定的话语权，抢占矿业发展的制高点。

4. 竭尽所能做好健康、安全、环保工作

卓越的健康、安全、环保管理，对塑造和维护一流矿业公司品牌至关重要，一流矿业公司总是尽一切努力创建一个无事故无伤亡的工作环境，竭尽所能在勘探、采选、冶炼等环节避免或减少对环境的破坏。一流矿业公司定期检视和发布社会责任报告，致力于维护企业与自然、企业与社区的和谐与可持续发展。很难想象，一家安全事故频发、环保事件屡被曝光、与社区冲突不断的矿业公司能够在客户和社会公众心中树立起一流矿业公司品牌形象。

5. 切实转变粗放型“做大”模式，切实提升盈利能力

一家动不动就发生亏损的公司，无论如何与一流公司品牌格格不入。据统计，2008－2012年5年间，必和必拓、力拓、淡水河谷的平均净资产收益率分别为29.23%、11.64%、22.58%，而同期五矿集团和中国铝业的平均净资产收益率分别只有2.24%和－0.32%。尤其是中国铝业股份有限公司，上市六年即两度发生巨亏，2012年全年亏损高达82亿元，2013年又在亏损的泥沼中苦苦挣扎了整整一年。GDP思维主导下的中国铝业也许可以实现营业收入和资产规模的继续增长，然而中国铝业如果不能扭亏为盈，如果不能象国际矿业巨头那样连年保持一个较好的盈利状况，即便做得再大，其公司品牌形象也与国际一流品牌格格不入。

第二篇

管理咨询与组织变革同行

《财经》之乱——“一股独大”惹的祸

如果我一直坐拥大股，星巴克可能永远只是一家小店。

——霍华德·舒尔茨

2009 年 10 月 12 日，《财经》杂志发生人事地震，总经理吴传晖率 60 余人团队辞职，这对一直以来关注《财经》发展和现代中国传媒产业发展的人是一个极其不安的信号。据传，《财经》杂志的创办人、灵魂人物胡舒立也可能被迫离职。笔者预言，如果胡舒立辞职成为事实，《财经》从此将走向没落。但是可以庆幸的是，只要胡舒立等人及其正气锋芒还在，现代中国财经传媒绝不会再重新回到万马齐喑的旧时代了。一面旗帜倒下了，更多的旗帜将迎风飘扬。

其实，《财经》杂志早就应该破产消亡了。什么呢？因为其只有一个股东的股权结构决定的法人治理结构缺陷。这就是备受诟病的“一股独大”现象，“一股独大”不仅是现代市场经济体制下的“过街老鼠”，更像是一个已经处在扩散状态的癌细胞。任何一个经济组织，只要是“一股独大”，就必死无疑。《财经》杂志当初得以出尽风头，能够风光这些年，能够折腾到现在，靠的是胡舒立的过人胆识，靠的是她提出的“独立、独到、独家”先进的媒体发展理念，靠的是以“三独”核心价值理念凝聚起来具有独立新闻操守的新锐媒体团队。胡舒立及其团队秉持“独立、独到、独家”价值理念，揭露了大量根于“一股独大”的公司黑幕和丑闻，辛辣讽刺了一群群坚定保卫“一股独大”的“卫道士”。但令人无比遗憾的是，胡舒立本人竟无法冲破“一股独大”的牢笼。尽管胡舒立及其团队一直在努力，一直希望通过引进外部投资者改善股东结构，规范治理结构，终结“一股独大”的决策权垄断，使《财经》保持原有的发展路线，并且更上层楼。但是无奈有人抱定“一股独大”的特权思维不放，且坚决捍卫。胡舒立尽管是中国财经媒体界锋芒毕露的风云人物，但在《财经》的唯一股东——中国证券市场研究设计中心联合办公室面前，只不过是股东意志下的一只小“胳膊”，胳膊拧不过大腿，这是千年古训。

“一股独大”一直备受诟病，可是为什么保卫“一股独大”的势力至今如此强大呢？这归因于中国独特的传统文化。笔者分析了一下，目前仍然实行“一股独大”的绝大多数是国有独资的控股型企业（或企业性质的经济组织），这些控股机构在它下面设置了若干由其“一股独大”控制的子公司，俨然成了“太上皇”，位高权重。当然，“一股独大”的目的是享有对子公司的绝对控制权，享有控制权的唯一目的就是既得利益，企业腐败高发，多半由此产生。

出来混迟早要还的。胡舒立当初就算明珠暗投吧，现在退出犹未晚矣！

威权的衰微与法治的兴起
——点评国美电器“去黄化”运动

历史的演变从来遵循一个颠簸不破的铁律，打江山靠威权，坐江山以法治。在一个严格要求实行法人治理的上市公司中，个人崇拜不再拥有市场，个人威权必然渐行渐远，家族企业走向公众公司的过程，其实质就是创业者个人威权日渐衰微和公司法治结构日渐兴起的过程。

一、中国公司治理机制建设任重道远

这些日子，以陈晓为董事局主席的国美电器董事会与大股东黄光裕的决裂事件被媒体炒得沸沸扬扬，有媒体似乎觉得这场决裂的火药味还不够浓烈，大肆渲染陈晓主导“去黄化”运动的个人动机。其实，从规范公司治理的角度来看，这不过是国美现代企业制度建设进程中遭遇狭隘“股东主义”的一次负隅顽抗。当然也足以说明，中国上市公司治理机制的建设和规范依然任重道远。

黄光裕也罢，陈晓也罢，不过是公司治理结构中的一个符号。我们其实不大在意究竟是陈晓还是“张三”、“李四”在主导国美的“去黄化”运动，权当是“张三”和“王五”决裂了又如何。我们不仅要听其言，更要观其行，尤其是要看决裂双方究竟谁代表了先进的生产力，代表了企业制度的进步方向，代表了多数股东和公司利益关联者的利益。

曾几何时，我国上市公司因一股独大及其大股东完全操纵控制问题而备受诟病，郑州百文、猴王股份、轻骑股份等败亡案例，无不暴露一股独大上市公司在治理结构方面的严重缺陷。黄光裕为什么今天会遭受牢狱之灾？除了文化素质欠缺、匪霸性格、极端个人主义、无限贪欲的个人内因之外，公司一股独大的股权结构和一股独霸的董事会结构难道不正是助推他加速跌入万劫不复深渊的推进器吗？十四年有期徒刑，给了“黄首富”一个重新做人的机会，为什么还不好好反思和改造呢？不得不承认，两次荣登胡润财富榜首富的黄光裕拥有过人的商业天赋，拥有超常的商业悟性，拥有捕捉商业机会的敏锐和果敢，也有潮汕人百折不挠的打拼精神，并取得了创富路上的巨大成功。但黄光裕独缺一样东西，那就是商业伦理。虽然身陷囹圄，仍然无时无刻不惦记国美的绝对控制权，这是对权欲财富何等强烈的贪恋啊！现在基本可以判定，“黄光狱”死也不会明白，财富绝非商业的目的而仅仅是商业经营效果的反映。

当然，黄光裕创业不易，历尽千辛万苦创立的事业岂可拱手让人？可是，我们想想看，陈晓领导的董事会及经营高管团队，有谁侵犯股东的权益了吗？黄光裕个人以身试法涉罪入狱，令国美电器陷于重大灾难。国美电器没有随黄光裕倒下而倒下，能够逐步弱化黄光裕队公司造成的极大负面影响，能够迅速稳定大局，并有条不紊推进管理变革和发展，取得今天的成绩，陈晓领导的董事会做了他们应该做的事情。应该说这是对国家和社会的贡献，对全体股东的贡献，当然也是对黄光裕家族实实在在的贡献。听“陈晓们”言，观“陈晓们”行，实在是看不出“陈晓们”或超越了职权，或危害了公司的利益。

始终站在维护公司整体利益的角度思与行，错了吗？

国美需要发展资金，公司治理机制需要完善，经董事会决策引进贝恩投资，错了吗？

实施股权激励，稳定黄光裕事件后心态不稳的高管团队，激励高管团队斗志，错了吗？

审慎思考并回归零售业的“商业本质”，否定黄光裕时代靠强势收取进场费的盈利模式，也错了吗？

本质上讲，这根本就不是什么“去黄化”运动，而是企业制度进步和商业模式变革的客观要求和必然趋势，严谨讲是一场“规范治理结构”的运动。早在 2002 年 1 月 7 日中国证监会发布的《上市公司治理准则》就有明确要求，要平等对待所有股东，规范控股股东和上市公司之间的关系，保障利益相关者的合法权利。因此，如果硬要把“陈晓们”领导国美开展的规范公司治理工作说成是“去黄化”，那也是去得有理有据，理所当然。毕竟，规范公司治理结构之潮流浩浩荡荡，不可阻挡。

送给昔日的“黄首富”一句话，没人可以赢得整个世界的，迦太基帝国和汉尼拔又怎么样？

二、“去黄”还是“挺黄”，这是一个问题

剑拔弩张的国美电器“去黄化”运动进入决战时刻，“黄光狱”阵营最后关头似乎还在孤注一掷，惯用的险招也用上了，以高利息作诱饵，诱使小股东“挺黄”。各方期待的“9·28”股东大会似乎充满悬念。

其实在任何一位心有法治理念的看客眼中，“9·28”股东大会的票决结果早成意料之事。听《中国证券报》2010年9月21日王冉在《关于国美纷争的几个基本观点》一文中怎么说：“我宁愿选一个万一被证明不能为股东创造价值还可以随时被董事会拿下的人，而不是一个永远扳不倒的‘太上皇’。”

做事先做人，投票先看人。做小生意也罢，做大企业也好，起码也要尊“五常”吧。可是“黄光狱”懂什么是“仁义信、忠孝悌、恭俭让”吗？行贿官员、操纵市场、非法经营、内幕交易、公海豪赌……为了谋取自己的家族私利，黄氏兄弟不择手段，无法无天。多少省部级干部被他拉下了水，多少银行被他骗贷，千万中小股民被他玩弄于股掌之间，以至倾家荡产甚至家破人亡！多行不义必自毙，害人即害己，黄光裕终因“行贿、内幕交易、非法经营”等数罪并罚被判处14年徒刑。试想9·28大会，中小股东怎么可能还会相信一名有祸害股东利益前科的罪犯会维护中小股东的利益呢？

黄光裕从草莽到创富英雄，两次荣登胡润财富榜首富，可谓大富大贵了。照理，未来应该有时间上奉老母，下育子女，尽忠尽孝，乐享天伦。如今，高墙阻隔，两个世界，慈母心在流泪，夫妻不能团聚，子女不能教育。这是十足的不忠不孝啊！9·28大会，国美的股东怎么可能还会把票投给这样一个不忠不孝之徒！

有人干脆将黄光裕戏称为“黄光狱”，而黄光裕已经永远成为过去，成为一种记忆。过去的黄光裕，就像他本人2010年9月3日在《我的道歉和感谢》中提到的那样：“有不少正在创业的年轻人，曾经把我当成学习的榜样。”不得不承认，黄光裕从一个草莽到首富，似乎竖起了一个转轨时代的创富标本。但和同时期的草莽英雄一样，黄光裕曾经的成功并不是源于他真正掌握了市场经济体制下的财富规律。取之太易的财富令其飘飘然，令其不可一世，令其欲望无限膨胀，令其不择手段，令其不仁不义。想想看，还有哪一位正常的股东会把自己的资本托付给这样一个无法无天的赌徒！

当然，黄光裕毕竟是黄光裕，他必须坚决捍卫他对国美的绝对控制，目的只有一个，就是让国美这家上市公司永远成为受黄氏家族绝对控制的提款机！谁要是妨碍他，他就得让谁出局！他在狱中照样发号施令。尤其令他恼羞成怒的是，在他入狱之后，国美董事会终于“懂事”了，国美董事会终于醒悟过来，决意不再做创始股东的傀儡政权。他们终于明白了，国美电器从一个家族企业演变为一家公众上市公司，董事会首先必须遵守公司治理规则，必须对包括创始股东在内的全体股东勤勉尽责，必须对公司的整体利益负责，而不是对大股东效忠。黄光裕陶醉于过去的个人威权不能自拔，何曾见识过这么不听话的董事会，这不是太岁头上动土吗？于是一场声势浩大的讨伐陈晓和国美董事会的运动爆发了。

黄氏阵营精心策划，想出两个狠招：一是泛道德化。黄氏阵营借用主仆逻辑，直指陈晓及董事会成员不忠不义；二是泛政治化，指责陈晓及董事会勾结外资，妄图把国美电器变成“美国电器”。

这是多么经典的黔驴技穷！明眼人都能看出，黄氏阵营希望借助所谓道义力量和“老大妈们”的唾沫把“陈晓们”淹死，希冀以不忠之道德枷锁和汉奸之名把“陈晓们”压死。可喜的是，陈晓只有一句话回击：我们9·28股东大会见，尊重多数股东的选择！

选票绝不是骂出来的，企业管理是讲科学的，公司治理是讲规范的，股东选票是讲利益的，谩骂和人身攻击改变不了任何一方的命运。2010年8月20日《人民日报》发表了沈寅的文章：上市公司可以是家族所有，但公司治理必须告别家族式思维模式。历史的演变从来遵循一个颠簸不破的铁律，打江山靠威权，坐江山以法治。在一个严格要求实行法人治理的上市公司中，个人崇拜不再拥有市场，个人威权必然渐行渐远，家族企业走向公众公司的过程，其实质就是创业者个人威权日渐衰微和法治结构日渐兴起的过程。今天的国美电器已经不再姓“黄”，职业经理人绝不是黄氏家族的仆人，董事会更不是。

三、中国公司喜迎规范治理的曙光

电影《乔布斯》重现了当年苹果公司董事会票选的一幕。那是1985年，苹果个人电脑销售出现颓势，发生了创业以来的首次季度性亏损，股价也跌至上市以来的最低点。董事会就苹果公司的如何运营发生严重分歧，究竟是支持以苹果创始人史蒂夫·乔布斯为代表的一派还是支持以CEO约翰·史考利为代表的一派，董事会只能投票决定。投票结果：乔布斯被自己创建的公司解雇。有意思的是，两年前是乔布斯执意把身居百事可乐公司CEO要职的约翰·史考利请进了苹果公司。董事会投票决策机制就是人们常说的游戏规则——市场场经济体制下的公司治理规则，连乔布斯这样的“外星人”也只能愿赌服输。绝大多数人深信乔布斯可以改变世界，但他无力打破规则，只能遵守。乔布斯为此离开了他挚爱的苹果公司整整十二年。十二年之后，还是因为公司治理规则，苹果董事会再次选择了史蒂夫·乔布斯。甚至有不少人推定，正是这十二年完成了乔布斯从一个桀骜不驯的计算机狂人到英雄兼领袖的蜕变。

历史总是这样惊人的相似。国美“9·28”股东大会如期举行，国美电器的股东们将使用表决器对股东大会八个动议进行表决。就像笔者所期待的一样，股东大会终究没有发生什么戏剧性的一幕，全世界见证了中国企业迎来规范治理的曙光，黄氏家族终以完败收场，多数股东用正义行动回答了国美董事会此前一天的声明：选择一个遵循现代企业规则，以股东价值为指引，治理完善的企业，一个战略清晰并有执行力的专业团队；还是选择一个以创始人单一大股东为重的经营思路，从而时刻存在大股东的利益凌驾于其他股东之上的风险。

以下为股东大会八个动议的投票结果：

（1）重选竺稼为非执行董事，赞成94.76%，反对5.24%，通过；

（2）重选 Ian Andrew Reynolds 为非执行董事，45.35%反对，获得通过；

（3）重选王励弘为非执行董事，赞成54.66%，反对45.34%，通过；

（4）即时撤销国美电器于2010年5月11日召开的股东周年大会上通过的配发、发行及买卖本公司股份的一般授权，赞成54.62%，通过；

（5）即时撤销陈晓作为执行董事兼董事会主席的职务，赞成48.11%，反对51.89%，被否决；

（6）即时撤销孙一丁作为执行董事职务，赞成48.12%，反对51.88%，被否决；

（7）即时委任邹晓春作为执行董事，赞成48.13%，反对51.87%，被否决；

（8）即时委任黄燕虹作为执行董事，赞成48.17%，反对51.83%，被否决。

这次对决，黄氏阵营唯一获得安慰的是，通过这次表决，即时撤销了国美电器于2010年5月11日召开的股东周年大会上通过的配发、发行及买卖本公司股份的一般授权。但明眼人一定可以看得出来，这其实是国美董事会的一个妥协，也可以说是国美董事会对黄氏家族兵戎相加不惜鱼死网破而表达的一份善意，这在兵法上也叫缓兵之计。这一步棋下得异常高明，这一步棋一落子，国美董事会在道义上已经仁至义尽，在战略上进可攻退可守。这足见国美董事会的智慧远胜过黄氏阵营。笔者早就奉劝骂骂喋喋一族，骂术早已过时。什么“不忠”、“负义”、“现代汉奸”、“阴谋窃权”等，完全是黄氏家族及其帮办还有不明真相的“卫道士”们的“欲加之罪”。商战需要的是大智慧，识时务者为俊杰，草莽一代是“禅位”的时候了。

尘埃落定，但硝烟并未散去。一些买办文人或貌似专家似乎还在愤愤不平。依然坚持其泛道德主义：不尊重大股东就是家奴不尊重主人。这完全是愚昧无知，伪命题一个！

股东的一切正当权益都须得到尊重！黄光裕目前拥有超过30%的国美股份，其股东权益理所当然要得到尊重和维护，昨天的股东大会就是尊重股东权益的最好实证，即便结果是否决了黄光裕的动议，也是对黄光裕的尊重，更是对全体股东的尊重。作为董事会来讲，尊重股东权益就是听大多数股东意见，而不是听少数股东发号施令，这是董事会的职责，是董事的职业操守。董事会怎么可以与“家奴”相提并论呢？

有些买办学者以松下电器为例，强调黄光裕的动议应获通过。不错，松下家族在松下电器持股比例已经被稀释到很少，但其在松下电器的地位始终备受尊重。想想看，松下凭什么始终如一赢得尊重，是凭匪气、蛮横吗？是谩骂和人身攻击吗？是凭财大气粗吗？显然不是，凭什么？两个字，德行！一个股东也好，一个自然人也好，能不能受到尊重，不仅要听其言，更要察其德，观其行，难道不是吗？

国企改革死水微澜
归因顶层设计缺位

近十几年乃至二十年来，中国企业改革特别是央企改革基本处于一个相对停滞阶段，国有企业改革如何推向深入，国有企业如何打造可持续发展体制机制，国有企业从员工到各级管理人员乃至高层负责人，普遍处于迷失状态。国有企业改革和发展，需要通过“顶层设计”廓清迷雾，亟待“顶层设计”指引方向，需要“顶层设计”提供新的动力。

中央“十二五”规划建议及国家“十二五”规划纲要，率先将“顶层设计”概念用于改革领域，出现了“更加重视改革的顶层设计”的表述。中央提出的改革主要指的是经济体制和政治体制的改革。以前一直有一种提法，称“国企改革是整个经济体制改革的中心环节”，不仅如此，它与政治体制改革也密切关联。所以，国企改革理所当然需要谋划好“顶层设计”。

何谓顶层设计？顶层设计出自系统工程学，本意是指“自高端开始的总体构想”。顶层设计也就是系统性思考和谋划，顶层设计的内容主要包含“主体结构和主要模式”设计。20 世纪 70 年代末，中国在经济领域实施改革，取得举世瞩目的成就。但近十几年来，改革几乎处于停滞。一方面是因为经济改革已经进入深水区，进一步推进的难度倍增；另一方面新的形势、新的气候对政治体制改革提出了要求，政治变革成为中国人民的新期待。在这种情势下，提出“改革顶层设计”问题，反映了新时期中国改革发展的内在要求，是一种客观需要。

对中央提出“顶层设计”的意义，还有另外一种解读，称中央提出“顶层设计”，意在敲打地方政府，地方改革（或称变革）须与中央保持高度一致，不许另搞一套。所谓顶层，就是屋顶那一层。中国的“屋顶”毫无疑问是中央政治局，其核心是政治局常委会。无论上海也好，广东也罢，都必须明白一个理，中国的改革是一个自上而下而绝不是一个自下而上的过程。中央定了的改革大计，必须遵照执行；中央“顶层”尚未有设计的，地方如果擅自作为，走偏方向，出了问题，责任一概自负。

作为企业管理咨询顾问，主要是研究企业管理。咨询实践中我们深切感受到，近十几年乃至二十年来，中国企业改革特别是央企改革基本处于一个相对停滞阶段，有些方面甚至出现一些倒退。究竟原因，问题就出在“顶层设计”。中国企业特别是央企深化改革十分迫切但面临重重阻力，研究表明，这些阻力也恰恰源于缺乏更有勇气、更有智慧的“顶层设计”。

近年来国有企业整体生存状况不错，但未来面临来自市场经济越来越严峻的挑战。国有企业改革如何推向深入，国有企业如何打造可持续发展体制机制，国有企业从员工到各级管理人员乃至高层负责人，普遍处于迷失状态。国有企业改革和发展，需要通过“顶层设计”廓清迷雾，亟待“顶层设计”指引方向，需要“顶层设计”提供新的动力。

关于国企改革的“顶层设计”，笔者以为，至少有两大问题，需要“顶层”提出明确的总体构想。

一、是否长期维持国企资源垄断和市场垄断局面

过去一直流传这样一种概念，在关系国计民生的重要行业和关键领域，须由国企占主导。用前任国资委主任李荣融的话说：“在涉及国家安全、国民经济命脉的行业，中央企业必须体现控制力；在国民经济重要的行业，中央企业要体现的就是影响力和带动力。”按照国资委的解释，“重要行业和关键领域”主要包括国防军工、石油石化、电网电力、电信、民航、航运和煤炭等重要矿产资源开发。仔细想想，人为划定“成分”，按企业所有制形式分类配置资源，这种做法是经不起推敲的。说白了，限制非国有企业进入所谓“重要行业和关键领域”，其实就是对非国有企业不信任、不放心，这是一种十足的歧视。事实上，企业从事生产经营，不是关乎国计就是关乎民生，正确的做法应该是实行市场准入制，预先设定准

入条件和标准，不论国企民企，只要符合条件和要求，都享有进入“重要行业和关键领域”的平等机会。政府行政性赋予国企排它性进入“重要行业和关键领域”的权利，使国有企业居于资源或市场的垄断地位，实际上就是把“动物”圈养起来，有悖物竞天择、优胜劣汰的自然规律，有悖“权利平等、机会平等、规则平等”的和谐法则，与建设市场经济的要求背道而驰。

一个再明白不过的道理，“圈养”不如“放养”，“放养”不如“野生”。企业竞争归根结底看的是品质和实力。环境在变化，时代在进步，“恐龙”终究是保护不了的。国企长期凭藉资源或市场的垄断地位而养尊处优，其结果必然是，惰性不断滋生蔓延，市场竞争能力不断弱化，改革动力丧失殆尽，发展活力荡然无存。2013 年广州两会上，一位来自广州国企的政协委员在发言中抱怨政府不把国企当“亲生儿子”，堂而皇之向地方政府索要“市场保护”。“国企是亲儿子，民企和外企就不是吗?”广州市委书记万庆良断然打断国企政协委员的发言，并当场表达了严厉的批评意见。当下，认为国企才是“亲儿子”绝不是个别现象。为什么国企能够长期以“亲儿子”身份养尊处优？显然是“爹”给宠的。一直以来，“亲儿子”要啥“爹”就给啥，要钱给钱，要资源给资源，要市场给市场。现在，万庆良给予了这个论调一席怒斥，发出了有关国企改革顶层设计的一个信号，破除国企资源垄断和市场垄断的日子或许不久将要来临。

二、政企分开如何具体落实，是否有具体要求和时间表

早在 1993 年党的十四届三中全会上就对国有企业提出了建立现代企业制度的明确要求，现代企业制度四大特征之一就是实行“政企分开”。2013 年恰好是“政企分开”二十周年，在这二十年中，我们了解的情况是，“政”“企”不分的状况并没有多大的改观。国企“政企不分”主要表现在三个方面：

1. 国企行政级别仍然没有取消

这些年，国企大都实施了改制，名义上由原全民所有制企业变成了公司，实际上就是翻了一个牌。人还是那些人，体制机制也一如既往。尤其

令人匪夷所思的是，中国的公司仍然一直套用政府的行政级别，分为省部级、厅局级、县处级、科级、股级等。譬如，中石化就是部级，也就是说，中石化的党政一把手享受正部级待遇，由中组部直接任免。中国历来奉行“上行下效”，所以全国所有的国有企业都拥有相应的行政级别，其负责人都由各级政府进行任免，各级政府就这样通过重大人事任免保持对国企的牢牢控制权，最终无法真正做到“政企分开”。

2. 国企仍然承担太多的社会管理职能

众所周知，国企一直承担着太多的社会管理职能，大型国企里，几乎涵盖了从“摇篮”到“坟墓”的所有管理职能。在推进国企建立现代企业制度的这二十年间，国企曾经在解决企业办社会方面付出很大气力，但结果与愿望相去甚远。大型国企除了把中小学、公安派出所、消防队等极少数社会职能分离出去以外，绝大多数社会管理机构及其职能仍然保留至今。如今，仍然有大量的大型国企保留幼教、医疗卫生、武装保卫、计划生育、房产与物业、社区管理等管理机构。

3. 国企被赋予了过多的党群管理职能

《公司法》第一章第十九条规定：“在公司中，根据中国共产党章程的规定，设立中国共产党的组织，开展党的活动。公司应当为党组织的活动提供必要条件。”《工会法》第一章第十二条规定：“企业、事业单位、机关有会员二十五人以上的，可以建立基层工会委员会。”《公司法》和《工会法》似乎为企业设立党群组织提供了直接的法律依据，但并未就如何设立企业党群管理机构做出具体解释。现实情况是，国企党群组织设置有些过多过滥。譬如某行政级别相当于处级的国有企业，除设有党委办公室、宣传部、组织部、纪委、团委、工会办公室及工会生产保障部、工会生活部、工会女工部、工会文体部等党群管理机构以外，该国有企业下属二级单位（相当于科级单位）均设有党支部，配有专职党支部书记和专职党群干事。企业设置如此多的党群机构并配置大量党群工作人员，其直接后果就是机构臃肿，干部大量冗员，人浮于事，管理扯皮，管理费用居高不下。

据中国铝业公司总经理熊维平介绍，同样产能的铝业企业，广西一家民营企业只有1100人，中铝旗下一家企业则有11000职工（不包括离退休职工），仅科以上干部就1100多人。产能一样，国企员工数量是民企的整整10倍！这就是长期政企不分导致的国有企业与民营企业的差别。国企长期机构臃肿和大量冗员，只能靠资源垄断和市场垄断来对冲成本，这无疑是“政企不分”导致的恶果。所以，中国铝业提出了一个“洪亮”的口号：真正办企业，办真正企业。实事求是讲，国企不乏优秀领导人，有的企业领导人也很想有一番作为，无奈有太多的人“死也要死在编制里”，他们有心无力，根本没有能力破除根深蒂固的陈旧体制。不仅如此，就是国务院国资委，在推动“政企分开”这样的重大问题上，也可能力所不及。未来，国企行政级别究竟是保留还是取消？国企是否需要继续承担过多的社会管理职能和党群管理职能？推进“政企分开”的步伐究竟如何迈进？国企在思考，国资委在思考，但更多的是在等待。中央提出要“更加重视改革的顶层设计”，我们仅仅希望，这份等待不要太过漫长。我们相信，国企改革一定会迎来一个姹紫嫣红的春天。

组织架构在组织管理体系中的地位

现代企业组织管理体系大抵有五个基本构件，分别是组织架构、定岗定编、管控流程梳理与优化、薪酬管理和绩效管理。五个部分前后起承，环环相扣，其中以组织架构为纲领，以定岗定编和管理流程为基本规范，以薪酬为核心，以绩效考核为闭合环节。五个部分互为有机联系，缺一不可，共同构成现代企业组织管理的“摩天大楼”。

工商管理成为一门学科，那是20世纪40年代才发生的事情，一般认为，以彼得·德鲁克1946年出版《公司的概念》一书为标志。按照德鲁克的说法，这是20世纪最伟大的事件之一。其实，早在管理学科乃至管理的概念出现之前，管理的智慧就一直存在，它广泛存在于自然科学，管理学的研究一直注重从自然科学中汲取营养，管理学科的发展也一直得益于自然科学源源不断的给养。

譬如，我们思考建筑物与建筑结构的关系，就很容易联想到组织管理体系与与组织架构的关系。过去我们曾经常说纲举目张，那么什么是“纲”呢?《说文》的解释是“纲，维紘绳也”。就像建筑结构是建筑物的“纲”一样，组织架构很自然地就是组织管理体系的“纲”，正所谓“罗网之有纪纲而万目张也。”

现代工商企业组织管理体系正在变得越来越复杂，所以德鲁克提出“组织和管理”已经成为我们这个时代最核心的命题，“管理”正成为现代组织架构不可或缺的“功能”。依靠管理的功能，维系组织机体的存在，维系社会的正常运行，这是历史赋予“管理”的一项任务，赋予“管理学”的一项使命。既然如此，那么我们解构复杂的组织管理体系就变得十分必要。通过解构现代企业组织管理体系的构成，我们就有可能化繁为简，找到构建和优化组织管理体系的“金钥匙”。

长期的管理咨询实践中发现，现代企业组织管理体系纵然复杂，但其基本构件却是共同的，大抵有五个基本构件，分别是组织架构、定岗定编、管控流程梳理与优化、薪酬管理和绩效管理。五个部分前后起承，环环相扣，其中以组织架构为纲领，以定岗定编和管理流程为基本规范，以薪酬为核心，以绩效考核为闭合环节。五个部分互为有机联系，缺一不可，共同构成现代企业组织管理的“摩天大楼”。

关于组织架构在组织管理体系中的地位和功能，可用一张建筑结构图片来说明，如下图2－1所示。

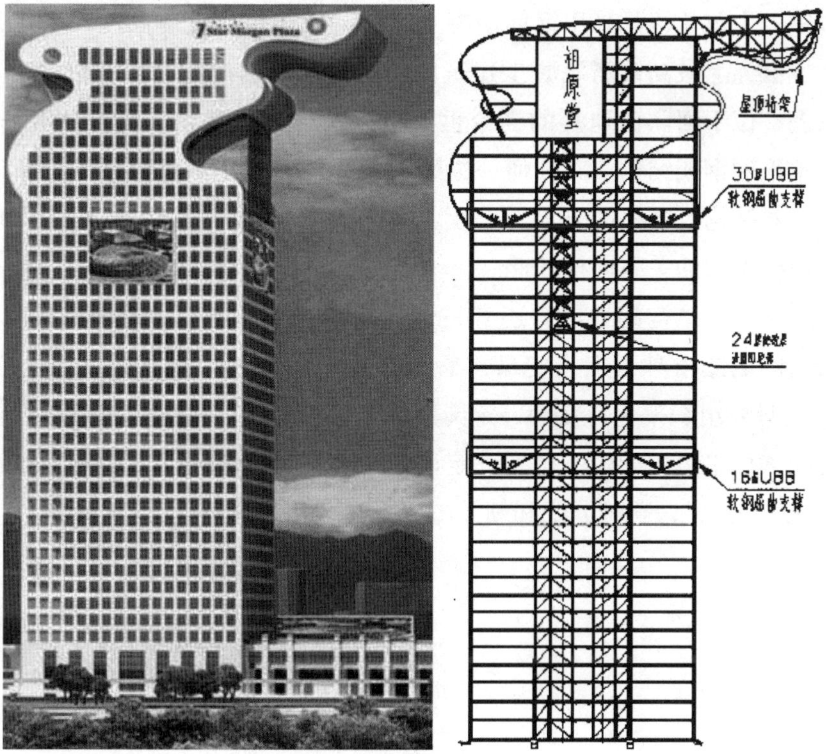

图2－1　“盘古大观”结构图

图的左边是位于鸟巢旁边的七星级酒店“盘古大观”，右边就是它的结构图。对于这样一栋超高层建筑物而言，它独特的钢架结构无疑是决定着它卓尔不凡气质和功能的关键要素。所谓结构，指的是物质存在的空间状态，属于空间逻辑范畴，一个建筑设计师，他需花费最多心血构思的莫过于结构，他需花费最大精力设计的莫过于结构。说“结构决定功能”一点也不为过。

建筑物的结构通常分为三大类：砖木结构、钢筋混凝土结构和钢架结构。超高层建筑之所以多采用钢架结构，主要是因为钢结构具有强度高、自重轻、跨度大、外形美观、施工污染少、空间利用率高、加工精度高、施工效率高、可循环再生等一系列优点。这是超高层建筑的结构特色，世界排位前五十名的超高层建筑，绝大多数都采用钢架结构，只有广州中信大厦等极少数几幢是采用钢筋混凝土结构，广州中信大厦高度 391 米，至今保持世界上最高钢筋混凝土建筑的纪录。前十名的超高层高度都在 400 米以上，位于阿联酋迪拜的当今世界第一高楼哈里法塔，高度达 828 米，如果不采用钢架结构，对任何一位建筑大师几乎都是不可想象的。所以说建筑物对结构有严格的要求，二者之间一定存在某种对称性，组织管理体系和组织架构的关系同样如此。

讲到建筑结构的地位，还有一个比喻叫“皮之不存，毛将焉附”。组织架构的地位相对于定岗定编、管控流程、薪酬和绩效而言，无疑就是“皮”。只要组织架构有变动，定岗定编、管控流程、薪酬和绩效都要做相应变化。如果组织架构不确定，定岗定编就是“无本之木”，管控流程就像“天上飞龙”，薪酬分配和绩效考核更是“空中楼阁”了。

中国特色的企业功能及其组织结构配置

企业不仅是一个经济组织，它兼具经济性功能和社会性功能。中国国有（含国有控股）企业还特别需要具有政治性功能。国有企业本身所承载的功能决定了其组织结构的配置。

一、国有企业的中国特色功能

管理大师德鲁克在《公司的概念》一书中，第一次将企业定义为“以满足社会需求为目的，将人们联合起来的组织”，并在《管理的实践》一书中率先提出“企业的社会责任”这一概念。他认为企业和社会是一个有机体，企业是社会的一个“器官”，必须承担相应的社会责任。企业不仅是一个经济组织，而且是一个社会组织；企业不仅具有经济性功能，而且具有社会性功能。

由于受计划经济影响至深，中国企业特别是国有企业担负了更多的社会责任乃至政治责任，企业功能较西方企业内涵更丰富，外延也更广。中国经济和中国企业的市场化取向不可逆转，但可能在相当长的时期内，中国的国有企业（含国有控股）还难以完全摆脱原有体制束缚，所以中国国有企业的战略以及战略决定的功能与真正的市场主体相比，必定具有其鲜明的中国特色。譬如说其中一点“稳定”，中国这些年来从上到下一直反复强调的一句话，就是“稳定是压倒一切的大局”。企业能做的就是以“稳定”为大局，否则一切的变革，其结局只能是“出身未捷身先死”。

中国企业组织结构设计和变革同样遵循钱德勒提出的“结构追随战略”的基本法则，但是中国的政治、经济环境下的国有企业肩负的功能独具中国特色。概括起来，国有企业通常具有三个具有中国特色的典型功能。

1. 经济性功能

国有企业的经济性功能与真正的市场经济主体并无二异，诸如满足市场需求，满足顾客需要，为股东创造价值等。

2. 社会性功能

社会性功能主要有缴纳税收、安置就业，传统国有企业还肩负诸多社会管理职能，如托幼、医院、房产物业、居委会、离退休人员管理等。

值得一提的是，国有企业“安置就业”尤其被寄予厚望。国有企业可以连年亏损，没有税收，但在安置就业方面不能含糊。安置就业绝对是国有企业一项政治任务，尽管没有下达明确的考核指标，但“考核”却无时不在，不离左右。国有企业至今难以想象像非国有企业一样实施“末位淘汰”辞退员工。进入国有企业就是端起了“铁饭碗”，这是长期沿袭下来的一条铁律，不是没人敢碰，有人敢碰，也有人想碰，只是最终没有一个人觉得有必要去碰它，光惹麻烦却“损人不利己”，何必呢？只要员工不扰乱企业秩序，能不胜岗或者业绩差一点，对诺大的一个国有企业来说，完全可以忽略。

3. 政治性功能

从革命战争年代开始，中国共产党就总结出了“党指挥枪”和“支部建在连上”的宝贵经验。在社会主义建设时期乃至建立社会主义市场经济体制阶段，作为宝贵经验在国有企业的移植，“党管干部”和“支部建在工段”的组织管理铁律几十年毫不动摇。所以国有企业必须完成执政党交办的政治任务，譬如党的建设、思想政治工作、舆论宣传、干部队伍管理、纪检、信访、综治、武装、保卫以及工会、妇女、青年工作等。显然，完成这些政治任务必然要求配置相应工作机构。

二、国有企业的三大类型及其组织职能

按企业功能划分，国有企业大抵可以分为三类：

1. 无城市依托的国有特大型工矿企业，相当于“圈养动物”

这类企业的组织结构模型为“2 +1 +1”，即生产经营管理 + 行政保障服务 + 社会管理 + 党群管理（见图 2 –2）。可以把无城市依托的国有特大

型矿业企业比喻成一辆公共汽车，四个轮子分别代表四个职能板块，共同承载“无城市依托的国有特大型矿业企业”平稳前行。

图 2－2　无城市依托的国有特大型矿业企业组织结构模型

世界第二、亚洲第一大型露天铜矿德兴铜矿和首钢矿业公司（位于河北迁西县境内），就属此类，这类企业远离城镇，社会责任重大，管理体系十分复杂。

2. **有城市依托的国有（含国有控股）矿业企业，相当于“放养动物”**

其组织结构模型为“2＋1”，即生产经营管理＋行政保障服务＋党群管理（见图 2－3）。用一辆三轮摩托车大抵可形象表现这类企业的组织结构特征，三个轮子分别代表其必须担负的生产经营管理、行政保障服务和党群管理职能。这类企业由于有城市作依托，其社会管理职能（托幼、医院、房产物业、居委会、离退休人员管理等）大多已经实现社会化。

图 2－3　有城市依托的国有（含国有控股）矿业企业组织结构模型

中国五矿、中国铝业等总部设在大城市的企业，以及国有或国家控股的上市公司等，均属于此类（其在外地的生产经营单位除外）。这类企业的社会管理职能大大弱化，而生产经营管理和行政保障服务职能得以加强。

3. 市场主体类企业，相当于“野生动物”

其组织结构模型为“2”，即生产经营管理 + 行政保障服务，组织结构相对简单，基本上不再承载政治功能和社会性功能之社会管理职能，所谓的大多数民营企业就是属于此类（见图 2-4）。用一辆两轮摩托车可表述这类企业的组织结构特征，两个轮子分别代表其必须担负的生产经营管理、行政保障服务职能。

图 2-4　民营企业组织结构模型

多数民营矿业企业属于此类，譬如上海海成资源集团、贵州宏大铝业、西藏华钰矿业等，它们的共同特点是基本上不承担党群管理和社会管理职能，组织结构相对简单，集中在生产经营管理和行政保障服务两个方面，主要发挥经济功能，可谓轻装上阵。

三、不同类型矿业企业组织结构设计

中国矿业企业分为三大类：无城市依托的国有特大型矿业企业、有城市依托的国有（含国有控股）矿业企业和市场主体类企业。这三大类型的矿业企业由于承载的功能不同，其组织结构呈现出不同的特征。

1. 无城市依托的国有特大型矿业企业的组织结构

无城市依托的国有特大型矿业企业远离城市，生产生活自成一体，既有经济功能，又有社会功能，还有重要的政治功能，同时具备生产经营管理、行政保障服务、党群管理和社会管理的职能，在组织结构设计时，必须兼顾这些职能作用的发挥，不能偏废。这就要求其组织结构要“多样而全面”，譬如江铜集团德兴铜矿的组织结构就最为典型。

德兴铜矿位于赣东北山区，距德兴市（县级市）25 千米，地处偏远，交通不便，5 万余职工及家属在这里工作生活、繁衍生息，构成了一个相对独立的生态系统。德兴铜矿既要搞好生产经营，又要做好职工住房建设与分配、退休养老、家属子女就业、幼儿教育、矿区医疗卫生等社会化管理工作，还要完成上级安排的各项政治任务等，它必须集经济性功能、社会性功能、政治性功能于一身，其组织结构设计须按照“2 +1 +1”四块职能进行配置，如图 2 –5 所示。

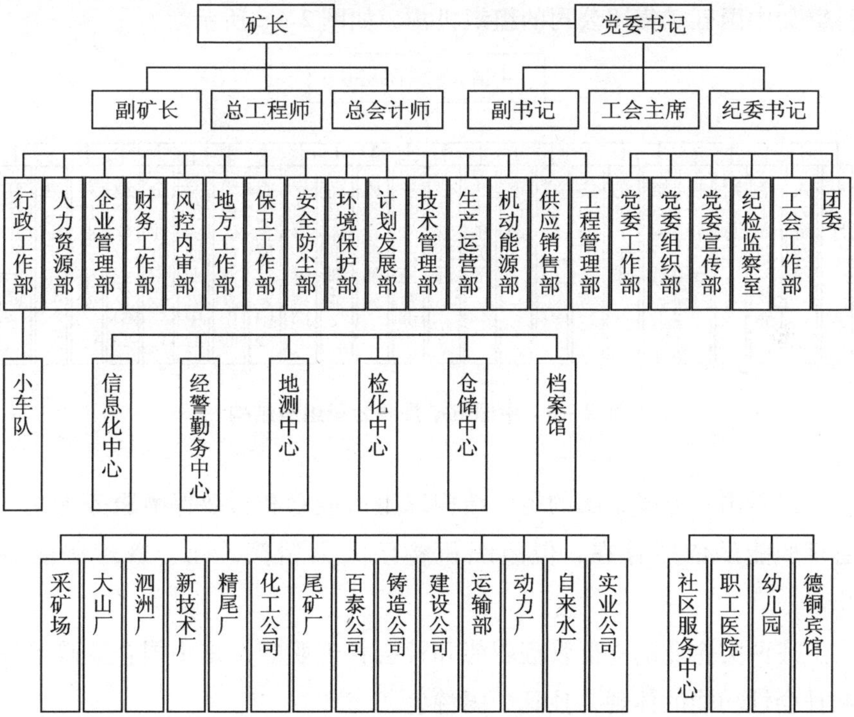

图 2 –5　德兴铜矿组织结构

从上图可以看出，德兴铜矿机关有 21 个部门，其中计划发展部、生产运营部、技术管理部等12个职能部门履行生产经营管理职能，行政工作部、地方工作部和保卫部等履行行政保障服务职能，党委工作部、党委组织部、党委宣传部、纪委监察室、工会工作部、团委6个部门履行党群管理职能，另有社区服务中心、职工医院、幼儿园等履行社会管理职能。生产经营管理、行政保障服务、党群管理以及社会管理如车之四轮，共同承载着德兴铜矿这一辆“大矿车”平稳前行。

2. 有城市依托的国有（含国有控股）矿业企业的组织结构

这类矿业企业一般位于大城市（如中国五矿、中国铝业等）或因矿建市（如金川公司、白银公司等），它们不用承担过多的社会服务功能，企业主要肩负起经济功能和政治功能即可，其组织结构按“2+1”模型配置，即生产经营管理+行政保障服务+党群管理。

譬如中国五矿集团公司的组织机构，如图2-6所示。

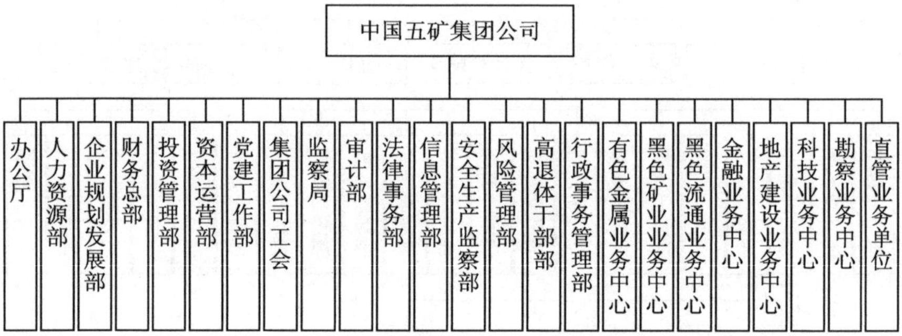

图2-6 中国五矿集团公司组织结构

可以看出，五矿集团的组织结构以生产经营和行政保障服务为主，党群管理职能虽依然存在，但组织机构已大大精简，社会管理职能基本退出。

上述两类企业的党群管理职能和社会管理职能，是中国企业政治性功能和社会性功能的体现，独具中国特色。

3. 市场主体类企业的组织结构

这类企业主要发挥经济功能，同时为安置社会就业做出积极贡献，并依法纳税。所以在组织结构唯求“精简实用”，一般只设置生产经营管理和行政保障服务职能部门，如西藏华钰矿业股份有限公司，设有8个机关职能部门，其中7个部门履行生产经营管理职能，一个部门专司行政保障服务职能，如图2－7所示。

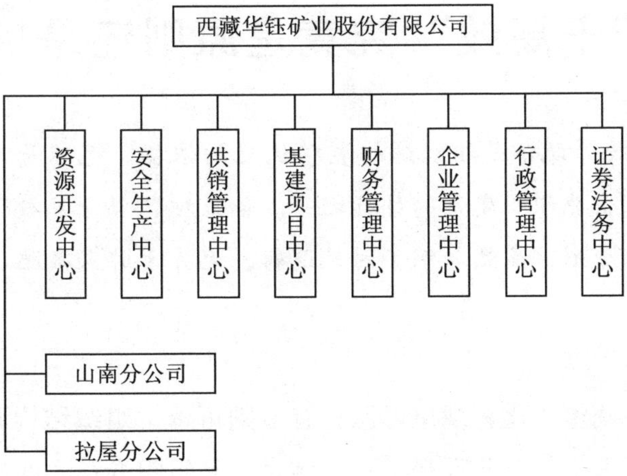

图2－7 西藏华钰矿业公司的组织结构

“精干高效”究竟是原则还是目标

“精干高效”既不是组织结构调整优化的依据，也不是可操作性的规范，它仅仅是企业组织变革的目标之一。如果把“精干高效”作为组织结构调整优化的原则，显然颠倒了因果逻辑，无异于胖人减肥以“减肥”为原则。

组织结构调整优化有规律可循，有原则可依。组织结构调整优化原则来自组织管理理论与企业客观实际的结合，是组织变革实践经验的总结和提炼，是企业组织变革的依据和基本规范。所以在组织变革之前，确定若干指导性原则，是十分必要的。譬如“专业化化原则”，系指设计组织结构调整优化方案应把业务性质类似的部门合并在一起，以减少机构数量，而对专业性很强的部门则要谨慎考虑与其他部门的合并问题，能不合并就不合并。

我们注意到，不少企业都把“精干高效”作为一条指导企业组织变革的重要原则提出来，“精干高效”究竟是原则还是目标，这是一个值得商榷的问题。

何谓原则？原则是行动的依据，是操作的规范。“精干高效”既不是组织结构调整优化的依据，也不是可操作性的规范，它仅仅是企业组织变革的目标之一。如果把“精干高效”作为组织结构调整优化的原则，显然颠倒了因果逻辑，无异于胖人减肥以“减肥”为原则。

结合多年的管理咨询实践，我们总结出了以下一些指导企业组织机构调整优化的基本原则：

（1）以流程为导向，确保流程舒畅和流程节点可控的原则。

（2）合理界定职责界面，避免职能交叉的原则。

（3）实施扁平化管理，尽可能减少管理层级的原则。

（4）统一指挥而非多头指挥的原则。

（5）管理幅度适宜的原则。

（6）职能健全并突出组织的核心职能的原则。

（7）专业化原则。

（8）监督部门与管理部门分设的原则。

……

需要指出的是，这些原则并不是机械和教条的，企业组织结构存在的问题不同，所处的变革环境有异，组织变革原则应该具有鲜明的个性。在实践中要结合企业组织结构存在的问题，有的放矢，提出对企业组织机构调整优化真正具有指导意义的原则。

譬如DXC矿业公司，针对该公司的具体情况，我们提出了实施组织变革的“三十二字”方针和“七十二字”原则。坚持这“三十二字”方针和“七十二字”原则，成功破解了DXC矿业公司组织变革难题，有效达成了DXC矿业公司组织结构优化目标。

“三十二字”方针：

科学梳理、合理归位、顺畅流程、消肿职能，

突出核心、四位一体、加减并用、不唯精简。

注：“四位”指的是生产经营管理、行政保障服务、社会管理、党群管理四块职能。

“七十二字”原则：

服从组织使命，服务中心工作；

满足流程需要，强化核心职能；

管控服务分离，职能资源匹配；

监管职能上移，具体业务下移；

针对现存问题，做到有的放矢；

遵循一般规律，突出DXC特色。

流程——共同的管理语言

传统职能管理体制弊端，一是容易形成“山头”，二是横向沟通不顺畅。实行流程管理，无疑是从一座座“山头”中分别开凿出一个个“涵洞”，使部门之间实现了正常的信息联系和横向工作沟通，缩短了信息交互时间，提高了管理效率。

企业管理有三种规范，即岗位责权规范、管理制度规范和管理流程规范。这三种规范，用简单通俗的“语言”描述出来，浅显易懂，企业的每一位员工，上到高管，下至文化程度偏低的普通员工，都听得懂，看得明。尤其是管理流程，用一张图就可以把一些管控关系描述得清清楚楚，类似于工科的工艺流程图，让人一目了然。管理流程作为一种管理规范，广泛应用于现代企业管理工作，这是管理科学融会自然科学的一个成功范例，无疑是现代管理科学发展史上的一个闪光点。

流程应用于企业管理始于20世纪90年代初期。美国麻省理工学迈克尔·哈默教授于1990年在《哈佛商业评论》发表了一篇文章，题为《再造——不是自动化而是新生》，首次提出流程再造的概念。1993年哈默和詹姆斯·钱皮合著了《公司再造——管理革命的宣言》一书，标志着流程再造理论的成熟。流程再造理论给全球工商界、管理学界带来了震撼和顿悟，引发了一场管理革命。

流程应用于企业管理，是对传统管理体制的一次重大完善。传统管理体制有两个最大特点，一是职能化管理，二是自上而下的垂直统一指挥。职能化管理容易形成“山头”，部门之间无法形成有效沟通；而强调垂直统一指挥往往忽略部门之间的横向沟通。实行流程管理，无疑是从一座座“山头”中分别开凿出一个个“涵洞”，使部门之间实现了正常的信息联系和横向工作沟通，缩短了信息交互时间，提高了管理效率。

越来越多的企业管理者很快发现流程有用、好用，所以流程管理得以迅速推广并一度流行。曾经在某一个时间段里，笔者听到有的企业管理者言必称流程。有的企业更是从BPR到ERP，再到SCM，将流程变革进行到底。其实，学习和应用流程管理，重在消化和吸收流程管理的思想，应把它当成“语言”学而不是当作“工具”搬。中国企业务实的做法应该是，以“规范部门关系，减少工作扯皮，防范内控风险，提升管理效率”为目标，扎扎实实做好流程优化尤其是核心管理流程的优化工作，让管理流程与岗位职责、规章制度一样，成为企业人人自觉遵守的一目了然的管理行为规范。

越来越多的企业逐渐认识到流程规范对企业管理的重要意义，但不少企业在具体实施管理流程优化时仍然存在认识上的重大误区，一是以为管理流程越多越好，盲目追求流程数量；二是追求管理流程的“大而全”，所以出现了大量的业务流程以及“大而全”的管理流程。

业务流程如“环保统计流程”、“党员先进性教育流程”、“水电费缴纳流程”等，这些流程由于涉及的管控环节很少，也不涉及部门之间的横向协调，完全可以通过岗位职责和规章制度去规范“环保统计”、“党员先进性教育”、“水电费缴纳”等工作，没有必要绘制管理流程图。

“大而全”的流程如“安全环保管理流程”、“人力资源管理流程”等，这样的流程用一个流程图焉能描绘清楚，必须细化为若干个具体的管理工作流程才能将其中的管控环节清清楚楚表达出来。譬如，“人力资源管理流程”至少可以细化为人力资源规划流程、员工招聘录用流程、员工调配管理流程、员工行政处分流程、员工离职流程等若干个流程。

企业管理流程优化除了认识误区导致的管理流程与业务流程混为一谈、管理流程“大而全”等问题以外，还存在以下两个最突出的问题：

1. 关键性流程控制节点常有缺失

譬如“物资采购管理流程”（见图2－8），流程活动有采购计划、计划审核、计划审批、组织招标、签订合同、验收入库、退货处理等，初看起来流程还是比较完整，但是仔细审核就会发现，这个流程缺失了一个非常重要的控制环节，那就是“库存信息沟通”。由于这个环节的缺失，造成的后果是，周转慢的积压物资仍将源源不断被采购进来。调查表明，我们太多的企业原材料储备都存在严重的库存结构不合理现象。通过管理流程优化，原因找到了，问题源自“管理流程”。

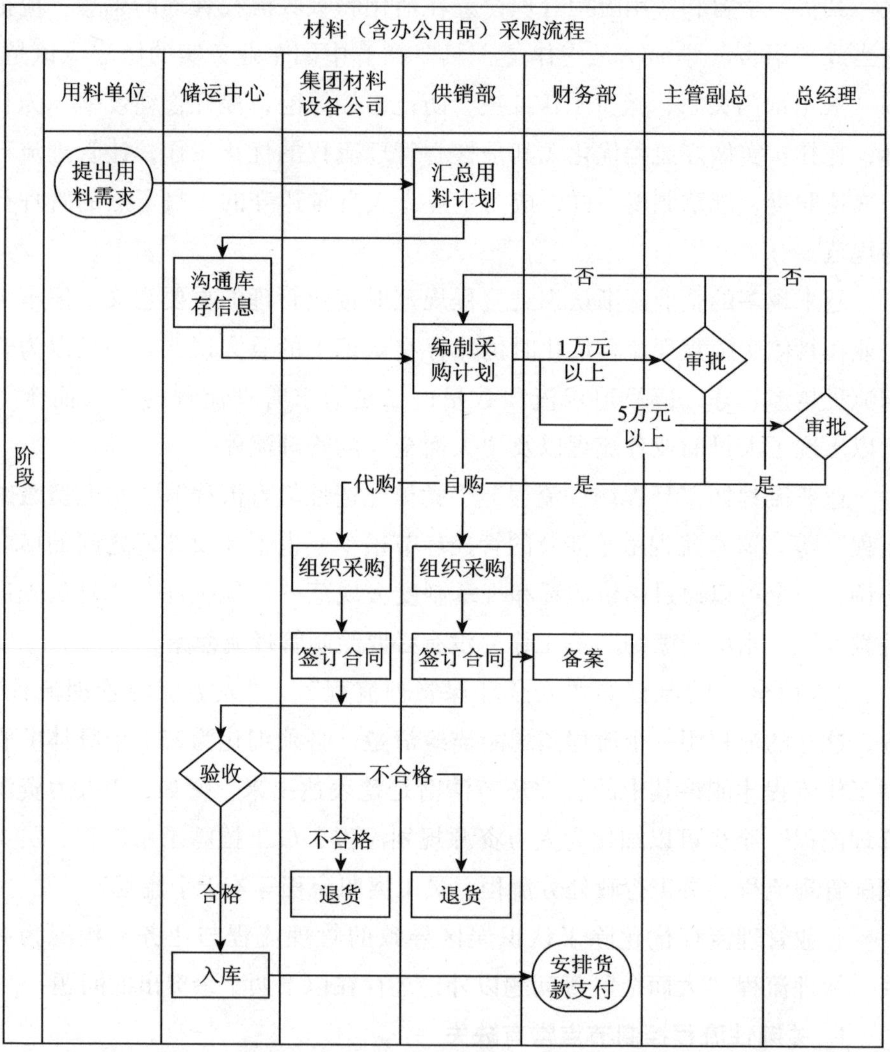

图 2－8　物资采购管理流程

2. 流程活动与流程责任主体错误对应

仍然以“物资采购管理流程”为例，库存信息沟通——采购计划——计划审核——计划审批——组织招标——签订合同——验收入库——退货处理，流程活动基本上齐全了，但优化管理流程，不仅要看流程环节是否有缺失，更要看流程活动与流程责任主体的对应关系。如果“验收入库”这一个环节对应的责任主体不是仓储部门而是采购部门，这样的管理流程还有管控作用吗？我们咨询过程获知的情况恰恰是，不少企业的采购部门与仓储部门是合二为一的，一个部门既管采购又管仓库，既管计划、管招标，还管验收入库，这样的“物资采购管理流程”，不如干脆叫“监守自盗流程”算了。所以管理咨询人看待腐败，对腐败成因的认识始终毫不动摇：腐败本非人所欲，只怨机制有缺失！

“王熙凤”协理民营企业如何

王熙凤协理宁国府有三点成功经验：其一，授事以能，能力为要。其二，充分授权，信任为先。其三，因地制宜，知人善用。民营企业管理混乱，引进“王熙凤”或是一个合理的决策。

中国不少民营企业，其管理乱象全然堪比贾珍死了儿媳妇的宁国府。《红楼梦》第十三回“秦可卿死封龙禁尉，王熙凤协理宁国府”如此记述当时的乱象：人口混杂，遗失东西；事无专执，临期推诿；需用过费，滥支冒领；任无大小，苦乐不均……看那宁国府上下忙乱的，个个像无头苍蝇似的，大小事情都向贾珍禀报，都由他一人决断和处置，可怜的贾珍只得在下人的撑扶下不停地摇头叹息，几近崩溃。我眼前这家民营企业存在的具体管理问题肯定与宁国府有异（笔者在没有诊断之前不便定性），但看老板事无巨细忙乱的状况，似乎与宁国公当时的景象并无二般。

管理一团糟，急啊！可急有什么用，还是小老弟贾宝玉当了一回参谋，建议贾珍恳请王熙凤出山，协理宁国府。凤姐果然不辱使命，上任后发挥其管理才能，很快建立和规范了管理秩序，将整个丧事期间的内务料理得井井有条。可以说，王熙凤协理宁国府取得了相当的成功。

民营企业要不要聘请职业经理人，几乎没有什么争议。问题在于究竟聘请什么样的职业经理人，以及如何用好职业经理人。研究《红楼梦》第十三回的著述，分析王熙凤协理宁国府的成功经验，有三点值得当代中小型民营企业老板重视和借鉴：

1. 授事以能，能力为要

职业经理必须精通管理之道，具有出众的管理能力。王熙凤之所以能够取得成功，最核心的一点就是“我能”——能解决管理问题。论管理素养，王熙风擅长言辞，惯会说笑，有时风趣自然，有时笑里藏刀，笑外有声；她善于处理各种人际关系，沟通自如，圆滑老到。论资历经验，这个来自荣国府的“行政人事总监”，具有多年管理荣国府的经验；论管理能力，这个琏二奶奶绝非平庸之辈，她思路清晰、方法适用、纪律严明、措施到位。她从诊断分析开始，从问题出发，然后针对管理症结对症下药。她重点使出两招。首先是定岗定编，分工到组，责任到人，解决了人口混杂，事无专执，临期推诿，任无大小，苦乐不均等问题，使管理秩序焕然一新。其次是严明纪律，严刑峻法。她从迟到偷懒，赌钱吃酒，打架拌嘴这些小事抓起（和张瑞敏抓随地大小便一样），烧起一座座规则的“火炉”，违章者不论有脸的还是没脸的，一例清白处理。譬如考勤管理，她每天点卯训话，某日一人多睡了一会迟到了，登时放下脸来，喝命：“带出去，打二十板子！”同时放出话来：明日谁还迟到，打四十板子，后日就六十板子。面对如此“脸酸心硬”说一不二的二奶奶，有谁还胆敢纪律涣散、漫不经心？

2. 充分授权，信任为先

授权和信任是职业经理发挥作用展现才能的“尚方宝剑”。职业经理受老板之邀，来解决管理问题，既要授以法理权杖，又要给予充分信任。否则必然不欢而散。王熙风在宁国府能够大刀阔斧革除弊制、革故鼎新、施行新政，是有充分信任和授权作保障的。王熙风受宁国府老爷贾珍恳切相邀，又得到老祖宗贾母史老太君认可和王夫人支持，其权力基础不可谓不牢固，权杖不可谓不坚固有力。王熙风手握“尚方宝剑”，令行禁止说一不二尽在自然。笔者常有机会听职业经理人倾诉衷肠，在民营企业工作，永远也是一个外人，完全是看老板脸色做事，面对错综复杂的家族关系网，既无人事权，也无考核权，更无分配权和奖惩权，结局大多不是让老板失望就是触犯了家族关系，求个全身而退都难。所以说，在这样的民营企业，王熙风再有能耐，又有何为？

3. 因地制宜，知人善用

民营企业普遍缺乏高层管理人才，这是一个不争的事实。尽管求贤若渴，但不能饥不择食。王熙风协理宁国府取得了成功，其中一个重要因素是宁国府当时的状况迫切需要一个像王熙风这样的高级职业经理人才来铁腕治府。我们的民营企业呢，显然不能一概而论。要根据民营企业的现有经济规模、发展阶段、企业文化和实际管理需求，决定是引进“王熙风”还是引进“探春”等。王熙风别称“风辣子”，凡事都“掐尖要强”，性情刚烈，脸酸心硬，作风雷厉风行，说一不二。初来乍到，王熙风就放了话：“既托了我，我就说不得要讨你们嫌了。我可比不得你们奶奶好性儿，由着你们去。如今可要依着我行，错我半点儿，管不得谁是有脸的，谁是没脸的，一例现清白处理。”王熙风强势个性一览无遗，管理风格极为鲜明。我们民营企业的管理现状如果也像宁国府一样混乱不堪，那么乱世需用重典，引进“王熙风”未尝不是一个合理的决策。

第三篇

“以人为本”不是一个口号

“以人为本”还是“以仁为本”

“仁者爱人，有礼者敬人。爱人者，人恒爱之；敬人者，人恒敬之。”

——孟子

电影《孔子》的拍摄和公映，再次引发了现实社会对“仁爱”思想的心灵拷问，无疑是一件有意义的事情。孔子的思想核心是“仁”，粗略统计，“仁”字在《论语》中出现不下百次。孔子一生颠沛流离，为社稷、为苍生奔走呼号，就为一个“仁”字。孔子之圣明伟大正是因为其毕生宣扬“仁爱”并身体力行“以仁为本”。笔者注意到，近年来，政府官员也好，企业老板也罢，言必称“以人为本”。“以人为本”的口号似乎很流行很时尚，但盛名之下，其实难副。我们发现，孔子的“仁爱”思想距这个浮躁喧嚣的尘世已越来越远。用当今比较时尚的语言说就是“以人为本”变成了“人被为本”。

“以人为本”最早出现于《管子·霸言》：“夫霸王之所始也，以人为本。本理则国固，本乱则国危。”可见管仲当时是站在政治的角度和出于政治的需要提出“以人为本”的。至于究竟什么是“以人为本”，如何落实“以人为本”，管仲恐怕也未必认真思考过。从字面上看，“以人为本”的“人”就是“人民”，泛指天下百姓。这个政治理念倒是不错，就是不知道如何落地。所以说，“以人为本”其实很抽象，很空洞。类似“以人为本”的理念在当代社会也不鲜见。譬如“全民所有”，由于产权不清晰不得不被历史遗弃；一些高喊“全心全意为人民服务”的官员其实与人民的距离越来越远。

笔者以为，“以人为本”不如“以仁为本”。由于职业之故，本人经常与企业老板和企业高管沟通交流人力资源管理问题。每每谈到“以人为本”时，大家往往会“顾左右而言它”。众多企业虽然在公司简介上印上了“以人为本”，墙上也贴着“以人为本”，但真正能够科学阐释并扎实实践“以人为本”的企业如凤毛麟角。易中天先生倒是给“以人为本”作出了两种解释，一是以人为根本，二是以人为资本。说得没错，人不是根本就是资本。可是在我们许多企业里，只有股东才是根本，只有担任重要岗位职务的亲人、亲戚、亲信才是根本，其他人全都是打工仔——赚钱的资本。说句实话，本人一直以来都没有搞懂什么是“以人为本”，直到把“以人为本”和“以仁为本”联系到一起，才豁然开朗。

如果从“以仁为本”的角度来阐释“以人为本”，笔者可以给出“以人为本”一个简明的解释，“以人为本”的实质应该归于“以仁为本”，那就是“把员工当亲人”，“把客户当亲戚”。无论对“亲人”还是“亲戚”，亲情之“仁”完全出自一种天生的情怀，一种情不自禁的情感释放，全然不会有任何杂念。可以说，在亲情之“仁”面前，任何华丽的语言和精彩的理念都显得那么苍白无力。设想一下，要是成百上千的员工都是老板的“亲人”，成千上万的客户都是老板的“亲戚”，我们的企业会是一幅多么美妙的和谐共赢的发展图景！

大量实证研究表明，一个企业空喊“以人为本”口号而行不仁不义之实，也许可以获得一时的成功乃至暴发暴富，但绝难实现基业长青。“小霸王”、“三鹿奶粉”就是生动的例证。如果“小霸王”老板能够“以仁为本”，把段永平当“兄弟”，段永平还会怒发冲冠率部集体跳槽吗？“三鹿奶粉”公司如果把喝奶粉的婴儿都当成亲戚家的婴儿，还会往奶粉里掺入三聚氰胺吗？

“仁爱”是人类共同的语言。孟子曰：“仁者爱人，有礼者敬人。爱人者，人恒爱之；敬人者，人恒敬之。”同仁堂代代恪守“同修仁德、亲和敬业、共献仁术、济世养生”，终成百年典范企业。我们的企业如果都像同仁堂一样恪守“以仁为本”，“把员工当亲人”，“把客户当亲戚”，相信一定可以越做越好。

丰田的“自働化”首先是人的自动化

丰田公司从事的是丰富人们生活的事业。制造即育人，带“人”字旁的“自働化”是“丰田模式”的重要秘笈。

有机会到日本爱知县丰田市元町整车组装厂参观考察，学习丰田公司精益生产方式。有人说，丰田经验已经过时，可是亲临元町整车组装厂现场考察，感受到的却是一种强烈的震撼。丰田生产方式完全颠覆了传统的“制造”概念，它让十分繁杂的汽车组装生产过程变成了一种智慧和艺术。

丰田生产方式也叫精益生产方式，诞生于20世纪50年代，由丰田公司第三代社长丰田英二和他的伙伴大野耐一创造性提出，是一种适应市场需求多样化变化趋势的高效率规模化生产组织管理方式。与以美国福特汽车公司为代表的大规模生产方式最大不同在于，丰田生产方式适用于多品种、小批量混合生产条件下的生产组织，解决了多品种、小批量条件下产品高品质和低消耗难题。丰田生产方式是世界制造业发展史上的一次重大革命，被誉为“改变世界的机器”，是继大量生产方式之后人类现代生产方式的第3个里程碑。

丰田生产方式真正受到尊重并得到广泛认可是在20世纪70年代石油危机以后。1973年世界因中东战争爆发石油危机，日本经济受到重创，国民经济下降到负增长的状态，汽车工业更是深受能源危机之困而成为重灾区。此时唯有丰田公司一枝独秀，其发展不但没有受到石油危机的影响，而且还获得较好的盈利，并连年增长。这无疑是一个奇迹，是丰田公司卓越的生产组织方式创造的奇迹。于是丰田生产方式声名鹊起，先在日本得到了普及推广，并很快风靡全球。1990年，麻省理工学院教授詹姆斯·沃麦克和丹尼尔·琼斯等教授历时五年研究，出版了丰田专著《改造世界的机器——精益生产的故事》，第一次以精益生产（lean production）的概念精辟地表达了精益生产方式的内容。该书的出版及被翻译成多种语言，使精益生产方式成为制造业领域广为传播的先进制造管理模式。精益生产方式创造了丰田公司乃至日本汽车产业持续高速发展并一举超越美国的神话，已成为“日本制造”的一张靓丽名片，乃至日本工业参与全球竞争的核心战略。丰田公司因其成为亚洲唯一向世界输出价值观和管理思想的公司而誉满全球，丰田公司以及它创造的精益生产方式已成为日本的荣誉和骄傲。

对于丰田精益生产方式，以前只是限于文献学习研究，虽对其看板管理、准时生产、标准化有所认识，但说实在的是浅尝辄止，只见树木不见森林。以前只觉得精益生产方式好，好如海市蜃楼，却不知其中之妙。丰田公司有一个重要理念叫“解决问题在现场”，让我深受启发。丰田之行第一个感悟就是，不到丰田公司生产现场，绝难以把握丰田精益生产方式的精髓，绝难以领会丰田精益生产方式的真谛。

亲临丰田公司元町厂近距离考察丰田精益生产流程，期待解开关于丰田生产方式的许多困惑，探究丰田生产方式的精髓。元町厂是丰田精益生产的发源地，也是丰田皇冠车的主要产地，从 1959 成立至今，已出产了第 13 代皇冠。在元町厂，我们得以与原汁原味的“看板管理”和“准时生产”有了最亲密的接触，我们亲眼目睹了“无门式工法”的效率和“拉绳呼叫开关”的管理奇妙。偌大的厂房内，流水线舒缓地流动，零部件有序地配给，现场员工自动地工作，人机一体，浑然天成，一股仰羡之情禁不住在心中油然而生。

丰田生产方式的精髓究竟是什么？丰田展览馆给出的答案无疑令人心头一震。丰田展览馆里展示着丰田公司的产品和技术，更展示着丰田公司掩藏在产品背后的独特的价值理念：

丰田人从事的是丰富人们生活的事业；丰田公司不仅是制造精美车辆，更要为地球和社会可持续发展做贡献；制造即育人；带“人”字旁的“自働化”与“准时生产”是“丰田生产方式”的两大支柱。

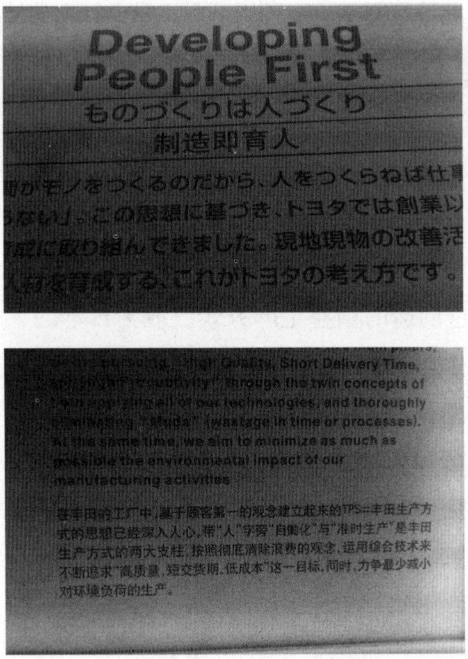

图3－1　丰田公司价值观念展示

带"人"字旁的"自働化"，这是我第一次听到，也是第一次看到。至此，我豁然开朗了。

这也解开了我这几年一直未曾解开的心头之惑：令人顶礼膜拜的丰田精益生产方式为什么引发了2009年丰田汽车大规模召回事件？原来，有"成本杀手"之称的丰田公司第10代社长渡边捷昭，强力实施"成本领先战略"，使丰田公司这艘巨舰逐渐驶离了以人为本的"自働化"航向。

丰田之行，终于让我恍然醒悟，坚持"以人为本"的自动化理念，让人自动自发工作，才是"丰田生产方式"的精髓！

丰田之行，真的不虚此行。

“民工荒”倒逼企业人力资源管理变革

“把人当做目的而不是手段”。——康德

早在2004年，笔者曾写过一篇题为《“民工荒”——人力资源管理之荒论文》，认为“民工荒”的实质是用工企业的人力资源管理之荒，剖析了缺工企业在人力资源管理方面的缺陷，从微观管理层面提出了解决“民工荒”的建议。

10年过去了，“民工荒”仍然年复一年，“民工荒”即“人力资源管理之荒”的观点也无疑经受了实践的反复论证。笔者2013年给长三角一家管理相对规范的大型民营企业（年销售收入已经超过80亿元）提供人力资源管理咨询服务，实态调研发现，该民营企业2010年6月30日至2013年6月30日的三年中，引进员工1109人，而员工流出数量共计3813人，平均每年流失1271人，年均流出率为59.8%，流出人员与引进人员比率为3.4∶1，员工流失的状况令人吃惊。分析表明，导致如此高流失率的主要原因就是员工劳动时间较长，无正常休息制度，工资及福利待遇水平较周边同类企业低（10%以上），无工资涨升机制等。长三角的优秀民营企业招人用人留人尚且面临如此困境，更何况珠三角的一些代工企业呢？

人力资源管理的核心可以用九个字来简单概括，那就是“进得来”、“用得好”、“留得住”。“进得来”、“用得好”、“留得住”。分别代表用人的三个环节，三个环节环环相扣，互为影响。“民工荒”问题出在民工引进环节，即民工“进不来”。中国社会目前以及今后若干年还不至于出现“民工稀缺”，为什么有的企业每年都闹“荒”呢？原因归于用工理念、用工政策、用工制度，而归根结底还在于企业老板的“人本”理念。如果唯利是图，把民工当作赚取利润的资本，那又怎么可能有科学合理的用工政策和用工制度呢？

作为管理咨询顾问，深知中小企业生存环境越来越艰难。众多中小型企业都在一片“红海”中挣扎，只能拿到利润微薄的订单，如果实施规范化人力资源管理以及提高员工工资福利待遇就有可能亏损。企业老板既要承担投资风险、市场风险，又要承受来自政府、社会、市场、员工等多方面的巨大压力。所以客观上讲，有的企业年复一年发生“用工荒”，其实也是一种无奈。我们理解这种无奈，但是更尊重市场经济“优胜劣汰”的法则，更尊敬那些曾经闹“荒”而如今不再闹“荒”的优秀企业。

康德早就告诫世人：“把人当做目的而不是手段。”无论如何，我们反对唯利是图的“血汗工厂”，尽管“血汗工厂”只是极少数。“血汗工厂”不会自动自发退出历史舞台，终结“血汗工厂”有一个办法，那就是实施“无产阶级非武力专政”。

正如《人民日报》特约评论员任仲平《决定现代化命运抉择》一文所指出的那样：重国际市场、轻国内需求，重低成本优势、轻自主创新能力，重物质投入、轻资源环境，重财富增长、轻社会福利水平提高，这就是我们长期形成的传统发展方式。这是一条难以持续的“风险之路”，难以支撑的“负重之路”，难以提升的“低端之路”，难以增长的“物本之路”。中国的现代化又到攸关未来的路口，加快经济方式转变，这是决定中国现代化命运的重大抉择。从这个意义上讲，“民工荒”来得晚不如来得早，来得轻缓不如来得更加猛烈。

需要心理疏导的是富士康员工还是郭台铭

80后、90后与60后、70后不同，他们更看重的是生活与工作的平衡，他们更看重的是体面劳动和人格尊严。在他们看来，置身于一个完全陌生完全冷漠的纯物质工厂里，无异于置身“高墙”之内。他们需要正常的亲情关怀，需要交往，需要开放，需要八小时外的自由身心，需要网吧……

富士康2010年5月底连续发生11跳和12跳惨剧之后，引发社会广泛关注。深圳市政府秘书长、政府新闻发言人用“十分震惊、十分惋惜、十分痛心”来表达心情，足见富士康员工前赴后继的跳亡事件已经引起了政府部门的严重关切。

12跳之后，媒体也好，政府也好，富士康也好，终于开始重视和反思富士康的跳亡事件了，这无论如何都是一件值得庆幸的事情。逝者已矣，是为不幸；生者如斯，情何以堪！12连跳发生之后，最紧要务当然是亡羊补牢，分析本质原因，并采取防范举措。我们且看看富士康的老板郭台铭以及我们的媒体和政府做出了何种反应。

关于原因，郭台铭的正式回应是，富士康跳亡事件与工厂管理无关，富士康绝非血汗工厂。

关于防范，媒体上近期出现频率最高的词莫过于“心理疏导”或“心理干预”。

看来我们真的低估了郭台铭的危机公关水平了。通过危机公关，这位一直奉行“独裁为公”的富士康绝对领导人，不但把富士康12跳与富士康的管理划清了界限，而且如愿以偿引导媒体把跳亡事件责任归咎于员工的心理素质，这是多么机巧的避重就轻、转移视线、愚弄大众和推卸责任。

按照“员工心理素质不健康导致12跳”的逻辑，接下来富士康做出的反应自然“可圈可点”了。富士康提出的防范举措是打造员工心理健康维护体系，邀请各方面专家入场指导，并与深圳市精神卫生中心合作，实施员工心理援助计划，外聘、内训心理辅导师，建立心理咨询室，接待员工咨询。一言蔽之，富士康许多员工心理不健康，甚至有精神病。富士康以实际行动在努力采取防范举措：亡羊补牢，犹未晚矣。其实，明眼人对郭台铭的如此混帐逻辑及其伎俩心如明镜。郭台铭是什么？不过是披着一层现代科技外衣的旧式资本家，追求利润最大化只是他的唯一目的。“嗜血成瘾”的资本家们的每一个毛孔，都滴着血和肮脏的东西。

危机公关是维护郭台铭以及他的富士康根本利益的需要。可令人遗憾的是，深圳市乃至中华全国总工会也被富士康颠倒是非的逻辑给“绑架”了。深圳市卫生管理部门紧急派出30多名心理医生和医疗队进驻富士康，加强对企业员工心理辅导和心理咨询力度，对1400余名员工开展评估筛查，心理危机干预和心理救援。中华全国总工会也迅速出台一个《关于进一步做好职工队伍和社会稳定工作的意见》，特别强调，要加强对青年职工特别是新生代农民工的心理疏导。一时间，“心理疏导”成了媒体的高频词汇。看得出来，有些媒体也正在全力帮助郭台铭扑灭富士康的“后院之火”。

诚然，对20岁左右的青年打工者来说（注：富士康跳楼自杀的多为20岁左右的员工），他们还是孩子，多数成长环境相对较好，自小受到捧爱，人生还没有受过什么挫折，情感比较脆弱，心智不成熟，这应该说都是事实，也属于是一种正常现象。但80后、90后的这些特征并不能简单视同于心理不健康，他们更不是有心理障碍的一代。他们只不过是强烈抗议做工奴，他们需要正常的亲情关怀，需要交往，需要开放，需要八小时外的自由身心，需要网吧，需要酒吧，需要释放。他们与60后、70后不同，他们更看重的是生活与工作的平衡，他们更看重的是体面劳动和人格尊严。在他们看来，置身于一个完全陌生、完全冷漠的纯物质工厂里，无异于置身“高墙”之内。他们中有的人能做的就是选择以纵身一跳的方式反抗精神压迫，寻求解脱。说实话，我们痛惜之余，要责备这些选择轻生的热血青年，你们太不够坚强，太懦弱，太不负责任，甚至太自私。你们可以不知道“千万不要忘记阶级斗争”，但你们至少应该会高唱国歌吧，“起来，不愿做奴隶的人们……”

孩子们有孩子们的问题，但我们更应该反思的是，12 跳为什么发生在富士康？我们应该采取何种举措，防范富士康的 13 跳、14 跳、15 跳……有人说富士康规模太大了，仅深圳地区就有 40 多万员工。规模大绝不是员工跳楼自杀的借口。想想看，我们过去的鞍山钢铁，也是 40 多万人，今天的中国石化员工总数在 100 万以上，有谁听说过这样的企业员工连续性跳楼自杀？如果说跳楼员工心理不健康，那也是富士康的问题，是因为员工进入了富士康。所以笔者坚持认为最需要做心理疏导的并不是富士康员工而应该是富士康老板郭台铭。笔者奉劝一句郭台铭，多到大陆大型国企走一走，看一看，借鉴借鉴国企人性化管理经验，别光顾着自个儿数钞票。

争论富士康是不是“血汗工厂”已经变得毫无意义，事实胜于雄辩。郭台铭你也可以拒绝转变管理方式尤其是人力资源管理方式，我们关切的是富士康如何杜绝第 13 跳。

大师彼得·德鲁克早年就说过：管理不在于知而在于行。富士康不是要亡羊补牢么，郭台铭如何做，我们拭目以待……

企业“取经”，“唐僧”安在

西游记唐僧团队历经九九八十一难终于取得真经，靠的是什么？靠的就是一个结构化团队以及团队协作和团结奋斗，而唐僧无疑是取经团队的核心。“孙悟空”常有，而“唐僧”不常有。唐僧不仅是学识渊博的一代高僧，更是一位信仰坚定、志向远大、坚韧不拔的优秀领导人。

张纪中重拍《西游记》，引发媒体热议，反对者有之，支持者亦有之。在笔者看来，张纪中不过是一位用艺术家的大胡子包装起来的商人，受各种利益因素驱动和支配，无论如何也拍不出什么经典传世作品。不过笔者注意到2012年9月14日张纪中在甘肃临潭冶力关举行的《西游记》重拍开机仪式上对唐僧形象做出的诠释，倒是让我对张纪中版《西游记》产生了一种期待。张纪中表示，在新版《西游记》中，他会把唐僧塑造成一个硬汉和一位坚毅的团队领导者。这不仅是对杨洁版《西游记》“细皮嫩肉、胆小怕事、怯弱无能”唐僧形象的颠覆，也很有可能成为新版《西游记》的最大看点之一。

历史上不少学者对古典名著《西游记》进行过研究，比较一致的看法是，《西游记》为丰富和发展团队管理思想做出了极大贡献。唐僧团队历经九九八十一难终于取得真经，靠的是什么？靠的就是一个结构化团队以及团队协作和团结奋斗，而唐僧无疑是取经团队的核心。唐僧不仅是学识渊博的一代高僧——被梁启超赞誉的“千古第一人”，更是一位信仰坚定、志向远大、坚韧不拔的优秀领导人。实践证明，唐太宗命唐僧带队上西天拜佛求经是一个非常正确的人事决策。

西天取经团队领导人为什么会是唐僧，原因主要有五个方面：

1. 唐僧志存高远、心怀宏图

唐僧原形是唐代高僧玄奘大师，心怀西天取经的宏图壮志，与唐太宗的心愿不谋而合。《西游记》第十二回中太宗问“谁肯领朕旨意，上西天拜佛求经”，唐僧道“贫僧不才，愿效犬马之劳，与陛下求取真经，祈保我王江山永固”。一个团队领导人最重要的是要有使命、有愿景、有目标，并让团队成员深刻认识实现目标的意义。这对建立团队信任和忠诚以及凝聚力量和鼓舞士气都具有关键作用。

2. 意志坚定、坚韧不拔

唐僧受唐太宗之命西行取经，临行之际誓言“我不取真经，永堕沉沦地狱”，足见其西天取经的信念和决心。漫漫取经过程，无论妖魔鬼怪陷阱还是疾病死亡威胁，都阻挡不住其西行的坚定与执着，终于成功跨越九九八十一难取得真经。领导人有了这样一种不达目标誓不罢休的精神气概，团队成员一定会倍受鼓舞、倍感欣慰。这种精神力量无疑将激励大家竭尽所能，排除万难，勇往直前。

3. 慧眼识才、知人善用

唐僧虽然学识渊博，但西行取经绝非个人亲力亲为即能成事。取经伊始，唐僧孤身徐徐前行，遇到许多困难无法解决。他认识到必须组建团队而且是一个结构化的团队才可以继续西行。他先是救出压在五行山下500年的孙悟空，收得蛇盘山的白龙马，后来吸纳了在高老庄当女婿的猪八戒及流沙河的沙悟净，西天取经团队正式组成。唐僧根据团队成员各自特点，用其所长。大徒弟孙悟空本事了得，有火眼金睛，会七十二般变化，降妖斩魔，一路扫清路障；猪八戒生性乐观、热情，且宽容、大度，在团队中主要发挥协调作用；沙悟净循规蹈矩，爱岗敬业，踏踏实实做好辅助性基础性工作；白龙马做好伺从，关键时候奋勇救主。唐僧本人志向宏远、学识渊博，毫无疑问是团队的领导人，是团队灵魂和精神领袖。可以说，正是因为组建了这样一个结构化的团队，才得以战胜迢迢西行之路的千难万险和千辛万苦。

4. 拥有控制局势的能力

唐僧奉行无为而治，保持一个领导人“泰而不骄、威而不猛”风格，但作为一个大学者，他深知“法不容情”和“慈不掌兵”的道理，必要时候必须动用重典，以控制局势和维护组织的团结与统一。譬如对孙悟空，孙悟空号称齐天大圣，天不怕地不怕，猴性难改，动不动就翻脸，经常惹出乱子。唐僧平时对这个能力突出的徒弟仁爱有加，但一旦他猴性大发且执意越轨犯规之时，唐僧就会动用其“杀手锏”——“紧箍咒”，一念就灵。

5. 严于律己，经得住各种诱惑

唐僧西行之路一路走来，面临各式声色诱惑。但唐僧信仰坚定，目不斜视，心中只有“取经报国”的宏伟目标。唐僧十七年如一日坚持“目不视恶色，耳不听淫声”，这不是普通人的境界。团队领导人需要的就是这样的境界。

分析唐僧领导素质和能力表明，唐僧具备足够的领导能力担当西天取经重任。唐太宗选择唐僧出征求经，也足见一代贤主的伟大英明。一个团队的领导人，其实不需要有三头六臂，也不需要十八般武艺样样精通，具备唐僧这样的素质和能力就是一个好的团队领导人。选任取经团队领导人是如此，选任政府部门领导人或企业领导人亦是如此。笔者记得2007年3月读到过《南方周末》记者写的一篇文章《为什么是习近平》，这篇文章对中央任命习近平任上海市委书记的人事决策进行了分析。大家都知道，2006年发生了“陈良宇社保案”之后，人们对新任上海市委书记的到来充满期待，所以新任上海市委书记的选任格外令人关注，其中不乏多种版本的揣测。2007年3月24日，习近平空降上海，这一悬念终于破解。为什么是习近平而不是别人呢？我们认为与五个方面的素质和能力是分不开的。

办企业犹比西天取经，同样面临千难万险千辛万苦。企业都希望能够实现基业长青，可我们看到的是，流星企业却比比皆是，基业长青企业如凤毛麟角。笔者认为，最根本原因就在于我们许许多多的企业缺乏一个像“唐僧”这样的灵魂人物以及由他领军的高层经营管理团队。笔者多年从事企业管理咨询服务工作，接触了许许多多的企业老板。一个突出的感觉就是，每一家企业都不乏“孙悟空”的身影，“八戒”、“沙僧”、“白龙马”也随处可见，唯独难觅“唐僧”的踪迹。许多企业老板都很强势，个人能力也非常出众，无论内政外交还是决策执行，事必躬亲。这样的老板即便十八般武艺样样精通，他最多只是一个“孙悟空”罢了，而“孙悟空”恐怕是永远也取不来“真经”的。企业创业守业、做强做大、走向卓越，路曼曼其修远兮。企业非常需要“孙悟空”这样的精英人才冲锋陷阵，但更需要具有“唐僧”那样领导素质和能力的领袖人物。这不仅是研读古典名著《西游记》得到的启发，更是现代企业持续发展壮大的本质要求，是优秀企业走向卓越的经验总结。

“孙悟空”常有，而“唐僧”不常有。没有“唐僧”的团队一定不是一个完整的团队，“唐僧”缺位的企业则一定是一家没有发展前途的企业。企业有了“唐僧”，便会有“孙悟空”，也会有“八戒”、“沙僧”、“白龙马”。我期待我们的企业都能够在“唐僧”的领导下，依靠团队的力量，从创业走向成功，从优秀走向卓越。

史玉柱蜕变：从恶俗广告策划人到优秀团队领导者

巨人网络在纽交所上市，他的团队成员出现了21个亿万富翁，186个百万千万级富翁，史玉柱认为这是让他人生感到最有成就感的一件事情。总结巨人和史玉柱的成功经验，有一点必不能忽视，史玉柱除了拥有天才级策划能力以及超凡的营销管控能力之外，那就是拥有十分突出的团队领导力。

巨人脑白金和黄金搭档背负广告“恶俗”的骂名一路走来，创造了中国保健品市场几乎是空前绝后的销售业绩；巨人一款名为“征途”的网络游戏更是创造了210万玩家同时在线的网游纪录，单凭这款游戏即成功在纽约证券交易所上市。从巨人脑白金到巨人网游，给人的感觉是，史玉柱在创造一个又一个几乎难以模仿不可复制的商业神奇。史玉柱和巨人的成功凭什么？

史玉柱这只掩埋在珠海“巨人大厦”废墟中的不死鹰能够很快就东山再起并屡创奇迹，其能量的爆发绝非单凭史玉柱一人之内功。应该说，是史玉柱本人和坚定追随他的核心团队共同演绎了健特生物和巨人网游的商业神话。

总结巨人和史玉柱的成功经验，有一点必不能忽视，史玉柱除了拥有天才级策划能力以及超凡的营销管控能力之外，那就是拥有十分突出的团队领导力。只不过这种能力并非来自他的天赋，而是巨败和巨痛教训的凝结。从“首富”到“首负”，痛定思痛，史玉柱总结出了许多血的教训，其中最为可贵的一条，就是发现了他本人的“短板”。他真正认识到，自己不具有突出的执行能力，巨人日后东山再起，必须充分发挥团队的力量。健特生物和巨人网游两家公司正是因为充分激发出了团队的力量，才取得了如此辉煌业绩。

研究史玉柱二次创业以来在打造和培养职业经理团队方面的成功经验，主要有四个方面：

1. 选人用人看重素质

素质主要包括道德素质、文化素质以及能力素质。史玉柱选人用人，坚持“又红又专”标准，他多次强调“人品要好，要有本事”，“德是基础，才是标准”，“人品上乘，可用之才”。史玉柱下海20年，跟着他的团队司龄大多在15年以上。文化素质方面，目前12名高层骨干无论是一次创业追随者还是二次创业参与者，全部都是名校毕业，其中硕士学历占一半。另一半虽是本科毕业，但其所在专业却在国内高等院校中排名领先。能力素质方面，多数高管人员在巨人都是从基层做起，四位“火枪手”都是普通员工做起，能力一步一步成长。今天能够做到高管职位的人无疑是综合素质之佼佼者。谈到人才素质，有一个倾向值得注意，那就是民营企业大多偏重道德素质而偏废文化素质和能力素质。

2. 老板须有人格魅力

企业靠什么凝聚人，当然是企业文化。民营企业拥有什么样的企业文化，主要取决于老板的价值观以及老板的待人处事方式。老板的价值观及其行为方式能够被更多的人认同和接受，说明老板的人格魅力指数就更高。所以，对民营企业而言，老板的人格很关键，老板的人格魅力就是凝聚团队的主要力量。史玉柱一次创业时期傲慢清高，刚愎自用，脾气也不好，为什么还能够凝聚团队生死相随呢？分析史玉柱的个性特点主要有四点：一是有激情，对事业执着；二是待人诚恳，讲义气重感情；三是为人大度，不斤斤计较；四是言而有信，言必行，行必果。这四点恰恰是构成企业文化的核心元素。可以说任何一个人，做好这四点，都会有人格魅力。民营企业家更是如此。所谓“情到深处以心相许”，这就是人格魅力的凝聚力。反观我们另一类民营企业老板，重利轻义，嘴上说一套，行动做一套。这样的老板毫无人格魅力可言，这样的企业抓住了机遇能赚点钱甚至暴富，但决然做不出一番大事业。

3. 满足人才利益需求

职业经理团队是综合素质相对较高的一个阶层，史玉柱认为，他们的要求一是合理的待遇，二是能够实现自我价值。对这个团队实施激励，最重要就是两招，一给票子，二给位子。用专业一点的话讲，一是物质激励，二是职业发展。巨人第一次创业时，史玉柱还用事业心和企业文化来淡化员工的利益诉求；二次创业阶段，史玉柱认为员工“为了钱是很正当的，完全可以放在桌面上说，做出多少贡献就应该给他多少报酬”。史玉柱给团队成员的待遇，要高于他们自己的期望。巨人网络在纽交所上市，他的团队成员出现了21个亿万富翁，186个百万千万级富翁，史玉柱认为这是让他人生感到最有成就感的一件事情。“将欲取之，必先予之”。先满足员工再满足老板，这是史玉柱的共赢逻辑和发展逻辑。我们许许多多的民营企业坚守自己的利益优先，到头来只能陷在利益博弈的“囚徒”困境中不能自拔，企业利润“蛋糕”永远难以做大。

4. 职业经理培养为主

职业经理究竟是自己培养还是“空降”，一直存在争论。目前，史玉柱采取的是以培养为主、“空降”为辅的方针。笔者认为，史玉柱目前对待“空降”的观念和态度是客观的，也是正确的。其实，关于是否“空降”人才，史玉柱的观念经历了一个不断认识不断转变的过程。二次创业之初，史玉柱奉行极端的实用主义理念，“坚决不用空降兵，只提拔内部系统培养的人”。笔者分析，这可能与史玉柱以前的教训有关。1994年春节后，史玉柱曾请北大方正集团总裁楼滨龙出任巨人集团总裁，结果却并不成功。我们认为，巨人第一次空降总裁未取得成功，主要原因在于公司治理结构不完善和决策体制不科学，归罪于“空降”显然有失公允。

可喜的是，史玉柱后来的观点悄然发生了一些转变，他提出“我会尽量多使用自己公司内部培养起来的员工。如果是搞实业，我觉得引进‘空降兵’肯定不好，成功率会极低。但是，如果是做投资业务，我不反对引进‘空降兵’”。他多次拿树根来阐述自己对“空降兵”的看法。一棵参天大树，必须有深扎在地下的根，这种树最不怕大风。笔者姑且称之为“树根”模型（有别于管理学上的“树根”理论）。正是依据“树根模型”，史玉柱至今对“空降”采取谨慎做法。中国民营企业老板认同“树根模型”的人大有人在。笔者咨询服务的企业中，有60%～70%的老板都对“空降”持谨慎态度。

笔者多年从事管理咨询工作，对“空降”成功和失败案例进行过大量研究。在笔者看来，“空降”毫无疑问是有效解决中国民营企业高层职业经理短缺的重要途径，尤其是对企业急需配置的、对专业背景有特殊要求的高层管理人才。另外，值得注意的是，适当从外部引入职业经理，可以优化团队的智力结构，可以给企业注入新的活力。尽管“空降”有可能出现“水土不服”而失败，但空降成功的案例依然并不鲜见。譬如，郭士纳空降IBM，创造了“蓝色巨人”新的辉煌；卡莉·菲奥莉娜空降惠普，使惠普的经营规模和经营业绩都迈上了一个新台阶。笔者给企业提出的建议是，现阶段的中国民营企业职业经理团队建设，可以采取培养为主、“空降”为辅的基本方针，内部培养比例大体控制在2/3～3/4为宜。巨人网络公司现有高管团队的构成大体符合这样一个比例，现有12名高管成员中参与一次创业的“老巨人”有6位，其他6人中有5人以高管身份“空降”巨人，“空降”比例达到了40%。

维也纳爱乐乐团为什么没有南郭先生

乐手的优胜劣汰机制才造就了维也纳爱乐乐团的独一无二。维也纳爱乐乐团但凡容忍“南郭先生”存在一天，也绝无可能存活到今天。一个乐团也好，一家企业也罢，唯有变革和创新才是不变的主旋律，唯有优胜劣汰才是永恒的真谛。

维也纳新年音乐会自1939年元旦开始奏响它那美妙的旋律，持续至今已历经74个春秋。目前有73个国家的电视台转播维也纳新年音乐会，无疑，维也纳新年音乐会这一席美仑美奂的视听盛宴成了全球亿万乐迷一年一度的最幸福期待。

中国中央电视台从1987年开始转播维也纳新年音乐会，至今已经转播了27年，期间大部分年份元旦之夜我都守候在电视机旁。这些年一直从事管理咨询工作，收看维也纳新年音乐会让我思考最多的一个问题就是：维也纳新年音乐会为什么这么独具魅力、令人期待？为什么这么生机永恒、激情永驻？

维也纳新年音乐会发祥于1847年新年前夜维也纳郊外的一场露天舞台，老约翰·施特劳斯亲自指挥自己的乐队演奏音乐会。直至1939年12月31日，维也纳爱乐乐团举行了一场全部由施特劳斯家族作品组成的音乐会，自此形成维也纳新年音乐会的定式。此后每年的新年元旦，维也纳爱乐乐团都会举办新年音乐会，演奏约翰·施特劳斯家族的作品。74年来，每年几乎在固定的时间和固定的地点（个别年份除外），由世界上独一无二的维也纳爱乐乐团演奏相对固定的曲目。有人说，维也纳新年音乐会取得的辉煌成功源于其对经典的坚持和对传统的固守。固然，维也纳新年音乐会对经典的传承和对美好传统的固守，的确让人觉得经典和传统是如此的美好，让严寒冬季里的人们心里流动一股幸福的暖流。但是，维也纳新年音乐会的巨大成功绝不仅因为此。多年收看新年音乐会的乐友也许会发现，每一年的维也纳新年音乐会，都会有一些新的变化和创新，譬如：

1959 年维也纳新年音乐会第一次进行电视转播，也就是从这一年开始，维也纳歌剧院芭蕾舞团专门为新年音乐会配上了古典的维也纳舞蹈，这一传统一直保留至今。

1987 年的新年音乐会上，当《拉德茨基进行曲》响起时，观众忍不住开始鼓掌打节拍，卡拉扬即兴转身指挥观众击掌互动，掀起全场高潮，以后很多指挥都如此仿效。

1989 年的新年音乐会上，当《蓝色多瑙河》响起时，观众的掌声打断了艺术家们的演奏，乐队指挥克莱伯面向观众，发表新年祝词，此后每届新年音乐会上这一环节都得以保留，1996 年乐团指挥洛林·马泽尔更是用中文向全世界问候“新年好”。

乐友都知道，《蓝色多瑙河》和《拉德茨基进行曲》每年都会作为经典曲目之经典年年演奏，但在 2005 年的新年音乐会上，为悼念印度洋海啸的遇难者而取消了这一曲目。

在 2008 年维也纳新年音乐会的电视转播过程中，奥地利广播公司首次在音乐会电视直播信号中加入中国钢琴家郎朗向全世界的乐迷问候新年的画，也正是在这届音乐会上维也纳爱乐乐团特别挑选了老约翰·施特劳斯的《中国人加洛普》（老约翰 226 号作品），作为献给在中国举办的奥运会这一盛事的礼物。

2012 的新年音乐会，在演奏第一首加演曲目——爱德华施特劳斯的《永不休止快速波尔卡》时，指挥威尔瑟·莫斯特先生为纪念作曲家当年在火车站完成创作，干脆以一个火车信号灯作为指挥棒，面向乐队亮出红、绿颜色，给人以一种久违的新颖别致之感。

……

维也纳新年音乐会把真情与艺术融为一体，和谐得体，无一不体现举办者的匠心独运，让一年一度的新年音乐会充满浓浓春情和无限爱意。

尤其值得一提的是，参演每一年维也纳新年音乐会的乐手都会有一定程度的变化，演奏者中每年都会出现许多新的面孔，维也纳爱乐乐团一直采用严格的优胜劣汰的竞争机制选拔乐手，以此保持乐手才艺的最高水准；从1987年开始，乐队指挥实行年年更新制度，每年在全世界范围内遴选最优秀的大师来指挥维也纳新年音乐会，让一位位才华横溢的音乐大师源源不断地给新年音乐会注入新的激情。

大家都知道，音乐会的主体是乐团，乐团的灵魂是指挥。正是乐手的优胜劣汰机制才造就了维也纳爱乐乐团的独一无二，正是乐队指挥的杰出才华指挥着维也纳新年音乐会不断攀向一座又一座艺术巅峰。

想想看，我们做经营管理又何尝不是如此呢？中国自古流传南郭吹竽的故事，今天，我们低头看看我们的企业，我们的管理团队，“南郭先生”依然大有人在。我们的人力资源优胜劣汰机制还是很不健全，很不完善。我们企业领导人嘴上天天喊什么“创建一流企业”、“追求卓越”，岂不如同痴人说梦。笔者断言，维也纳爱乐乐团但凡容忍“南郭先生”存在一天，也绝无可能存活到今天。其实，一个乐团也好，一家企业也罢，唯有变革和创新才是不变的主旋律，唯有优胜劣汰才是永恒的真谛。一个乐团、一家企业，乃至一个政府、一个民族，其细胞中是否含有变革和创新的基因，其血脉内是否流淌着变革和创新的滚烫血液，最终决定了它的生机活力，决定了它的成败兴衰。

也谈“富二代”如何接班

中国民营企业都希望把财富留给自己的亲属，把企业领导权杖交给自己的子女，心情可以理解，但创业容易守业难，惟有贤能子女才有可能守住这份家业事业。所以须坚持“唯贤能是举”原则，并通过市场机制来选拔和确认接班人。

希望“富二代”能够子承父业，担负传承家业事业的重任，是绝大多数民营企业老板的心愿。当然，如果“创业一代”和“富二代”之间能够实现家族“政权”顺利交接，“富二代”能够推进企业稳健持续发展，对国家和社会都是一个一个福音。江苏是民营经济大省，民营经济占全省经济总量的比例高达51.3%，能否有个高素质、德才兼备的接班人，不仅事关企业自身兴衰，也与全省经济发展、百姓就业息息相关。所以从这个高度看，江苏省委不愧是“经济省委”，所想所做都是经济，抓的就是“发展”这个党执政兴国的第一要务。笔者以为，江苏省委非常重视民营企业事业的传承，实属一种战略远识。但以省委名义组织实施“千名民营企业家后备人才培养工程”，不免令人产生一些隐忧。

由省委高调组织实施一项被媒体称之为给“富二代”提供“免费午餐”的民企接班人培养计划，至少存在两个方面的问题：

其一，有给“富二代”“镀金”的嫌疑。培训可以增长知识、提高能力。但是参加同一个培训班学习的学员，各人成绩都是不同的，有的人即便参加了培训，也不会有任何提升。江苏省委组织“富二代”培养计划，给“富二代”的感觉就好像是进了中共党校或“黄埔军校”一样。受训学员回到企业去，显然都会有一种镀过金的优越感。大家都知道，将军其实并不是军校培养出来的。同样，一个企业的接班人也不是这样的培训计划就能够培养出来。

其二，可能会破坏企业接班人选任规则，也会影响人才自身的成长规律。中国自古有“富不过三代”之说，根本原因就在于：重感情，轻规则。市场经济条件下无论民营企业也好，国有企业也罢，都是市场主体、企业法人，都需要遵守市场规则。企业接班人（领导人）的选任也需要讲究规则。美国通用电气公司新一任 CEO 从上任之时就开始选拔下一任 CEO，如何选拔呢，通过多年的实践考察和绩效考核进行选拔，通过市场竞争机制进行选拔。受几千年封建文化的影响，中国民营企业都希望把财富留给自己的亲属，把企业领导权杖交给自己的子女，心情可以理解，但创业容易守业难，惟有贤能子女才有可能守住这份家业事业。所以须坚持“唯贤能是举”原则，并通过市场机制来选拔和确认接班人。江苏省委组织“富二代”培养计划不但助长了中国民营企业“权杖”内传的风气，还给人一种民企接班人可以速成的感觉。

民营企业接班人究竟是如何“炼”成的，李嘉诚先生和他的企业成功经验也许对我们有所启发。李嘉诚在谈到如何做一个好老板时说过，他之所以能够做一个好老板，一个重要原因就是自己年轻时期有过一段打工受薪的经历，懂得打工之酸甜苦辣。正因为有打工受薪经历才使他深深懂得如何善待员工。李嘉诚是中国人，当然也希望把事业传承给自己的两个儿子。如何把两个儿子培养成接班人呢？大儿子李泽钜 15 岁、小儿子李泽楷 13 岁时即被送去美国读书，上学期间需要的零花钱，由他们自己业余时间打工获得。李泽钜在麦当劳餐厅做夜间兼职，李泽楷在高尔夫球场当了三年多球童，使他们不仅懂得了挣钱的艰辛，而且磨练了身心；并为日后经商打下了坚毅不屈的性格基础。

所以，笔者以为，“打工受薪”应作为民营企业接班人培养计划的一个“必修课程”。“打工受薪”系指隐藏“富二代”身份通过人才市场去谋取职位和获得薪水。打工可以让“富二代”懂得如何目光平视，平等待人；可以学会上下左右内外人际交往艺术；可以培养民主意识和团队精神……

笔者相信，凡能顺利通过“打工”锻炼，并通过打工提升了自己的才能和做出了优良业绩者，一定会是民营企业接班人的最有力竞争者。

岗位管理——管理秩序之源

中华民族自古讲究“内方外圆，持经达变”之道。“方”为方正，“圆”为圆通，“方”为“经”，“圆”为“变”。结合岗位管理讲，定岗定编是“方”，岗位协作和员工相互沟通则是“圆”；一个岗位既要明确岗位职责，又要明确岗位之间的纵向横向沟通关系。

一、布朗运动的启示

1827年英国植物学罗伯特·布朗利用一般的显微镜观察悬浮于水中由花粉所迸裂出的微粒时，发现微粒会呈现不规则运动状，这一重大发现被后人称为“布朗运动”（见图3-2）。“布朗运动”证实了物质世界分子的不规则运动，给了人力资源管理以有益的启示。

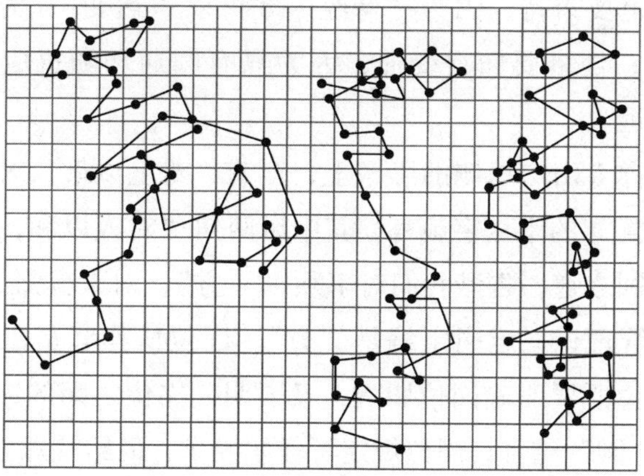

图3-2　毫无规则的布朗运动

众所周知，企业是人的集合。大型企业员工数以万计，中石化和中石油员工数量更以百万计。想想看，这么多人，要是模拟一下物质世界的“布朗运动”，那是一幅多么可怕的混乱场景。

当然，人不是微观世界的分子原子，人自小受到各种教育，都有自律。但即便如此，对一个企业来说，如果不进行科学定岗定编并明确岗位责权，也必定会有近似于“布朗运动”的情形出现。

二、“内方外圆”与岗位管理

观察中国古代钱币，不难发现一个共同特征，那就是“内方外圆”(见图3－3)。有方有圆，持经达变，方圆结合，有规有矩，折射出中华文明源远流长的独特文化。

图3－3 中国内方外圆的古钱币

中华民族自古讲究“内方外圆、持经达变”之道。“方”为方正，“圆”为圆通，“方”为“经”，“圆”为“变”。内方外圆比喻人内心端正，表现圆通。方为做人之本，是做人的原则，是做事的规范，是不可以变不可以妥协的东西；圆是处世之道，是随机的变通，是合理的顺应。原则要坚定，规范要秉持，因为“持经”才可以“达变”；为人要圆通、得体，给人面子，处事要懂得变通，因为只有圆通和随机应变，才可以适时，才可以致远。

台湾中台禅寺山门一侧的影壁上，刻有“对上以敬，对下以慈，对人以和，对事以真”的十六字箴言，其中后两句“对人以和，对事以真”很好地体现了方圆之道，告诫我们对事须以“方”，对人应归“圆”。

结合岗位管理讲，定岗定编是“方”，岗位协作和员工相互沟通则是“圆”；一个岗位既要明确岗位职责，又要明确岗位之间的纵向横向沟通关系，是“方”“圆”结合；岗位规定了任职要求，但给特殊人才设置了特殊通道，也是“方”“圆”结合；按照“岗位独立性”以及“工作相对满负荷”原则实施定岗定编并配置人力资源是“方”，但本着“有情安置”精神给予公司老员工一个过渡期的安排，又是“圆”的体现。可以说，岗位管理工作处处逢“方”见“圆”，足见中华传统文化对企业管理的深远影响。

管理就是该做什么就做什么

管理其实一直在追求这样的境界——该做什么就做什么，该做好什么就做好什么。政府机构、社会组织、工商企业之所以需要管理，其本源就是因为该做什么的没做什么，该做好什么的没做好什么。

该做什么就做什么！管理其实就这么简单。

做管理的应该反复追问一个常识性问题，宇宙也好，世界也好，和谐的本原究竟是什么？

我们可以来玩一次“穿越”，让《共好》的作者肯·布兰佳把我们带进原始森林。在原始森林里观察松鼠的劳动过程，松鼠为了给即将到来的漫长冬天储存足够的粮食，它们开始了一年最忙碌的时光。你会看到，一只松鼠常将许多向日葵种子分几处贮存，有条不紊；有时还能见到松鼠在树上晒食物，不让它们变质霉烂。通过观察松鼠的劳作过程，你会发现在整个过程中，松鼠都是自动自发、积极主动地工作，看得出它们心情愉悦、表情轻松，不仅干劲十足，而且节奏快、效率高。

我们还可以去观察海狸修筑堤坝的过程，同样可以发现，海狸们的忙碌完全是有条不紊的，无论是寻找树枝、用牙齿弄断树枝，还是在水中运送树枝，它们都以自己熟练的方式工作，它们完全自主决定自己的工作方式，自主控制实现目标的过程。

我们是不是观赏到了一幅自然和谐的美妙图景？在松鼠和海狸的世界，既没有“胡萝卜”，也没有“大棒”，它们完全是在自动自发地工作，因为他们知道该做什么，而且知道怎样去做好。

原来，管理之道，道法自然！管理不如返璞归真，回归自然。

其实，自然界的万事万物具有相当的理性。如果不遭受人为干扰和破坏，自然界也许是一个非常和谐平衡的生态系统，资源的配置和角色的安排都非常得当甚至可以说精巧，自然界万事万物都在尽心竭力扮演各自的角色，履行各自的职责，一如太阳每天从东方升从西方落。

管理其实一直在追求这样的境界——该做什么就做什么，该做好什么就做好什么。

政府机构、社会组织、工商企业之所以需要管理，其本源就是因为该做什么的没做什么，该做好什么的没做好什么。

什么情况下需要管理？妻子不像妻子，丈夫不像丈夫，父母不像父母，儿女不像儿女，需要管理；司机乱闯红灯，行人乱过马路，商人短斤少两，官员贪污腐化，老师误人子弟，宠物随地便溺，需要管理；员工不像员工，老板不像老板，在岗不能尽责，工作没有效率，贡献没有回报，好坏没有标准，需要管理……

究竟是谁搞垮了巴林银行

里森一人身兼新加坡期货交易部和清算部经理二职，把两个互为监督的岗位之间的风险防火墙给拆除了。没有监督，没有过程控制，一个岗位管理上的疏忽加上一个胆大妄为的赌徒，让巴林银行走向万劫不复。

巴林银行（Barings Bank）是英国历史最悠久的银行之一，于1762年由法兰西斯·巴林爵士（Sir Francis Baring）所创立，拥有233年的经营历史。由于经营灵活变通、富于创新，巴林银行很快在国际金融领域获得巨大成功。可是随着1994年一纸任命书的生效，巴林银行的厄运随之降临。

1994年，一位名为尼克·里森的小伙子，被巴林银行里任命为新加坡期货交易部经理，同时兼任新加坡期货清算部经理。就是这位初出茅庐的里森，从1994年底开始未经批准就做起了风险很大的被称作“套汇”的衍生品金融商品交易，期望利用不同地区交易市场上的差价获利。里森认为日本股市将上扬，所以大胆购进价值70亿美元的日本日经股票指数期货，不幸的是，日经指数并未按照里森的想法走。里森一不做二不休，以一种赌徒心理在日本债券和短期利率合同期货市场上作价值约200亿美元的空头交易，试图通过大量买进的方法促使日经指数上升。然而事与愿违，随着日经指数的进一步下跌，里森越陷越深，越亏越多，眼睁睁地看着10亿美元化为乌有。巴林银行有别于普通的商业银行，它不开发普通的客户存款业务，尽管拥有英国王室这样的特殊客户，但资金来源还是比较有限。当时整个巴林银行的资本和储备金只有8.6亿美元，巴林银行被迫于1995年2月27日宣布破产。

总结巴林银行破产的原因，有人归结为巴林银行对衍生品金融商品交易风险的监管缺失，这一说法显然有些牵强。银行业素来是最为重视风险监管的行业之一，有着200多年成功运营历史的巴林银行，其风险监管体系不可谓不健全。问题出在，一个谙熟巴林银行风险管理体系的尼克·里森，利用岗位设置上的一个疏忽，轻易地逃避了风险监管。

里森何以胆敢冒天下之大不韪铤而走险，原因完全在于里森一人同时身兼新加坡期货交易部和清算部经理二职。这两个岗位之间本来责权界面非常清晰，互为监督，可是由于里森一人兼任，把两个互为监督的岗位之间的风险防火墙给拆除了。没有监督，没有过程控制，一个岗位管理上的疏忽加上一个胆大妄为的赌徒，让巴林银行走向万劫不复，教训实在令人扼腕！

谨防“因事设岗”让定岗定编误入歧途

“因事设岗”并非定岗定编的科学性原则，它可能导致的后果是：一事一岗，大量岗位工作低负荷，岗位体系庞杂，岗位数量虚增，企业人浮于事，冗员日趋严重……

在人力资源管理教科书中，在许多有关的政府文件中，抑或在一些咨询公司的文案中，谈到定岗定编时，经常可以见到“因事设岗”的提法，都把“因事设岗”当成指导定岗定编工作必须遵循的一条原则。笔者以为，“因事设岗”这个说法本身没有错误，岗位须因事而设，编制要依事而定，但“因事设岗”并非指导定岗定编工作必须遵循的原则，不可把“因事设岗”当成教条。

在定岗定编工作中，必须防范一大错误，那就是因人设岗。因人设岗系指以人员安置为目的，为“特殊的人”量身定制岗位。为什么要因人设岗呢？因为企业存在一些“特殊的人”，而各种各样的理由必须让这些“特殊的人”留在企业，必须给这些“特殊的人”开工资，无可奈何。企业反正要给他们开工资，那就为他们特别设置一个岗位，别让他们完全闲着。至于他们究竟岗位履责怎样，工作绩效如何，几乎没人关心。当然，大家都心照不宣，秃子头上的虱子——明摆着的，不舒服，但就是不能去动它，痒也只能忍着。

显然，因人设岗必须摒弃。那因事设岗呢？也未必是什么“铁律”和“法宝”。因事设岗是相对于因人设岗而言，原意是根据工作、业务、事务的需要而设置岗位。但因事设岗存在一个因什么事设岗和因多少事设岗的问题，绝不是每一项工作、业务、事务都需要设置一个岗位，更不是每一项工作、业务、事务都需设置专职岗位。

例如，某企业下属运输部门设有“东风车司机、五十铃司机、切诺基司机、8吨水车司机、洒水车司机、垃圾车司机”等司机岗位，每一辆车固然都得有人去操作，可是每一辆车设一名司机岗位，其工作量饱和吗？再如某企业下属档案馆设有“科技档案、会计档案、基建档案、人事档案、文书档案”等档案管理岗位，每一个档案管理岗位就一个人，属于典型的一事一岗一人。还有，国有企业都要求按党章的要求设立党组织开展党建工作，按《工会法》要求开展工会工作。遵照“因事设岗”律条，我们的企业自上而下设置了大量专职党委书记、纪委书记、工会主席、党总支书记、党支部书记，有的企业甚至还设有专职党支部副书记岗位。似乎不设置这些岗位，就是不重视党的领导。企业都是党和政府领导下的企业。企业本来是一个专注于生产经营的市场竞争主体，设置如此多的专职党务和工会工作岗位，这大概也是坚持“因事设岗”教条思维惹的祸。

所以说，“因事设岗”并非定岗定编的科学性原则，它可能导致的后果是：一事一岗，大量岗位工作低负荷，岗位体系庞杂，岗位数量虚增，企业人浮于事，冗员日趋严重……

多年的咨询实践经验告诉我们，指导国有企业开展定岗定编工作的四项基本原则应该是：

（1）基于管理流程的需要；

（2）基于部门职能的分解；

（3）岗位关键职责比较突出；

（4）岗位工作负荷比较饱满。

岗位复合化——化解国企岗位乱象的法宝

运用岗位复合化原则，让一个岗位担当多项工作，能够大量减少“一人一岗”和“一事一岗”的情形，为优化岗位和精简人员找到了一个突破口。

给某大型国企提供组织和人力资源管理咨询服务，对这家国有企业岗位管理存在的主要问题进行了诊断，共归纳总结出八个方面的问题：

（1）岗位设置随意性较强，导致岗位数量较多。譬如杂工、勤杂工、协理员、职能组组长、供应工、质管工、统计工、材料工、考勤员、办事员等。

（2）岗位设置过细，导致岗位过于庞杂，不利于实现人力资源的优化配置。譬如：档案管理工作设置了科技档案、会计档案、基建档案、人事档案、文书档案5个岗位。

（3）岗位称谓不规范，与市场不接轨，许多岗位名称容易发生歧义。譬如普遍存在的科员、主办科员、班长、组长、队长、协理员、通讯员、微机操作员、油印工、复印工等岗位。

（4）岗位工作负荷偏低。如抄表工、栋长、市场管理工、退休职工活动室管理工等岗位。

（5）一人多岗，岗位核心职责不突出。譬如，某单位一个人同时既是安全员，又是行政秘书，还是团支部书记，一人兼三“岗”。

（6）岗位和职位不分。譬如：团支部副书记、团委副书记、党支部副书记、党总支副书记、支会主席、组长、班长等岗位。应该说，团支部副书记、团委副书记、党支部副书记、支会主席、党总支副书记属于一个职位，而不是一个常态性岗位；组长、班长大多为非脱产职位，而非一个岗位。

（7）岗位说明书缺失，岗位责、权、利以及岗位任职要求不配称，造成了“岗能不配、人不适岗、岗职不符、价薪分离”的岗位管理状态。

（8）岗位价值管理缺位，岗位估值体系紊乱，低价高配（系指岗位价值相对较低的岗位配置薪酬相对较高人员）现象突出，直接导致人力资源内部逆向流动。

这八个方面的问题可能是传统国企岗位管理普遍存在的问题。这些岗位管理问题直接导致的后果是：岗位冗员严重，员工忙闲不均，岗位协作困难，工作效率低下。针对上述岗位问题，我们除秉持“流程需要”、“负荷饱满”、“独立性强”、“专业化”等原则对岗位进行梳理以外，特别提出了一条“岗位复合化”原则。岗位复合化系指将具有相互关联性的几项工作并入一个岗位，使“一事一岗”变成“多事一岗 ”，一个岗位担当多项工作。正是运用岗位复合化原则使岗位管理优化工作如拨云见日，找到了优化岗位和精简人员的突破口。

譬如该企业的档案馆，其档案管理工作设置了科技档案、会计档案、基建档案、人事档案、文书档案5个岗位，分别定员1~2人不等。由于岗位设置过细，其中一个档案管理岗位人员如果出现休假或其他暂时性缺员，就会导致一段时间某类档案无人管理的状况。分析表明，企业档案管理分为5个岗位进行管理纯属人为设置，并非专业跨度要求分设。完全可以只设一个岗位即档案管理岗，化解分工与协作的矛盾。分岗与分工不同，同岗情形下员工既可以分工，也可以协作。分岗情形下要开展协作，难度就大了。所以说，企业岗位管理要尽可能减少“一人一岗”和“一事一岗”的情形，因为“一人一岗”和“一事一岗”不但招致“岗位冗员严重，员工忙闲不均，岗位协作困难，工作效率低下”，而且必然使岗位工作面临临时缺员或岗位员工流失风险。

国企管理类岗位存在岗位复合化的内在要求，操作以及辅助服务类岗位同样如此。譬如，某大型矿山的采矿场设有维修钳工和轮胎工两个岗位，分别履行当班运矿大车的机械维修和换轮胎的职责。这样的岗位设置存在的最大问题，就是你忙我闲，不相往来。运矿车辆发生机械故障时，维修钳工忙不过来，轮胎工蹲在一旁干歇；同样，运矿车辆需要换轮胎时，轮胎工干起来很费劲，而维修钳工躺在一旁自我逍遥。这样一种分岗分工状态，造成的后果一是工作效率低下，二是人力资源浪费。本来两个岗位的工作是可以协作配合的，就是因为两个岗位的分设人为划分了两个岗位的职责界面，导致井水河水老死不相往来。本来维修钳工和轮胎工两个岗位都是因保障运矿大车运行而设立，这两岗位的工作性质相近，并不存在较大专业跨度，完全可以归并为一个岗位，形成新的“大车运行维护工”岗位。既然是一个岗位了，大家一起搞机械维修或换轮胎，既省人力又省时间，达到了企业岗位管理追求的精干高效的管理目标。

岗位设置过细的问题在传统国企司空见惯。多年来，企业都想办法致力解决因岗位分设导致的岗位协作困难和岗位工作低效能问题，包括加强员工思想政治工作，大张旗鼓宣传协作精神等，但付出的努力都收效甚微。现在，“岗位复合化”的岗位设置新思维终让这个问题迎刃而解。

以“能”为本优化企业人力资源配置

“骏马能历险，犁田不如牛；坚车能载重，渡河不如舟。舍才以避短，资高难为谋。生材贵适用，勿复多苛求。”

——顾嗣协

一、企业人力资源配置究竟以德为本还是以能为本

自古以来，中国选人用人讲究德才兼备，认为只有兼具高尚品德和卓越才能的人，才算是可用之优秀人才。这种选用人才的思想与“崇尚完美、求全责备”的传统思维一脉相承，不过是选人用人的一种理想境界。但另一方面，中国又有“金无足赤，人无完人”的说法，意思是说真正德才兼备的人才只是凤毛麟角。如果在实际工作中尤其是现代企业人力资源管理部门坚持德才兼备思维选人用人，一个必然结果就是陷入既无人可招也无人可用的尴尬境地。

韩国国家足球队在2002年第17届世界杯足球赛上破天荒跻身前四强，赛事结束后，韩国企业迅速掀起了学习希丁克的热潮。希丁克这位荷兰籍主教练带领韩国队世界杯足球赛上取得令人惊叹的成绩，其成功经验最重要的一条，就是在选人用人方面坚持“唯才是举，唯能是用”。希丁克选拔队员，只看重那些在比赛中善于把握机会具有实力的球员。足球场上激烈对抗，比的就是能力，使用庸人便只有失败。

企业用人是同样的道理。当然，王石现在不这么看了，他最新抛出一个用人歪论：“办企业应该少用能人”。办企业不多用能人难道要多用庸人？他给出的依据是，能人往往是企业规章制度的破坏者。他把能人认定为规章制度的破坏者，把庸人认定为规章制度的模范遵守者，这没有逻辑啊。具有一技之长或一专之能的人都通称为能人，能人怎么就成了规章制

度的破坏者而非建设者呢？凭心而论，王石许许多多关于企业经营管理的思想令人十分欣赏，但他的“办企业应该少用能人”的论调对企业有误导之嫌，要么他就是“别有用心”。

德才兼备的人才，可遇难求，所以“德才兼备”很难成为绝大多数企业选人用人的标准。现代企业人力资源管理为什么不能固守“德才兼备”思维选人用人，现代企业人力资源管理为什么不能固守“德才兼备”思维选人用人，其中非常重要的原因在于，“德”的内涵容易被虚化，“德”的指标难以量化，尤其是“德”的东西潜伏于“冰山”深部难以触及。

1. “德”的内涵容易被虚化

“德”是什么？“德才兼备”中的“德”指的是道德品质或道德情操。至于道德品质具体指什么，无论是《辞海》还是其他词典，都找不到确切的答案。中国人一方面崇德尚德，另一方面又很难联系个体讲清楚“德”的具体内涵，无疑给组织和人事部门留下了一个难题。正是缘于对“德”的具体内涵难于把握，所以“德”在实践中容易被虚化，进而难以衡量。譬如，招聘面试环节，人力资源管理部门很难即时评估或者判断一个人的品德是不是高尚。而衡量一个人“才能”则可以通过文化程度、工作经验、执业资格、专业技能等级等量化指标判断其是否符合应聘岗位的基本要求。

2. “德”的指标难以量化

我们通常要求人才有高尚的品德和情操，可是什么样的“德”才算是高尚？是不是95分以上或者5分就是高尚？迄今为止，恐怕没有哪家机构建立起了一套科学测评个人道德品质的评价指标及评判标准体系，事实上也很难形成这样一套科学的评价指标和评价标准。实践中常见的只是定性而且模糊的鉴定，譬如该同志品德高尚，该员工品德还可以，品德没有问题等。品德没有问题等。已经被中纪委查办的前华润集团董事长宋林在被查办之前一直在高谈阔论他“唯德是用”的人才观。他说：“支撑领导力和影响力的不仅仅是你的业务能力，更重要的是你的德，是你的人性、人品、人德，否则你无法统帅千军万马。今后我们对中高层管理人员要特别强调对‘德’的考核。”可是“德”究竟怎么考核呢？他根本就不知道，仅仅是作为口号挂在嘴上而以。所以“德”在他这种投机者那里更多地成为了任人唯亲和清除异己的一个幌子。像宋林这样具有讽刺意味的案例不胜枚举，我们经常看到某同志刚刚经过道德品质考察和鉴定而获得提拔，不久之后就被纪委以腐败重案查处。出现这种有些令人匪夷所思的情况每每令组织和人事部门处于十分尴尬的境地，可事实上并非组织和人事部门不作为甚至有意“带病提拔”。因为缺乏一套针对个人道德品质的科学评价体系，“德才兼备”之“德”只好做出模糊的鉴定，这一模糊就给很多投机分子留下了很大的投机钻营空间。

3. “德”潜伏于“冰山”深部难以触及

“德”的一个重要特征是隐性而非显性，即便人有这样那样的道德缺陷，他也绝不会自贴标签。在伊斯兰国家，有给盗窃犯人盗窃一次剁掉一个手指的习惯做法，让盗窃犯的盗窃污点彰显于众，但这仅仅是个案。绝大多数情形下，“德”隐于人的灵魂深处，潜伏于“冰山”模型的最深部，除非东窗事发，通常很难以对个人的道德品质做出负面推定。这也正是屡屡出现“带病提拔”乃至“越腐越升”现象的重要原因。当然，我们说“德”隐藏很深难以触及，并不是说不可触及。选人用人部门可以通过组织调查、民意测验、微服私访等调查手段乃至先进的电子技术侦查手段，把某个重要岗位候任人选的个人道德品质了解得相对比较清楚，但是一个企业要采取诸如此类的方法把成千上万的员工的道德品质搞清楚，几乎是不可能的。因为企业始终有成本和效益的考量，企业经营管理活动不得不考虑投入和产出。理性务实的做法只能是，建立和完善经营机制和各项规章制度，充分发挥机制和制度的激励、监督、约束作用；建设和培养积极进取、健康向上的企业文化，充分发挥企业文化对员工行为的引导和规范功能，最终变道德他律为道德自律。

二、以能为本配置人力资源须遵循“扬长避短”原则

人是万物之灵，对个体来说，天生我材必有用；对企业人力资源配置而言，人人皆人材，岗能相适就好。以能为本优化人力资源配置，最关键一点就是要遵循“才重一技，扬长避短”的基本原则。

古代有一户复姓西邻的人家，育有五个儿子，一个朴实，一个聪明，一个盲人，一个驼子，一个跛子。西邻公针对五个儿子的能力特点，因人而异，分别引导和安排他们从事不同的职业：朴实无华的务农，机智敏捷的经商，盲人儿子卜卦算命，驼背的搓麻，跛脚的纺纱。西邻公的做法给现代企业人力资源配置提供了有益的启示。

清代诗人顾嗣协有一首《杂兴》是这样写的：“骏马能历险，犁田不如牛；坚车能载重，渡河不如舟。舍才以避短，资高难为谋。生材贵适用，勿复多苛求。”现代企业人力资源管理部门和各级领导务须客观、公正、正确地识别和评价人才，既要看到人才的长处，又要看到人才的缺点和不足，要做到扬长避短，不拘一格选用人才。

曾国藩在《才用》中阐述道：“虽有良药，苟不当于病，不逮下品；虽有贤才，苟不适于用，不逮庸流。梁丽可以冲城，而不可以窒穴；斄牛不可以捕鼠，骐骥不可以守闾；千金之剑，以之析薪则不如斧；三代之鼎，以之垦田，则不如耙。当其时，当其事，则凡材亦奏神奇之效，否则终无所成。故世不患无才，患用才者不能器使而适宜也。”这就是说，明明一个贤才，但如果用的不是地方，则完全可以成为一个废人、庸才。可见，人力资源配置好与不好，关键在于用人所长，扬长避短。

三、坚持以能为本优化人力资源配置须注意岗能配称

人各有其能，各有其不能。“校量长短，惟器是适”，这是浅显易懂的基本道理，但组织和人事部门也会屡屡发生岗能误配的错误。岗能误配的错误主要有两种：一是小能大任，另一则是大能小任。无论小能大任还是大能小任，于人于事都有害无益，必须引起高度注意。

1. 小能大任，误事败事

《淮南子》说得好，“短绠不可以汲深，器小不可以盛大。”《抱朴子》甚至说“才小任大，则泣血涟如”。无数经验教训表明，小能大任，轻则低效，重则误事乃至败事失事，足以令人哭泣出血，肝肠寸断。马谡何以失街亭？归根结底还是因为马谡的实际军事指挥才能达不到任职要求，他虽然自幼饱读兵书，但缺乏实战经验，根本不具备担任镇守街亭指挥官的

才能。马谡失街亭，诸葛亮为此“泣血涟如”，悔恨不已，这是中国历史上因用人错误而导致战争败局的经典案例。

2. **大能小任，害人害己**

“凤翱翔于千仞兮，非梧不栖。”枳棘丛中，绝非栖鸾凤之所。所谓凤栖枳棘，说的就是岗人配置的另一大错误——大能小任。大能小任，犹如牛刀杀鸡，虽说肯定可以把“鸡”给杀了，但由此将产生的一系列不良后果乃至恶果，亦为实践所证实。

最可能的后果就是“非暴力不合作”。俗话说，气不顺则心不平，明明“大能”却赴“小任”，怀才不遇，心里焉能痛快？大能小任者会持抵触心态，消极履职。譬如有“凤雏”之称的庞士元任耒阳县令，终日以酒糊涂，倦于视事。

第二种后果那就是负气辞职。麟不吠守，凤不司晨。此处不养爷，自有养爷处。这或许是对“大能小任”的最直接抵触，这种案例不胜枚举。所以有人给企业老板出招：想裁掉谁就令其赴小任。这是典型的损招，自然不属于人力资源管理科学范畴。再说，我们绝大多数企业并不处于人才过剩状态，恰恰相反，人才普遍紧缺，企业一将难求，而猎头市场却日趋兴旺。从这个意义上讲，“大能小任”是企业人力资源管理的悲哀。

还有一种更为糟糕的后果，那就是如果“大能小任”在企业形成风气，将极大损伤企业正气。天地有正气，杂然赋形流。企业正气不存，必然助长投机钻营、结党营私，其严重后果是，优秀人才不得其位而纷纷出走，后备人才看不到职业发展希望为前途而弃暗投明。这样的企业只有一个结果，那就是一步一步堕落到破产的那一天。

不管是“小能大任”还是“大能小任”，对企业发展的危害几乎是确定无疑的。那么如何才能避免这两种倾向呢？一个办法，那就是建立基于公开公正原则的岗位竞争机制，岗位竞争机制就如同阳光，置于阳光下的岗人配置，无论“小能大任”还是“大能小任”，都不再有藏身之所。

第四篇

薪酬分配制度的公正与效率

以“公正优先”破解企业分配困局

一个有失公正的企业，亦如没有阳光的阴霾天空令人感到压抑乃至窒息。一家公司，其薪酬制度是否渗透“公正”理念，反映该公司待人处事的品德，也反映该公司人力资源管理的科学性和规范性。判断一个企业薪酬制度是否“公正”，要看它是否具有四个方面的典型特征，即机会平等、标准统一、程序民主、契约在前。

一、公正与效率的因果逻辑

何谓公正？《辞源》解释为“不偏私，正直”。《说文》的解释是：公，平分也；正，正直。由此可见，公正可以理解为不偏不倚、正直，没有私心。

公正比阳光还要光辉。一个有失公正的企业，亦如没有阳光的阴霾天空令人感到压抑乃至窒息。一家公司，其薪酬制度是否渗透“公正”理念，反映该公司待人处事的品德，也反映该公司人力资源管理的科学性和规范性。薪酬制度是否“公正”，将直接影响员工的满意度和忠诚度，进而影响着员工工作的积极性、进取心和创造力，最终影响企业各项工作的效率，影响企业的发展，更影响企业的稳定。常听人力资源总监抱怨：人才招聘很困难，员工工作效率太低，人才流失率太高等。研究表明，人才“进不来、用不好、留不住”，大多与薪酬问题有关，而薪酬制度有失“公正”，则是问题之核心所在。所以说，“公正优先”是企业薪酬分配应该秉持的第一理念，公正是前提，效率是结果，公正是输入，效率是产出，公正是决定效率的先决条件。

提倡企业薪酬分配“公正优先”，主要基于三个方面的原因：

1. “效率优先”被广泛误读

“效率优先、兼顾公平”最早是中共中央党校周为民和卢中原教授于1985年在“社会公平与社会保障制度改革研究”的研究课题中提出来的。据周为民教授的解释，“效率优先”中的“效率”指的是社会经济效率。从经济学角度来讲，效率一般有两个方面的含义，一是生产效率，是可以用投入产出来表达的，这是一个狭义的概念；更重要的含义是指社会经济效率，关键是资源配置的效率和体制的效率。遗憾的是，“效率优先”被很多人狭隘地解读，好像讲效率就是不择手段地赚钱。1993年中共十四届三中全会通过的《中共中央关于建立社会主义市场经济体制若干问题的决定》提出了收入分配要“体现效率优先、兼顾公平的原则”。中央文件尽管是针对收入分配提出了“效率优先、兼顾公平”的原则，但这更多的是针对宏观经济层面而言，它主要是一个宏观性指导原则，意思是要制订一个相对宽松的政策，让一部分人先富起来，以效率拉动经济增长，以先富带动后富。显然，“效率优先、兼顾公平”的分配原则并非针对企业微观管理，更不是像有些人理解的那样“先扩大收入分配差距，再处理差距过大问题”。

2. “效率优先”提出的时代背景已经时过境迁

“效率优先”是改革开放初级阶段的产物。20世纪80年代中期至90年代初，有两个现象引起了理论界的高度关注，一是个体户、私营企业等“多种经济成分”已有相当发展，社会上出现了一批批的万元户，引发了“姓社姓资”的讨论；二是旧体制下国有企业平均主义大锅饭式的工资和福利制度亟待改革。在这样的历史背景下，“效率优先”的提出犹如“好雨知时节，当春乃发生”一样自然。如今已时过境迁，我国的基尼系数已经居高不下，财富和收入分配严重不公，已经超过中国社会和国际社会的容忍底线。尤其是这种收入分配的悬殊差距是以严重缺乏公正性为前提，就更让人感到“是可忍而孰不可忍”。在当下这样一种社会矛盾逼近临界点的状况下，再提倡“效率优先、兼顾公平”，显然已经不合时宜。

3. “公正”是衡量制度理性的第一标准

企业建章立制，可以类比于国家立法。人们常说法律是公正的，所以“公正”一词，常用于立法、司法、执法。公正是法永恒的和最高的价值。所以人们常听到的是公正的法律，很少听说“效率优先”的法律。就企业薪酬制度设计而言，最核心的一条是“公正”。只有“公正”，才可以产生“效率”，只有“公正”的，才是“公平”的。“公正”的薪酬分配结果一定是有差距的，“合理差距”本身就是“公平”的常态表现。约翰·罗尔斯在《正义论》提出了两个正义原则，一是平等自由的原则，二是机会的公正平等原则和差别原则的结合。这就是说，“公正”本质上并不排斥差别化，而是承认“合理差距”。只要薪酬制度做到了“公正”，那么任何结果上的差距都是合理的，哪怕是有人认为是悬殊的差距。

公正的薪酬制度是调动员工工作积极性、激发员工完成工作任务的主要工具，是引导员工奋发向上创优争先的重要手段，是构建和谐企业和实现员工体面工作、尊严生活的基础保障，没有公正的薪酬分配，就没有企业的和谐稳定，更谈不上效率。

二、公正的企业薪酬制度的典型特征

判断一个企业薪酬制度是否“公正”，要看它是否具有四个方面的典型特征，即机会平等、标准统一、程序民主、契约在前。

1. 机会平等

通常情况下，结果均等并不一定就公正，机会平等却是公正。约翰·罗尔斯在《正义论》中提出了机会的公正平等原则，他认为社会成员应该平等地分配各种基本权利和义务，同时尽量平等地分配社会合作所产生的利益和负担，也就是说，机会面前人们的权利和义务是均等的。机会平等是一个公正社会的本质特征。基层党组织正在推行一种“公正”选举制度，叫“公推直选”。广东梅州市石扇镇、石坑镇以公推直选方式选举出了新一任镇党委书记，而组织上推荐的候选人在两个镇同时落选。这种选举之所以说是“公正”的选举，就是因为非组织推荐的候选人有机会作为候选人参选镇党委书记。参选有当选和落选两种可能，结果并不是人们所关注的，人们关注的是非组织推荐的候选人有机会作为候选人这种做法，关注的是机会平等。

作为企业而言，应该深知机会对任何一名员工的重要性，应该给予每个员工竞争岗位和获取薪酬的平等机会。譬如说一个公司实行的岗位工资制度，岗位工资由岗位价值决定，在什么岗位拿什么工资，岗位不同工资不同。那么这就出现了一个问题，企业的每一位员工是否拥有竞争相对高薪岗位的机会？在国有企业传统人事管理体系内，人力资源配置由组织部门和人事部门主导，人事任命由组织部门和人事部门做出，员工几乎没有选择岗位的机会。这样造成的薪酬分配结果是，组织上说你行就行，安排你去岗位价值相对较高的岗位工作，你就可以获得与之对应的高岗位工资，组织上安排你去岗位价值相对较低的岗位工作，你就只能获得一份较低的岗位工资。机会不平等的结果就是不平则鸣，就是没完没了的抱怨以及“非暴力不合作”等。

2. 标准统一

标准就是度量衡，度量衡必须统一。企业如何计量岗位工资，如何计量绩效薪酬，如何支付津贴，都须有标准，譬如说岗位价值测评方案、绩效考核方案、津贴发放标准、销售业绩提成制度等。不但要有标准，标准还必须统一，即针对相同岗位或相同工种的标准必须相同，做到一把尺子量人，一杆秤衡物，一碗水端平。标准就是规则，要做到标准面前人人平等，不能因人而异。举一个例子，这是我们咨询服务过的客户，这家公司正处于快速成长阶段，许多岗位虚位待贤，招聘任务繁重且迫切，急需招聘的人才有不少还是市场上供不应求的稀缺性人才。公司领导大会小会上讲，要不惜一切代价招聘人才，对公司急需的市场稀缺性人才，薪酬可实行协议工资制度，年薪 50 万、100 万都不是问题。可是招聘工作一直进展缓慢，人才远远不能满足工作的需要。诊断分析发现，公司人力资源招聘主管之所以难有作为尤其是很难招进公司急需的市场稀缺性人才，关键原因在于该公司没有确定一个统一的认定“市场稀缺性人才”的标准，以及具有可操作性的薪酬标准。为此我们提出了两条咨询建议：一是由公司总裁办公会议讨论确定下一年度稀缺专业技术人才引进计划，计划中详细列明下一年度需要招聘稀缺专业技术人才的岗位和人数，人力资源部引进稀缺专业技术人才必须是该计划中列明的人才，该计划根据公司的人才紧缺状况实行一年一调整；二是规定不同岗位所需稀缺性人才的协议薪酬上限。有了一个统一的标准，人才引进工作很快就扭转了被动局面。

3. **程序民主**

民主和法治是实现公正的两条途径。司法上讲，程序公正是司法公正的逻辑起点。美国辛普森案最后的判决不少人认为不公平，但在法律层面讲却是公正的。尽管有证据证明辛普森就是杀害其前妻妮可的凶手，但由于警方办案程序存在纰漏，取证方式不合法，法院最后判定辛普森谋杀罪名不成立。2011 年 9 月 30 日，缅甸联邦议会突然高调宣布吴登盛总统在其任期内搁置中缅两国合作建设的巨大水利工程——密松水电站项目，不少国人为此愤愤不平。可是站在公正的立场上，应该对缅甸民选政府的这一做法给予理解。缅甸政府给出的解释是："缅甸政府是民选政府，因此，我们必须注意人民的意愿，我们有义务把重点放在解决人民的担忧和顾虑。"在一个民主法治社会里，一个政府做出的重大决策即便可以被证明是恰当的，但由于没有经过民主程序，照样可以不被认可乃至被推翻。民主首先是程序的民主，然后才是结果的民主。密松水电站项目系缅甸民选政府之前的军政府批准立项，当然没有经过任何民主程序，没有经过任何民主程序做出的重大决策，其公正性从何谈起。

企业薪酬制度建设事关每一位员工的切身利益，不经过民主程序而由少数人拍脑袋拍出来的薪酬制度绝难有公正性可言。所以企业制定薪酬制度应该倾听并充分吸纳绝大多数员工的意见和建议，薪酬制度草案应该请员工代表参加讨论，反复修改后的薪酬制度还应该提请职代会审议并进行公示，有条件的企业还可以考虑引入专业机构参与咨询论证。

4. **契约在先**

现代市场经济是契约经济，践行契约精神不仅是现代文明的要求，更是信守"公正"价值观的具体实践。企业薪酬分配同样需要严格遵守契约，按契约办事。企业录用员工，要按照《劳动合同法》的有关规定和员工签订劳动合同以及绩效合同，明确双方的权利义务，特别按照业已确定的企业薪酬分配制度，明确员工的薪酬分配标准和薪酬分配模式。双方达成协议即形成契约，只要按照约定的标准和模式兑付薪酬，无论结果多寡，都应该欣然接受，心安理得。实践中，我们看到有的企业在年终兑现时，不算不知道，一算吓一跳，感到如果按照有关契约兑现薪酬员工薪酬水平太高，心理失衡，于是以各种借口延期兑付或寻找理由减扣部分薪酬，这其实是对契约对公正的践踏。企业如果觉得当初有关薪酬契约条款不尽合理，可以协商修改或按照有关约定提出解除契约，但到了兑现的时候再毁约，这是绝对不能容允的。

遵守契约即为彰显公正，主要源于两个方面的原因：

一是契约是基于契约缔结双方平等自愿的原则而订立，契约精神体现了约翰·罗尔斯在《正义论》中提出第一个正义原则——平等自由的原则。

二是履行契约是一种诚实守信行为，诚实守信是一种比阳光还要光辉的品质，是人类社会的"基本价值取向"，是构建社会秩序的基本准则。契约是双方的共同承诺，这种承诺基于共同认可性，又有共同意愿性，因而必须兑现承诺，从契约精神上讲，这种兑现具有强制性。

三、国有企业结构工资制的弊端

我国20世纪80年代实行改革开放以后，国有企业薪酬分配采用的是结构工资制，截至目前，许多企业还在沿用这种工资制度。总的看来，这种薪酬分配制度平衡有余，没有拉开合理差距，与岗位价值实际不对应，与绩效贡献不挂钩，存在着明显的不公正性。它是一套几乎没有弹性、没有机制活力、没有绩效调节功能、没有时代特点的刚性工资体系。具体存在六个方面的突出问题。

1. 工资单元过多

结构工资制的工资单元划分过细，包括岗位工资、技能工资、奖金、效益工资、津贴、福利等，名目繁多，操作复杂，难以管理。

2. 资历、工龄因素考虑过多

结构工资制以岗位工资和技能工资为主要工资单元，岗位工资和技能工资更多的是反映工龄的长短和资历的深浅，论资排辈的意图明显。其实大家都知道，工龄长并不一定经验丰富，资历深并一定能力强，劳动效率和劳动成果更多的决定于工作技能和努力程度。工龄和资历虽然与劳动效率和劳动成果有一定联系，但并不是决定劳动效率和劳动成果的关键因素。

3. 岗位工资不能反应岗位价值

比如某大型国有企业最高岗序管理岗位的岗位工资仅为最低岗序管理岗位的 4 倍，上下岗序之间岗位工资级差仅为 30 元。如表 4 – 1 所示。

表 4 – 1　某大型企业管理人员岗位工资差距分析

岗序	岗位工资（元）	管理人员	专业技术职务
十九	510	矿长、党委书记	
十七	450	任职满两年的副矿长、党委副书记、三总师、纪委书记、工会主席	聘任满两年的优异高工
十六	420	任职不满两年的副矿长、党委副书记、三总师、纪委书记、工会主席	聘任不满两年的优异高工
十五	390	副处级二级单位任职满两年的党政正职	聘任满 5 年的高级技术职务
十四	360	副处级二级单位任职不满两年的党政正职	聘任满两年的高级技术职务
十三	330	副三总师、纪委书记、工会副主席	聘任不满两年的高级技术职务
十二	300	任职满两年的科级及相应职务	
十一	270	任职不满两年的科级及相应职务	从事专业技术工作满 15 年在聘中级技术职务
十	240	任职满两年的副科级及相应职务	
九	210	任职不满两年的科级及相应职务	从事专业技术工作不满 15 年在聘中级技术职务
七	170	主办科员	
六	150	科员	助理技术职务
四	120	办事员	员级技术职务

4. 技能工资名不副实

技能工资与实际业务技能并不相关联，某大型企业员工技能工资与参加工作时间长短正相关，与岗位技能并无关联，年龄相同或相近的研究生与初中生，技能工资只差20元。如表4－2所示。

表4－2 某大型企业技能工资差距分析

姓名	学历	年龄	技能工资
X1	小学肄业	60	324
X2	初中	59	306
X3	初中	53	272
X4	技校	47	272
X5	大学	41	225
X6	专科	40	204
X7	研究生	36	204
X8	专科	36	184
X9	初中	35	184
X10	专科	34	184

5. 奖金分配几近平均主义

奖金和效益工资“大锅饭”意味很浓，与绩效贡献关联度不大，实际上已成为工资的补充形式，失去了其激励超额劳动和超额贡献的本义，如表4－3、表4－4所示。

表4－3 某大型企业奖金差距分析

奖金系数	岗 位
1.05	小车司机
1.1	科员
1.15	主办科员
1.2	科员、主办科员
1.25	科员
1.3	副科级科员
1.35	副科级
1.35	科级
1.4	科级
1.45	副总、工会副主席、纪委副书记

表4-4 某大型企业效益工资差距分析

工人岗位效益工资标准		
岗序	岗位工资（元）	所对应综效工资（元）
三	110	500
四	120	500
五	130	500
六	150	500
七	170	560
八	190	560
九	210	560
十	240	560
十一	270	620
十二	300	620
说明	该标准为2007调资后新标准，自2008年1月1日开始执行	

6. 薪酬分配忽视激励效用

结构工资制各工资单元有一个共同特征，那就是偏重“保健因素”忽视“激励因素”，颇有“跛脚鸭”的意味，基本上没有发挥出薪酬的激励效用。

按照结构工资制实施薪酬分配，薪酬分配不公正具体表现为分配结果的六个不合理现象：

（1）关键岗位与非关键岗位的薪酬差距太小。

（2）骨干员工与一般员工的薪酬差距不合理。

（3）一二线同一岗级之间的薪酬差距与实际差距不符。

（4）不同职能部门同一岗级之间的薪酬差距显失公平。

（5）市场稀缺专业人才与非稀缺专业人才的薪酬差距不合理，市场稀缺专业人才薪酬没有竞争力，不利于吸纳和保留稀缺专业人才。

（6）同一岗位不同身份之间薪酬差距不合理。

国企内部薪酬分配结果长期性不合理不公正，是国企实行传统结构工资制度的必然结果。这种分配制度的典型特质就是过分迁就岗位价值相对较低、岗位绩效相对较差的低效群体，以严重挫伤岗位价值相对较高、岗位绩效相对较好的高效群体的积极性为代价，造成的严重后果则是，机关部门和后勤服务部门机构臃肿，人浮于事，生产经营一线人手紧缺，心气不平，士气低沉，骨干人才进不来、用不好、留不住，企业上下得过且过，不思进取，漠视效率。

四、“公正优先”薪酬分配制度的构建

对企业这样的经济组织而言，无论是薪酬分配的平均主义还是薪酬分配趋向平均主义，都有悖于公正公理。企业薪酬分配制度设计必须坚持公正优先原则，薪酬分配的公正性具体表现在两个方面：一是必须反映岗位之间岗位价值的合理差距；二是必须体现部门与部门之间，员工与员工之间实际工作绩效的合理差距。所以设计“公正优先”薪酬分配制度，必须紧紧把握岗位价值和工作绩效两个立足点，把员工的岗位价值和工作绩效密切结合起来，真正构建一套以岗位价值为依据、与工作绩效紧密挂钩，并能够有效激发员工活力的新型薪酬分配制度。这种薪酬分配制度叫“岗效合璧”薪酬分配制度。

（一）“岗效合璧”薪酬分配模型

“岗效合璧”薪酬分配用数学模型表述为：

$$S = P1 \times I + P2$$

其中 S 为岗位直接薪酬

P1 为应得岗位工资

I 为绩效考核系数

P2 为绩效薪酬

从“岗效合璧”薪酬分配模型看出，员工的直接薪酬主要由岗位工资和绩效薪酬两部分组成。其中岗位工资为应得岗位工资，须乘以岗位绩效考核系数之后，方为实得岗位工资；绩效薪酬视企业总体效益增量情况和各业务板块的业绩增长情况计提相应额度，实行年度考核并兑现。

（二）“岗效合璧”薪酬分配制度的实施条件

建立“岗效合璧”薪酬分配制度是现代企业薪酬制度改革的方向，但是“岗效合璧”薪酬分配制度的推行应该具备三个必要条件：一是科学的岗位价值测评，二是合理的绩效考核制度，三是市场化人力资源配置

机制。

前两个条件比较容易理解，因为“岗效合璧”薪酬分配模式下员工薪酬主要由岗位工资和绩效薪酬构成，其中岗位工资必须根据岗位价值测评结果确定，绩效薪酬必须根据绩效考核结果确定。显然，科学的岗位价值测评过程和合理的绩效考核制度设计是“岗效合璧”薪酬分配制度具有科学性和公正性的法理基础。然而，仅满足前两个必要条件还不足以构建公正和富有效率的“岗效合璧”薪酬分配模式。

实践中我们看到，许多企业既科学组织了岗位价值测评，又设计了合理的绩效考核制度，可“岗效合璧”薪酬分配制度的实施并没有较好达到薪酬制度改革的目标：引导人力资源有序流动，实现薪酬分配内部公平性，激发员工创造优良业绩。

调查研究之后发现一个症结，那就是，传统企业的人事推选和任命制度与岗效工资制度不兼容。

我们知道，岗位价值决定了不同岗位的岗位工资水平，岗位工资是对岗位劳动责任、劳动强度、劳动知识和技能要求、劳动环境等因素的赋值，是岗位价值的货币形式，岗位工资对岗不对人。谁担当这个岗位，谁就拿这份工资。可是由谁来担当这个岗位，涉及一个人力资源选拔任用机制问题。

在国有企业传统人事管理体系内，人力资源配置由组织部门和人事部门主导，人事任命由组织部门和人事部门做出，员工几乎没有选择岗位的机会。这样造成的薪酬分配结果是，组织上安排你去岗位价值相对较高的岗位工作，你就可以获得与之对应的高岗位工资，组织上安排你去岗位价值相对较低的岗位工作，你就只能获得一份较低的岗位工资。于是问题出来了，许多员工抱怨是组织上决定了他们的岗位工资水平，他们没能得到公平竞岗的机会。抱怨的员工心里明白，如果公平竞岗，未必一定可以获得想要的岗位及其工资，但是他们希望机会均等。即便竞岗失败也是虽败犹荣，至少通过竞岗可以知道差距在哪儿，进而奋发图强。

所以说，有效实施“岗效合璧”薪酬分配制度，除了做好岗位价值测评工作和绩效考核制度设计之外，还有一个重要前提那就是改革传统的人事推选和任命制度，建立起市场化导向的人力资源配置机制。

市场化人力资源配置机制的特点是，岗位可以基于“公开、公平、公正”原则竞争获任。如果企业建立了基于“三公”原则的市场化人力资源配置机制，员工可以参与岗位竞聘，竞岗获任者享受与岗位价值对应的工资，自然理直气壮，竞岗失败者也是心服口服。完全可以说，市场化人力资源配置机制是有效建立“岗效合璧”薪酬分配制度不可或缺的前提。

（三）现代企业“岗效合璧”薪酬制度的激励特征

“岗效合璧”薪酬制度比之传统的分配方式，不但解决了企业分配的公正问题，更能够突出现代薪酬制度的激励特征。

“岗效合璧”薪酬制度的激励特征主要有：

（1）员工有机会通过岗位竞聘的方式获得合适的岗位，享受该岗位对应的报酬，只要有能力，就有足够的发展空间。

（2）员工可以立足本职，爱岗敬业，取得优良绩效，通过绩效考核获得高于岗位平均薪酬的绩效薪酬；反之，如果岗位绩效较差，就将获得低于岗位平均薪酬的绩效薪酬。

（3）员工可以通过学习技术，提高岗位技能等级，从而获得薪酬横向晋升。

（4）年度绩效考核连续几年获得优秀的员工，可以直接获得薪酬横向晋升。

（5）员工获得纵向职位晋升，可以获得新晋职位相应的报酬。

（6）人力资本可以获得利润分红、期股、股票期权等长效激励。

把“尊严”融入定岗定编和薪酬制度设计

卢梭说：“每一个正直的人都应该维护自己的尊严。”“尊严”通俗的含义就是“面子”。自古有“不食嗟来之食”的说法，食“嗟来之食”被人瞧不起，怎么会有尊严呢？

偶尔翻阅孩子的语文课本，发现一篇叫做《尊严》的课文，是小学语文课本中难得一见的佳作，给我以莫大的启发。

文章讲的是一个名叫哈默的年轻人在逃难时不“白吃”他人食物而赢得尊严的故事。当年，哈默的家乡发生灾荒，哈默和许多人一样都外出逃难。哈默逃到南加州沃尔逊小镇时，已经好几天没有吃东西了。课文中用“脸色苍白、骨瘦如柴”来形容哈默当时的情形。面对善良而朴实的沃尔逊人的款待，其他逃难的人几乎连任何感谢的话也顾不上说就狼吞虎咽地受用食物，只有哈默饥肠辘辘却无动于衷。面对镇长杰克逊大叔送来的食物，哈默表现得十分镇定，他对镇长说：“先生，我不能白吃您的东西，我不能不劳动就得到这些食物！”直到完成镇长安排的劳动任务，哈默才心安理得地享用了镇长送来的那些食物。杰克逊镇长非常赏识这位年轻人，以至于后来把自己的女儿许配给了他，杰克逊对女儿说：“别看他现在什么都没有，可他百分之百是个富翁，因为他有尊严！”二十多年后，这位视尊严如生命的年轻人果然取得了事业上的辉煌成功，他便是石油大王哈默。

在多年 HR 管理咨询服务实践中，我一直在苦苦求解一个艰难的命题，那就是如何解决国有企业人力资源管理工作中的“公平与效率”问题。尽管管理论界都已达成一个共识，通常情况下（极端情况下除外）结果均等并不是公平，机会均等才是公平。但是一旦我们真正面对传统国企事实上已经形成的“大锅饭”而求变时，我们发现，无论是重新进行定岗定编还是对薪酬制度优化设计，都会触动一部分人正在享用的“奶酪”。而无论是降低这一部分人薪酬的绝对值还是相对值，都将极可能引发震荡。在国有企业“稳定压倒一切”的重压之下，一次次改革就这样一次次无疾而终。

作为从事管理理论与实践相结合工作的管理咨询人，肩负有推动国企变革的责任。但是我们不能为变革而变革，如果因变革而产生剧烈震荡，那无疑也是咨询人的悲哀。最近在接受一家大型国企电视台的采访时，我提请我们的国企领导人和广大员工都来认真思考一下关于“尊严”的话题，开展一场有关“什么是尊严”的讨论。哈默坚持要用自己的劳动来换取食物和尊严，我们国企的一部分员工为什么至今还心安理得地坚守“平均主义、结果均等”的思想堡垒，甚至要誓死捍卫“白吃一族”的利益呢？适时优化国企员工岗位配置以及合理拉开岗位之间的薪酬档级，是事关每一位国企员工个人尊严的问题。变革之前，国企干部员工都必须经受一次道德的拷问。

农历虎年春节前夕，温家宝总理在政府举行的春节团拜会上第一次提出：“我们所做的一切，都是为了让人民生活得更加幸福，更有尊严。”什么是尊严？尊严本指对个人道德价值的肯定，属于道德范畴。尊严其实并不是指地位或身份的威严和高贵。依据《牛津字典》的解释，是指个体自身行为的自重而取得的别人对自己的尊重。在每一位中国人看来，“尊严”通俗的含义就是“面子”。如果被人瞧不起，肯定没面子。没有面子又怎么会有尊严呢？古有“不食嗟来之食”的说法，想想看，食“嗟来之食”，被人瞧不起，多么没有面子。尊严的第一要义是自尊。要实现总理讲的“生活得更有尊严”，首要的一条就是必须自尊自爱。不自尊自爱，任何人即便物质生活再丰裕，都不可能生活得更有尊严。作为一家管理咨询公司，我经常思考的一个问题就是，一家管理咨询公司的价值究竟是什么？古人常讲“师道尊严”，我常常对我的咨询团队讲，管理咨询服务的唯一价值就是赢得客户的尊重，继而享有管理咨询人的尊严，而绝不是利润，利润只是其中一个结果。我们公司一个非常重要的客户理念就是“客户为1，我为0”，管理咨询服务如果不能得到客户的尊重，即便偶尔赚了一点小钱也毫无尊严可言，毫无价值可言，更无发展可言。如果没有1，无论多少个0都还是0。目前管理咨询界鱼龙混杂，有的咨询公司在商务阶段说得天花乱坠，既拍胸脯又打包票，在获得了客户企业的首付款之后，大同小异提供一套文本，根本不是客户期待的咨询方案，项目不了了之，让客户鄙视。这种咨询公司的最大本领就是靠几招忽悠之术骗取客户企业的首付款，实质就是“诈骗”，是咨询界的害群之马。

我们咨询团队有一位女士，在酒桌上劝男士喝酒时常常会带上一句很刺激的话：“这杯酒你不喝完，我瞧不起你。”虽然这只是酒桌上的玩笑，不必当真，但要是在酒桌之外真被人瞧不起，那是最没有面子的事情。譬如，在北京的地铁里，人们经常可以看到一些身体健康、四肢健全的中青年人在进行乞讨，每当此时，我总在想，许多残疾人身残志不残，都在以自己的方式从事劳动，为社会创造价值，这些身体正常的人为什么不去从事力所能及的劳动？哈默的故事反向告诉人们，一个人一旦放弃自尊，丢弃尊严，就不再有什么道德标准。

尊严是什么？具体在国企岗位优化及其薪酬优化方面，“能”配其岗是尊严，“能”不及岗便不是尊严；“少干少得”是尊严，“少干多得”便不是尊严。符合什么上岗条件就上什么岗位，上什么岗位就取得什么报酬，不该得的不得，这就是尊严。反之，如果一个人具备到生产一线工作的上岗条件，却通过“走路子”留在了“二线”比较轻松的岗位，心安理得享受与一线岗位差不多的薪酬，这就会被越来越多的人瞧不起，这就不是“尊严”。回忆旧社会，经常会讲有人不劳而获，靠剥削他人营生。如果真是这样，那这种人是绝没有尊严的。现在是建立市场经济体制的新社会了，许多人以为“剥削”现象只存在于私营企业，其实未必。在国有企业，干得少的、贡献小的与干的多的、贡献大的人获取几无差别的报酬，难道这不是“剥削”的另一种表现形式吗？经济学上有一种“搭便车”现象，这是由于制度不可能尽善尽美造成的不合理的合理现象。但是免费午餐不是总可以吃得到。我们认为，引入“尊严”理念优化企业人力资源管理，有可能终结国有企业一部分员工的“免费午餐”，使传统国有企业组织和人力资源管理改革获得新的突破。

卢梭说："每一个正直的人都应该维护自己的尊严。"我衷心祈望我们传统国有企业的员工岗位配置更公正，薪酬级差更合理，真正建立起"科学设岗、岗得其人、岗配其薪、人享其尊"的公平正义的组织和人力资源管理体系。

岗位价值测评关键在于过程公正

岗位价值测评是建立相对公平和有尊严的企业薪酬制度的一项基础工作。岗位价值测评关键在于过程公正，有过程公正就会有结果公平。

岗位价值测评也叫岗位价值评价或岗位价值评估，就是通过设计合适的测评工具和测评方法，设定一个价值标尺，评定出岗位价值大小的相对差异，为确定合理岗位工资档级以及岗位薪酬水平提供依据，为建立相对公平和有尊严的企业薪酬制度奠定价值理性基础。

前一段时间我们受聘为一家万人企业开展岗位价值测评工作，因为测评统计结果打破了国企现有岗位价值格局而引发了一些讨论。我们深知，引发讨论、争论乃至部分人群的抵触抗拒都很正常，因为毕竟涉及到利益调整，涉及薪酬分配内部公平性的重构。但我们同时也深信一点，那就是，岗位价值测评关键在于过程公正，有过程公正就会有结果公平。只要过程公正了，我们对结果公正就会有足够的底气。测评结束以后，我们应客户企业的要求向该企业高层领导做了一次汇报，就测评方法选择、测评指标与权重设计、标杆岗位选择和测评小组组建、测评培训工作以及测评结果的修正做了详细说明。客户企业的高层领导对测评过程和测评结果给予了高度认可。

如何确保岗位价值测评的过程公正，我们认为至少需要做好五个环节的工作。

一、岗位价值测评的方法的选择

岗位价值测评常用的方法有排序法、配对比较法、因素比较法和因素评分法。大中型国有工矿企业岗位数量众多，岗位专业性强且涉及的工种繁多，针对这一特点，我们建议采用因素评分法实施该企业的岗位价值测评工作。

因素评分法又称要素计点法、因素计分法、因素计点法、点值法等，因素评分法的基本逻辑是：不同岗位对知识和技能的要求不同，不同的岗位所承担的责任和实际劳动强度有异，不同类别的工作岗位所处的工作环境也不一样，所以不同岗位的价值基础是不同的。采用因素评分法实施岗位价值测评，就是通过进行工作分析并以岗位说明书为基础，对岗位的劳动责任、劳动强度、劳动技能要求和工作环境四个要素及其细分因素进行定义并设定评分标准，对岗位价值进行系统衡量和估价。因素评分法因量化程度较高，精确度也相对较高，所以适宜复杂企业的岗位价值测评工作。

二、测评标杆岗位的确定

该客户企业岗位数量较多，对每个岗位都进行测评既不经济也无必要。为了提高岗位价值测评的效率，通常的做法是，在岗位分类的基础上，在每一岗类中选择若干个标杆岗位实施测评，其他非标杆岗位则通过与标杆岗位进行比较而排列价值顺序。

哪些岗位可以成为标杆岗位，我们提出了五个选取标杆岗位的条件：

（1）常态性岗位，非过渡或临时岗位。

（2）岗位的核心职责比较突出，工作负荷比较饱满。

（3）岗位特征能够通过所采用的岗位价值测评因素来清楚地描述和分析。

（4）在管理层次和岗位类别上有代表性，能够代表一个岗位群。

（5）岗位从业人员数量不是太少。

按照上述五个条件，我们与客户企业共同商量并反复讨论，确定了10个标杆岗位组别共计153个标杆岗位作为本次岗位价值测评的对象。

三、岗位价值测评工作小组

岗位价值测评工作小组的成员是岗位价值测评工作的主体，成员的素质以及成员的构成情况将直接影响岗位价值测评工作的效率和质量。岗位价值测评工作小组的组建需满足以下要求：

(1) 根据标杆岗位组别的不同，组建不同的岗位价值测评工作小组并配备相应测评人员。

(2) 岗位价值测评工作小组成员选择标准：有全局观念，责任感较强，客观公正，对所测评岗位的技能要求、岗位职责、劳动强度以及工作环境等情况比较熟悉。

(3) 每个工作小组一般不超过15人。

四、岗位价值测评的实施

在测评具体实施环节，我们主要做了三个方面的工作。

(1) 岗位价值测评培训。因素评分法的测评系统比较复杂，评分标准尺度不易把握，所以，在测评之前，我们特别安排参加测评的评委进行了集中性培训。

(2) 岗位价值预测评。岗位价值测评工作费时费力，牵扯许多评委的精力和时间，为了测试一下测评过程及测评结果的公正性，我们在正式测评之前特别组织了一次预测评，根据预测评反映出的问题，再次对测评方案作出适当调整。

(3) 中庸计分法。预测评反映出一个问题，那就是，不同评委对同一岗位的价值判断出现较大分歧，产生了极端数据。如果不去除极端数据，那么平均数对于这组数据所起的代表作用就会削弱。所以在正式测评时，我们采用了中庸计分法，即在评分数据中分别去掉一个最高分和一个最低分，再计算其中平均分的办法，以避免极端数据造成的不良影响，更客观体现一组数据的集中趋势。

五、岗位价值测评结果的修正

因素测评法虽然引入了量化指标，但纳入测评量化指标毕竟有限，加之评委成员来自不同单位和部门，所处角度各异，对岗位价值的判断上很难排除主观因素的影响，所以难免出现部分评估结果与客观实际不相符合的现象。

针对出现的评估结果异常现象，我们提出了四步修正法，对测评结果进行修正。

第一步，异常修正。对明显异常测评结果进行修正。

第二步，对比修正。对可比性标杆岗位价值测评结果的不合理差距作出调整。

第三步，市场修正。依据适岗人才的市场供需状况、替换难度和人才流失压力对部分专业技术管理岗位和操作岗位的岗位价值作出调整。

第四步，平衡修正。依据该客户企业的具体实情，考虑历史和现状，对部分岗位的岗位价值作出平衡性调整。

采用上述修正技术，较好地解决了评价技术本身不能解决的公平性问题。

大学生与农民工起薪差距缩小符合定薪规则

万般未必皆下品，读书未必起薪高。过去的大学生是我们社会的稀缺资源，所以定薪会相对较高，如今大学生供需状况已经时过境迁。

目前，中国大学毕业生的起薪与农民工工资差距正在逐渐缩小。全国人大常委会委员、中国社科院人口和劳动经济研究所所长蔡昉教授担忧可能会造成一种负激励效应。笔者认为，这种担忧可能是多余的。

我们首先来了解一下企业的定薪规则，市场经济体制下越来越多的企业实行岗效薪酬制度，也就是说，员工的直接薪酬（也叫工资）主要由岗位工资和绩效工资构成。而岗位工资必须反映岗位价值，岗位价值一般由岗位责任、劳动强度、工作环境和知识技能要求等因素决定。

大学生刚刚毕业，没有任何职业经历和工作经验，到岗以后首先须经过几个月的试岗和半年乃至一年的岗位技能培训。我们对农民工从事的操作岗位和试岗期间的大学毕业生从事的管理岗位进行岗位价值评价，综合比对一下岗位责任大小、劳动强度强弱、工作环境优劣和知识技能要求高低，得出的岗位价值评价结果是，试岗期间的大学毕业生从事的管理岗位的岗位价值并不一定会比农民工从事的操作岗位的岗位价值总分值高。所以从定薪规则上看，大学毕业生的起薪与农民工起薪持平乃至较低都属于一种合理现象。

我们过去设计薪酬制度，都是把大学生的起薪定得相对较高，一般比工人岗位最低价值岗位的工资高10%～30%，这主要与改革开放二十余年来我们长期实行的结构工资制度有关。另外一个重要原因是，过去的大学生是我们社会的稀缺资源。时光如果倒流至二十年前的1990年，全国高校招生人数仅为60.89万，2010年全国硕士研究生招生人数已经接近50万，2010年大学生毕业生人数已经突破630万。物以稀为贵，所以我们过去一直把大学生视为“天之骄子”。当然，对稀缺资源定价高一些，也符合市场经济的规律。

时过境迁，今天的专科毕业生指望获得一个管理岗位已经是一种奢望。优秀的本科生也许还有可能获得一个管理岗位，即便如此，也不应该对起薪抱有不切实际的幻想，更不要对起薪略高于农民工的工资而愤愤不平。如果有的高中生因此而选择“投笔从工”，或者有的在校大学生因此选择退学打工，那才真正是社会的进步。万般未必皆下品，读书未必起薪高。

其实，上大学的要义是为长远职业发展打下良好基础，难道没有注意到这样一个不争的事实，正常情况下，大学毕业生工作几年后的薪水增长率要远远高于同起薪点的非大学毕业生，职业发展空间更不可同日而语。究竟是急功近利关注短期起薪还是风物远瞩放眼长远发展，相信几乎没有人会做出错误的判断。

深圳市用房补激励富豪不给力

要使物质激励达到激励人才的效果，一般须具有“激人所需，励适其时，赏必有力，出其不意”四个基本特征。

“给力”这个词大有滥用之势，不过要说深圳市政府用住房补贴激励富豪不给力，还是蛮恰当的。

深圳市社保局接受新华社书面采访时给予社会以明确回应：马化腾于2009年6月经过规定程序被认定为深圳市地方级领军人才，按照深圳市有关人才激励政策规定，可在5年内享受购房贴息。再直白不过了，深圳市社保局把给予富豪住房补贴的做法定义为人才激励。

面对这样一种所谓的“激励”，一时间让许多人有如骨鲠在喉的感觉。

首先应该肯定一点，深圳市政府希望通过实施一些人才激励举措以吸引和保留高级人才的愿望是良好的。但问题是，究竟应该如何对高级人才施以激励，才能达到激励效果。

人才激励的方式有多种，其中物质激励是最常见也是最主要的一种方式。笔者研究表明，要使物质激励达到激励人才的效果，一般须具有“激人所需，励适其时，赏必有力，出其不意”四个基本特征。

1. 激人所需

激励要有的放矢，须针对激励对象的心理动机和心理需求，这是实施激励的必要前提。譬如说，参加广州亚运会的运动员，差不多每一个人心里都有一个金牌梦，有获得奖金的心理需求。我们的体育行政主管部门和地方政府通过设立奖励制度，奖赏获得奖牌或者取得好成绩的运动员，就会激发出一代一代的运动员不懈追求更快、更高、更强，勇于拼搏，奋勇争先，创造佳绩。深圳市要以房补激励高级人才，首先也要看高级人才有没有强烈获得房补的心理预期，有没有这样一种期盼。实事求是讲，深圳房价已经相当高，高级人才群体中肯定还有许多人买不起房，或者说即便按揭买了房，还贷也会有较大压力。所以说，对这一部分高级人才来讲，他们是有获得房补的心理需求的。但对马化腾这一类坐拥上百亿财富的富豪级高级人才，他们对一个月 3000 元的政府房补还有心理需求吗？

2. 励适其时

激励讲求即时性，需遵照“时间接近心理”的原则，尤其是物质激励须及时，不搞“秋后算账”。激励时间过分滞后，将使激励的作用大打折扣甚至使激励作用完全丧失。譬如雪中送炭，要送就必须及时送，等天晴了暖和了，再送炭，就没有激励意义可言了。胡雪岩有当场奖励下属的良好习惯，有一次，胡庆余堂对面一排商店失火，火势迅速蔓延，眼看无情的火焰扑向胡庆余堂的两块金字招牌，胡庆余堂的年轻药工孙永康毫不犹豫地用一桶冷水将全身淋湿，迅速冲进火场，抢出招牌，头发眉毛都让火烧掉了，胡雪岩闻讯，立即当众宣布给孙永康一份重奖。

3. 赏必有力

激励强度要足够，不痛不痒的激励或低于激励对象心理预期的激励不会有多大激励效果。譬如，某国有企业薪酬分配制度规定，连续五年年度绩效考核累计三年优秀者可以晋升一级工资（每一年获得优秀的员工比例不超过 15%）。可是一级工资合多少钱呢？100 元。想想看，在物价高企的这个年代，100 元钱能激发员工创先争优和不断创造优异业绩吗？

4. 出其不意

出乎意料的激励能给激励对象一种惊喜，往往可以获得最佳激励效果。想想看，自己忙得生日都忘了，好朋友在生日当天送来了生日礼物，这样的朋友一辈子怎么可以忘怀？这个时候，什么礼物都无关紧要了，关键是一种意想不到的效果。

深圳市政府用房补激励高级人才为什么会引来一片嘘声呢？答案已经不言自明。其实富豪也是人，马化腾也需要激励。对马化腾们实施激励，需要在“激人所需，励适其时，赏必有力，出其不意”四个环节下足功夫。深圳市如果这样做的话，相信一定会赢得一片喝彩。

中国企业绩效考核五大败因

绩效考核是一种好思想，一类好方法，一个好体系，可实践中偏偏不易推行，难以成功。深度分析中国企业实施绩效考核的失败教训，总结归纳起来，主要有五大败因。

蒂莫·谢尔哈特曾在《华尔街日报》上发表报告指出，美国九成以上的企业推行绩效考核并不成功。根据我们多年咨询实践了解到的信息，中国企业推行绩效考核同样出现了非常糟糕的情况，虽然没人统计过中国企业绩效考核究竟有几成的成功率，但基本上可以断定，青出于蓝而胜于蓝的可能性微乎其微。几乎无人否认绩效考核是一种好思想，一类好方法，一个好体系，可实践中偏偏不易推行，难以成功。深度分析中国企业实施绩效考核的失败教训，总结归纳起来，主要有五大败因。

败因之一：概念模糊，错把“业绩”当“绩效”

“绩效”一词为外来词汇，英文为“performance”，指工作表现或可计量的工作成果。所以本义上讲，“绩效”与职责紧密关联，特指履行职责的结果。一级组织也好，一个岗位也好，都有其规定的职责，都必须切实履行其职责。当然，履行得好，就说明绩效好，反之，则绩效就不好。而“业绩”呢，指建立的功劳、取得的成就等，对应的英文是“achievement”。通常以经济价值、经济效益等结果性指标来评价企业业绩或个人业绩，传统意义上的目标管理和经济责任制考核就属于典型的业绩考核。实践中，许多企业“业绩”和“绩效”不分，把“绩效”理解为“业绩”甚至“效益”，进而在绩效考核中一味强调对“利润”、“成本”或“费用”等经济指标的考核，导致绩效考核误入歧途。譬如，对职能管理部门和职能管理人员实施绩效考核，为了凑出定量性业绩指标，不少企业把

“办公费用”进行分解分摊，作为一个绩效指标进行考核，并赋予较大权重。殊不知，这样的绩效考核避重就轻，严重偏离了“绩效”的本义，根本不可能达到改进工作、改善绩效的目的。

败因之二：绩效考核孤立运行，与人力资源管理其他环节相脱节

从人力资源管理体系来讲，绩效考核是人力资源管理体系的一个环节，它与人力资源管理体系其他环节存在不可分割的有机联系。譬如说定岗定编，如果定岗定编不科学，岗位设置的结果就可能出现一些岗位独立性不强、工作负荷不饱满的先天不足，可是从绩效评价角度看，员工绩效怎么样，主要评价的是岗位员工是否较好履行了自己的岗位职责。所以绩效评价结果往往会出现一个悖论，那就是一些岗位独立性不强、工作负荷不饱满乃至无所事事的岗位绩效评分反而高于那些岗位独立性相对较强和工作负荷相对饱满的岗位。这种情况的出现直接导致企业对绩效考核体系的质疑，许多企业不得不因此而停止绩效考核体系的运行。绩效考核刚一试行即遭夭折的情况在国有企业屡见不鲜，研究分析表明，许多企业未能基于人力资源管理体系的变革而系统地思考和设计绩效考核体系，不能不说是一个重大原因。

败因之三：考核指标设计不合理，导致考核结果失真

绩效考核考什么？毫无疑问，绩效考核针对具体的指标进行考核。绩效指标的提取是绩效考核体系中技术含量最高的环节之一，实践中往往不易把握。许多企业绩效考核推行不成功，都是在这个环节出了问题。绩效考核指标设计和提取常见的有三大问题：一是指标过于抽象，考核标准模糊。譬如把工作能力、工作态度等列为绩效指标。二是过于追求量化。譬如不少企业把“办公费用”列为职能管理部门的考核指标；三是指标过多过细，其中大部分指标都是末梢指标。有的企业一个部门或一个岗位的绩效指标多达十几个甚至几十个，以至于把出勤率、精神文明建设、思想政治工作、党建工作、工会工作、廉政建设、计划生育乃至清洁卫生等指标纳入绩效考核范围。

败因之四：教条式运用考核方法，机械式套用考核工具

管理专家结合企业绩效考核实践，创造了不少方法和工具，譬如 360

度考核、平衡计分卡考核、KPI 考核等，这些方法和工具又被更多的企业运用于绩效考核实践。有的企业对这些方法理解到位、运用得当，取得了比较好的效果，但有更多的企业一知半解，在没有深刻领会和把握方法所蕴含的思想的前提下，就盲目照搬套用，闹出许多啼笑皆非的故事。有的企业把 360 度考核的“360 度”错误理解为考核主体 360 度，导致绩效考核主体过多，考核主体不但有上级、直接下级、同层级员工，还包括被考核者本人，有的甚至请“客户”来做考核人，给被考核部门和岗位评分。这样的考核方式陷入了形式主义的“民主评议”怪圈，根本上偏离了绩效考核的正确轨道。

败因之五：绩效考核过度，陷入“绩效主义”陷阱

中庸思想讲“过犹不及”，绩效考核有一个度的问题。不到火候，效果不好，但过犹不及，必然陷入“绩效主义”陷阱。实践中绩效考核过度主要表现为理念上奉行“绩效至上、结果唯一”；考核指标过分强调财务化和成果化；考核周期过于频繁；绩效考核结果单向输出并唯一应用于绩效薪酬分配。

谨防掉入“绩效主义”陷阱

“绩效主义”的主要表现有：理念上信奉“业绩至上、结果唯一”，不看过程只看结果，不看长期只看当期；考核指标过分强调财务化和成果化；考核周期过于频繁；考核主体过多；考核结果只与薪酬分配挂钩等。

绩效考核在企业管理体系中有一锤定音之功效，是现代企业管理之必用工具。现代企业管理离了绩效考核固然不行，但管理实践中也出现了一种不良倾向，那就是言必称绩效，事必施考核，绩效考核泛滥，出现了“过度考核”的现象，使科学的绩效考核陷入了“绩效主义”陷阱。实践中，“绩效主义”的主要表现有：理念上信奉“业绩至上、结果唯一”，不看过程只看结果，不看长期只看当期；考核指标过分强调财务化和成果化；考核周期过于频繁；考核主体过多；考核结果只与薪酬分配挂钩等。更有甚者，有的企业以“考”代“管”，把大量时间和精力投入绩效考核，忽略人力资源基础管理工作，忽视人力资源培训开发，结果是舍本求末，竭泽而渔，为获得短期绩效而牺牲了企业的长期绩效，得不偿失。

2007 年 1 月，索尼公司前常务董事天外伺郎在日本《文艺春秋》杂志上公开发表《绩效主义毁了索尼》的文章，把索尼竞争力下降的主要原因归结于绩效考核。索尼公司，曾经的创新英雄，无数企业仰慕的标杆，如今却产品落伍，亏损加剧。天外伺郎直言，“绩效主义”是罪魁祸首。索尼公司早在 1995 年就开始推行“业务成果与金钱报酬直接挂钩”的业绩考核制度，强烈的绩效导向驱使新一代索尼员工为报酬而工作，工作本身的乐趣荡然无存，追求短期利益的风气弥漫于眼前。因为实施严厉的绩效考核，几乎所有人都讨价还价，极力提出最保守的目标；因为要应付繁杂的绩效考核，所以不得不为绩效考核花费大量的精力和时间，而在真正的本职工作上却敷衍了事，出现了本末倒置的倾向；因为绩效考核与薪酬分配紧密挂钩，于是业务部门相互拆台，都想方设法从公司的整体利益中为本部门多捞取好处。曾经的激情集团深陷绩效主义泥沼，不能自拔。

其实，陷入“绩效主义”陷阱的不只是索尼公司。美国安然破产案便是受害于“绩效主义”的经典案例。安然公司是美国最大的天然气采购商及出售商，2000 年《财富》500 强排名第 16 位，曾连续四年获《财富》杂志“美国最具创新精神的公司”称号。可是 2001 年 11 月，安然公司突然宣布申请破产保护，安然公司也从此成为美国有史以来规模最大的公司破产案例。关于安然公司破产的原因，众说纷纭，但有一点可以肯定，安然公司过度追求绩效考核，是导致安然失败的重要原因之一。

1997 年，安然公司时任首席执行官杰弗里·斯基林在全公司范围内推行一套“结果决定一切”的绩效考核制度，这种考核每半年重复一次。各级管理人员被上级、下级和同伴进行考核评分，按评分实施薪酬分配；员工通过考核进行横向比较，被强制分成五个绩效级别，按绩效级别实行薪酬分配，同时实行犯错员工即时解雇政策。在这种“高压锅”文化和考核机制重压之下，员工为追求短期业绩增长而恶性竞争，一位安然公司员工回忆说：“我每天晚上都要锁好我的办公桌，以免我同事偷窃我的成果。”安然公司各级经理为追求业绩甚至不惜篡改交易记录捏造业绩，虚报收入。员工欺骗公司，公司欺骗股东，最终安然公司伙同安达信会计事务所以欺诈手段吹大公司业绩泡沫，而遭到指控，继而陷入万复不劫的深渊。具有讽刺意味的是，安然公司时任首席执行官杰弗里·斯基林 1990 加盟安然公司之前，是麦肯锡管理咨询公司的一名咨询顾问，正是他把在麦肯锡公司学到的绩效考核制度教条式引入了安然公司。

融入中庸智慧，推行适度绩效考核

现代企业借鉴中庸智慧推行绩效考核，要求我们在不考核和极致考核之间找到一个适度绩效考核的方案，既要学习借鉴西方企业普遍采用的绩效考核方法和技术，又不能生搬硬套机械沿用。

每到年底，各家公司都要实施一年一度的年终考核，不少公司的绩效管理部门简直头疼得要死。年终兑现分配，不搞绩效考核显然不行，但是一些单位简单运用从工商管理教材上学来的绩效考核方法实施绩效考核，往往导致矛盾隔阂，队伍不稳，人心涣散，麻烦不断。咨询实践表明，在运用西方舶来的绩效考核方法时，如果能够有效融入东方的中庸智慧，或可取得意想不到的效果。

中庸是儒家道德的最高境界。宋代程朱理学代表人物朱熹认为："中者，无过无不及之名也。庸，平常也。"也就是说，"中"就是不要太过分，也不要达不到，而"庸"，就是指一种正常的状态。"中庸"之道要求人们在事物的两个极端之间选取或者把握一个中道，"过犹不及"。中庸思想对绩效考核都具有借鉴意义，企业在进行绩效考核时，应当尊中庸之道，做到"无过无不及"。

现代企业借鉴中庸智慧推行绩效考核，要求我们在不考核和极致考核之间找到一个适度绩效考核的方案，既要学习借鉴西方企业普遍采用的绩效考核方法和技术，又不能生搬硬套机械沿用；既要注意考核量化性成果，又不能为量化而量化；既不能热衷于走过场让绩效考核流于形式，又不能把绩效考核指标和绩效考核过程搞得过于复杂，以至于进入重考核轻管理的死胡同。具体说来，实施适度绩效考核需要把握好六个要点。

1. 绩效考核应与企业文化建设相互交融

企业必须扎扎实实推行绩效考核工作，但绩效考核不能奉行"业绩至上”，更不能形成一种“业绩至上”的文化。绩效考核与企业文化相互交融，主要表现为两个方面，一是绩效考核的原则必须与企业核心价值观相一致，绝对不能和企业的核心价值相背离，绩效考核的结果不能破坏企业核心价值观。譬如，美国安然公司的核心价值观是“诚信”，可是安然公司奉行“绩效至上”，导致公司和员工为了追求绩效而采取欺诈手段。二是绩效考核不能破坏团队精神，许多企业推行绩效考核只考核财务指标，不考核协作精神，只考核个体绩效不考核团队绩效，导致员工为了比拼业绩，恶性竞争。绩效考核与企业文化相冲突，对企业文化的破坏力是巨大的，甚至颠覆企业文化。在谈到安然公司为何个人主义泛滥时，一位安然的老员工如是说：“原因很简单，如果我和约翰是竞争对手的话，我为什么要去帮助他呢?”我们看到，当索尼公司掉入“绩效主义”陷阱后，公司上下追求眼前利益的风气蔓延，公司原有企业文化中的创新精神、团队精神和挑战精神逐渐颓废，“索尼激情”消失了，公司永续发展的动力丧失了，企业创新先锋沦为落伍者，教训相当深刻。

2. 绩效考核应始终围绕企业发展战略进行，应有利于推动战略目标的实现

必须明确一点，无论实施什么样的考核模式，绩效考核都是基于战略的考核，绩效考核指标是企业战略发展目标的年度分解和层层分解。绩效考核如果偏离企业战略发展方向，必将使企业陷入急功近利竭泽而渔的境地。绩效考核与战略的有机联系具体表现在，在企业实施对下属生产单位和经营单位的考核时，就不能一味强调短期财务指标，而应采取平衡计分卡的方法进行考核，考核分解的战略性指标的完成情况。不但考核财务指标，还要考核客户和市场方面的指标、内部运营管理以及学习与成长等。

3. 绩效考核指标不能过多过滥

绩效不是空洞的描述，需通过一些指标来反映。所以科学确定绩效考核指标，是绩效考核工作的重要内容之一，也是实施绩效考核的前提之一。绩效考核须针对绩效指标进行，绩效考核单纯指向财务指标不可取，但也不是越多越好，应该是少而精，是关键绩效（KPI）。绩效考核必须防止绩效指标出现过多过滥和末梢化的倾向。譬如一些企业考核职能管理部门，把出勤率、文明卫生、学习精神等指标纳入绩效考核范围，这是典型的胡子眉毛一把抓，是“绩效主义”的极左表现。

4. 处理好绩效考核与其他考核的关系

我国国有企业并不缺考核，但缺乏科学、规范的绩效考核。譬如，某大型国有矿业公司2011年度中层干部考核就有日常关健事件考核、年度“德能勤绩廉”民主测评、年度“德能勤绩廉”组织考察测评、年度综合考评四项考核，企业有关职能部门为这些考核疲于应付。必须明确，绩效考核是考核组织职责或岗位职责履行效果的一种结果性考核，绩效考核不考核道德指标（如是否孝顺，是否对配偶忠诚等指标），也不考核能力指标（如决策能力、组织能力、沟通能力等指标），不能把绩效考核与国有企业传统的干部“德能勤绩”考核混为一谈。应该说，绩效考核与干部考核并不严格对立，它们的关系是既不相互排斥，也不能相互替代。正确的做法是，绩效考核与干部考核在方法上相互借鉴，绩效考核指标设计要融入平衡思维，干部考核指标设计要融入量化思维。

5. 切忌以“考”代“管”

企业逐渐认识到绩效考核有一锤定音之功效，对绩效考核钟爱有加，但这种钟爱的结果往往伴随着一种“重考核轻管理”的错误倾向。有的企业过分神化绩效考核和过分依赖绩效考核，把本属于企业规章制度管理范畴的东西一股脑儿全都塞入“绩效考核”这个框中，譬如出勤、劳动纪律、精神文明建设、思想政治工作、党建工作、工会工作、廉政建设、计划生育乃至清洁卫生等，这种情况就是我们常说的以“考”代“管”。以“考”代“管”的结果，一是使绩效考核变得过于复杂，并严重“稀释“了绩效考核的价值；二是导致各种管理机能退化，各种规章制度形同虚设。举一个例子，譬如出勤，通常是制订一个考勤办法，规定满勤的激励措施和缺勤的惩罚措施，按照考勤办法实施，简单易行；现在，有的企业把出勤率作为一个绩效指标，纳入绩效考核，把“考勤”和“考绩”两种管理思维混为一谈，把简单的事情弄得十分复杂。绩效考核本来是一本好“经”，就这样生生地被“歪嘴”念歪了。

6. 注意绩效考核技术的融会贯通

KPI考核也好，360度考核也好，BSC考核也好，与其说它们是考核方法，不如说它们是考核技术或者考核思想。方法通常指为达到某种目的而采取的途径、步骤、手段等，方法的应用更强调针对性，而技术是一种工具，思想是一种指导。企业组织实施绩效考核，如果仅仅把KPI、360度、BSC考核当成方法运用，往往会陷入机械式教条式应用“陷阱”，进而误入歧途，招致绩效考核失败。深入研究表明，KPI、360度、BSC考核技术，相互包容，存在紧密的内在逻辑联系，实践应用须融会贯通。

首先，360度和BSC考核技术其实存在很大共性，一个强调全视角，一个强调平衡性，本质上都是强调考核指标的全面性，只不过前者是从与考核对象有关联的主体的全景角度提取考核指标，后者是从财务、客户、内部运营及员工学习成长四个维度提取考核指标。

其次，KPI考核不排斥360度的全视角考核思想和BSC考核的平衡思维。KPI考核虽然强调突出关键指标，淡化末梢指标，但若干个KPI中，绝不能全都是单一视角的KPI，不能全都是单一维度（比如财务方面）的KPI。所以说科学的KPI考核应该是全视角KPI和平衡性KPI。KPI考核与360度、BSC考核的区别在于：KPI的全视角和平衡，没有具体所指。譬如，没有像360度、BSC考核一样指明有“客户”视角和“客户”维度。所以说，KPI考核的适用范围更广泛，既适用考核组织绩效，也适用考核团队绩效和岗位个人绩效。

再次，无论360度考核还是BSC考核，其考核指标虽然强调全面性，但并不是说考核指标越多越好。运用360度考核或BSC考核技术，涉及的考核指标可能会比KPI多几个，但每一个视角或每一个维度的指标一般也仅限于一两个，也就是说360度考核或BSC考核的绩效指标也应该具有KPI的特征，即关键性指标而非末梢指标。

第五篇

企业文化　卓越之道

将核心价值进行到底

企业是社会大家庭的一员，是执行某种社会功能的机构，是承担社会责任的组织，利润不是企业决策和企业行为的根本原因，企业应该有超越利润之上的追求。

一、核心价值是企业利润之上的追求

企业究竟是什么？企业应该追求什么？这是一个值得中国企业反复追问和深入思考的基本命题。

早在1946年，彼得·德鲁克在《公司的概念》中就给予了明确回答："公司（企业）的本质是社会性的组织"，是"为了满足社会需求和需要而将人们组织起来的组织"。德鲁克认为："组织并不是为了自己而存在的，每一个组织都是用以执行某种社会功能的社会机构"。根据德鲁克的观点，企业是社会大家庭的一员，是执行某种社会功能的机构，是承担社会责任的组织，利润不是企业决策和企业行为的根本原因，企业应该有超越利润之上的追求，这就是企业的核心价值。

继德鲁克之后，1994年，美国学者柯林斯和波勒斯发表了专著《基业长青》，对企业的核心价值进一步确认。作者在书中研究了18家卓越非凡、长盛不衰的"高瞻远瞩"公司长生不老的秘诀，认为这些公司都"有一种核心价值指引和激励公司的人"，从而使公司基业长青。譬如，通用电气的核心价值是：以诚实与正直的品格，通过科技及创新改善生活品质；惠普的核心价值是：尊敬惠普人并给予他们机会，给我们从事的领域贡献技术；强生公司的核心价值是：减轻病痛。柯林斯和波勒斯认为："高瞻远瞩公司能够奋勇前进，根本因素在于指引、激励公司上下的核心观念，亦即核心价值和超越利润的目的感”。所以说，核心价值是企业最基本和最持久的信念，是企业“利润之上的追求”，也是企业赖以生存和发展的根本原因。

二、企业核心价值的定位

对世界500强企业和国内优秀企业进行实证研究发现，核心价值一般通过企业使命、企业愿景和核心价值观来体现，也就是说，企业核心价值一般包含三个基本元素，即企业使命、企业愿景和核心价值观（见图5－1）。定位企业核心价值就是要提出并清晰表述企业的使命、愿景和核心价值观，向企业内外传达出一种利润之上而不是利润至上的高尚追求。

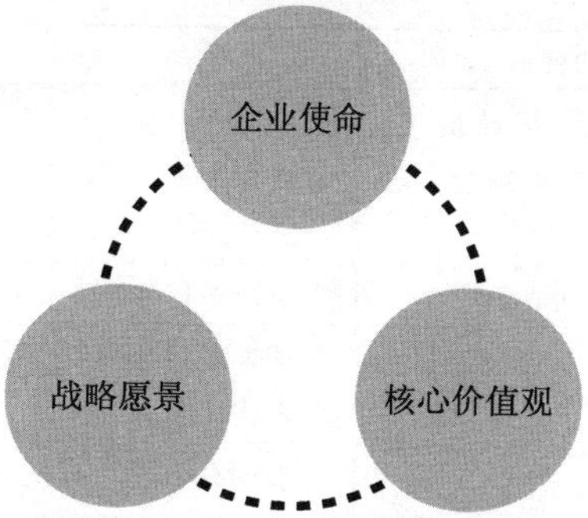

图5－1　企业核心价值模型图

企业使命是企业的社会抱负和专业责任，体现了企业生存和发展的意义，反映了企业的价值追求；企业愿景是对企业未来成就的期望，它清晰地传达出企业将来要做成什么和成为什么的信息；核心价值观系指企业的精神信仰，是企业行为的道德底线，是企业用以判断是非对错的根本立场、原则和标准，是企业必须始终如一信奉的信条。

核心价值对企业而言，犹如灵魂之于身体。核心价值既属于战略，也属于企业文化，所以优秀企业高度重视定位企业的核心价值。值得注意的是，中国企业定位核心价值，虽然也可以偶尔见到有个性、有深度、有新意的核心价值表述，但更多的情况是，企业常常因为不能较好地把握定位的规律和方法，不能针对企业所属行业特点以及抓住企业本质特征进行定位，导致企业核心价值定位的空泛、肤浅和形式主义。

（一）企业使命定位

企业使命须清晰阐明企业存在的理由和意义。使命定位的关键，就是要深度挖掘企业的社会抱负和专业责任，切忌空喊政治口号。过去，企业使命常常是“口号式”，如“中国石化，振兴中华”，“长虹以产业报国为己任”等。这种使命空洞无物，根本反映不出企业的行业特征和企业的专业责任。笔者对中国矿业公司的使命定位进行了分析，从个性特质和专业抱负等方面的要求来看，这些矿业公司的企业使命定位显然还有待进一步优化。以下是六家大型中国矿业企业的使命表述，如表5－1所示。

表5－1　中国矿业企业的使命定位及点评

企业名称	企业使命	点评
中国铝业	回报股东、成就员工、惠泽客户、造福社会、珍爱环境	有社会抱负，但缺少一份专业精神
中国五矿	珍惜有限、创造无限	空泛，不具体
中国有色集团	开发资源、奉献社会	基本表达出了中国有色集团公司的专业抱负，但表述显平淡
中国恩菲	点资源之石、成事业之金	表述有个性、有文化含量，但与中国恩菲公司的主业特征不甚吻合，与企业愿景不配称
江铜集团	共创、共享	契合江铜集团“先有儿子、后有老子”的企业特点，对统一思想和凝聚力量具有历史意义，但没有表达出江铜集团的专业性抱负
金川集团	聚金汇川、利民兴邦	“聚金汇川”表述有个性但牵强附会，纯属文字游戏，“利民兴邦”是政治口号而非专业抱负

（二）企业愿景定位

企业愿景须明确企业成就的梦想或远大目标。拥有一个宏大而又清晰可及的企业愿景，对鼓舞斗志、激励士气无疑意义十分重大。企业愿景有一些共性的元素，但个性特质也必须十分鲜明，企业愿景尤其应该包含未来在行业领域或某专业领域做出巨大成就的梦想。以下是对六家大型中国矿业公司企业愿景的点评，如表5－2所示。

表5-2　中国矿业公司企业愿景定位及点评

企业名称	企业愿景	点评
中国铝业	建设最具成长性的世界一流矿业公司	定位清晰、远大而有高度
中国五矿	成为提供全球化优质服务的金属和矿产企业集团	有行业特征，有企业个性
中国有色集团	主业突出、管理先进、自主创新、和谐奋进 具有国际竞争力和影响力的综合性企业集团	既强调“主业突出”，又要成为“综合性企业集团”，令人费解
中国恩菲	致力于成为最值得信赖的国际化工程公司	不进行市场细分，与中建集团、中冶集团这样的工程类公司有什么区别
江铜集团	做大、做强、做好，创建世界一流铜业公司	一个不错的企业愿景定位
金川集团	世界的金川，中国的骄傲	毫无个性，空喊口号。把“金川”这个企业名号换成其他企业名号，如何

（三）企业核心价值观定位

核心价值观是判断是非曲直的标准，是企业待人处事的基本原则和出发点。核心价值观定位要体现出行业特征和职业特征的专业性要求。对同属一个行业的不同企业而言，要体现出核心价值观个性化特质具有相当难度，所以核心价值观定位对个性化要求不如企业使命和企业愿景那么严格，当然需要避免完全雷同的情形。

表5-3　中国矿业公司核心价值观定位

企业名称	企业核心价值观
中国铝业	责任、诚信、开放、卓越
中国五矿	诚信、责任、创新、和谐
中国有色集团	诚信为本、务实创新、资源报国、合作共赢
中国恩菲	人本、卓越、道德、共享、开放与包容、效率与效益（点评：核心价值观不“核心”，面面俱到）
江铜集团	至高、至精、至诚、至远
金川集团	责任、人本、创新、共赢

实证分析六家大型中国矿业公司的核心价值观（见表5-3），我们发

现“诚信”（含“至诚”）一词出现的频率是5次；“责任”出现3次；“创新”出现3次；“共赢“（含“共享”）出现3次；“开放”、“人本”、“卓越”各出现2次。

三、核心价值贵在坚守

企业仅仅拥有核心价值是远远不够的。核心价值之于企业，好比人生之于信仰。没有信仰的人生一定是浑沌的，没有信仰的民族一定是一盘散沙，同样，没有信仰的企业注定急功近利、唯利是图。研究表明，卓越企业都视核心价值为生命，像捍卫生命一样捍卫核心价值。譬如同仁堂百年如一日恪守“同修仁德，共献仁术”的核心价值观，世代秉承“炮制虽繁必不敢省人工，品味虽贵必不敢减物力”的信条，确保“同仁堂”金字招牌历经百年沧桑依然熠熠生辉。

在坚守核心价值观方面，美国安然公司无疑提供了一个经典的言行不一的反面教材。美国安然公司（Enron），曾经的世界能源巨头，在全球500强企业中曾高居第七，2000年的经营规模超过千亿美元。可是到2001年11月，安然公司突然宣布申请破产保护。导致安然破产的原因很多，最根本的是安然没能够坚守自己的核心价值。

“沟通、尊重、诚信、卓越”曾经是安然的核心价值，但不幸的是，一系列事实证明了安然的“核心价值”后来实际上只是一个伪装，并没有得到很好地践行，特别是杰夫·斯基林入主安然以后，倡导“只能成功，只重结果”的企业理念，导致公司上下惟利是图，弄虚作假，营私舞弊乃至道德沦丧，安然公司最终走向万劫不复。

像马云一样捍卫企业核心价值

针对阿里巴巴过去两年内公司一些员工默许甚至参与协助少数骗子公司加入阿里巴巴平台这一触犯公司价值观底线的严重事件，马云在2011年2月21日果断采取行动并致信全体阿里人，充分表达了心中积郁的强烈情感，再次向社会、向世界宣誓阿里巴巴一直坚守的“让天下没有难做的生意”的企业使命和“不以追逐利润为第一目标、客户第一”的企业核心价值观。

核心价值相对于经济价值等价值而言，指的是企业利润之上的价值追求，包括使命、愿景以及为实现使命和达成愿景所必须秉持的基本理念等，它是企业存在和发展的终极理由。同仁堂的核心价值是“同修仁德，共献仁术”，杜邦公司的核心价值是“通过化学使美好的生活变得更美好”，IBM的核心价值是“IBM就是服务”，维也纳中央咖啡馆的核心价值之一是“客人想呆多久就呆多久”。时代在变迁，企业生存发展环境在变化，这些基业长青企业的某些实务做法一直在改变，但它们的核心价值却世代传承。研究大量企业兴亡案例，大抵可以得出这样结论，世上企业不外乎三种，无信仰的企业、有信仰而不信守的企业、信仰坚定并像捍卫生命一样捍卫信仰的企业，对应的企业类型则是乌合之众、短命小鬼和长青企业。

到欧洲旅行，给人印象最深的莫过于随处可见的百年品牌和传世名店，如法国迪奥化妆品、英国的劳斯莱斯汽车、瑞士的劳力士手表、西班牙的皇马俱乐部、维也纳的中央咖啡馆等。从战略的视角研究这些企业容易得到答案，这些百年公司原来都有着相同的遗传基因，那就是抱定并矢志不渝地坚守其核心价值观。中国当然也拥有足以令国人感到骄傲和自豪的同仁堂、全聚德等百年金字招牌，但一个不争的事实是，我们拥有的百年品牌和传世名店，论数量实在少得可怜，论世界知名度更无法与他人相提并论了。多年来国人一直在企盼，中国的土地上什么时候才能诞生和崛起一批基业长青企业？近日，马云为捍卫公司核心价值而发出的惊天怒吼，犹如平地一声惊雷，或许给唯利是图、急功近利的中国本土企业敲响了一记醒世猛钟。

马云，一个其貌不扬却几乎拥有整个互联网春天的小个子男人，这回真的让我不得不仰视了。我姑且相信马云从创业至今对互联网事业一如既往的坚定和执著，我姑且相信身为阿里巴巴领导核心的他对公司核心价值的忠诚，你看，他真的震怒了。在辛卯兔年开春之际，他出手坚决，出拳很重，冒着公司信誉受损、股价下跌的风险，高调掀起了一场整肃企业价值观的运动，他对触犯公司价值底线的商业行为发出了怒吼。针对过去两年内公司一些员工默许甚至参与协助少数骗子公司加入阿里巴巴平台这一触犯公司价值观底线的严重事件，马云在 2011 年 2 月 21 日果断采取行动并致信全体阿里人，他在信中大量使用了“令人震惊，公然的欺骗，犯罪，很痛苦，很纠结，很愤怒”等词汇，充分表达了心中积郁的强烈情感，再次向社会、向世界宣誓阿里巴巴一直坚守的“让天下没有难做的生意”的企业使命和“不以追逐利润为第一目标、客户第一”的企业核心价值观。他没有选择妥协，他斩钉截铁地说：“我们必须采取措施捍卫阿里巴巴价值观！所有直接或间接参与的同事都须为此承担责任”（当然，他要是表示他本人承担该要承担的责任就更好了）。与中国许多企业不同，许多的企业即使遭遇危机也常常做秀敷衍了之，而这一回，马云不像是做秀，他果敢亮剑，更像是一位义无反顾的英勇斗士，他做了他该做的事情。当然，笔者宁愿相信马云是《皇帝的新装》中那个天真幼稚的小男童。

市场经济，企业逐鹿。企业家可以不是一名优秀的炮手，但必须是一位具有远见卓识的战略家，一位信仰无比坚定的旗手。毫无疑义可以确信，中国企业界一位信仰异常坚定、意志无比坚挺的优秀旗手横空出世了，他就是马云，一位真正意义上捍卫公司价值观的舵手。笔者相信，他的震怒和呐喊不仅是阿里巴巴走向卓越的一个新的里程碑，他更是中国优秀企业群体昂扬崛起的希望，他注定将成为市场经济时代中国企业走向卓越的一个标杆。

北京精神有点不“仁义”

哪个城市不爱国？哪位公民不爱国？爱国是一种责任，人与生俱来，就像孝顺一样。将“爱国”作为北京精神的核心和灵魂，那么广州精神、上海精神呢？

1995年定居北京，至今19年，没听人提及过北京精神，也没有看到任何宣传北京精神的大、小横幅。可是几乎一夜之间，政府办事机构门前、大中小学、天桥上乃至加油站，都挂出了宣传北京精神的红红的大横幅，一律写着新鲜的“北京精神——爱国、创新、包容、厚德”，形成辛卯初冬京城一道独特的风景，仿佛给人一种“忽如一夜春风来，千树万树梨花开”的感觉，如图5－2所示。

图5－2 北京龙潭湖一小区门前写有“北京精神”的大型横幅

历时一年半的打造，多达20余家高校和科研院所专家学者以及社会各界和部分市民的参与，最后从五个候选表述语中由市民票选出的“北京精神”得以隆重推出，老百姓感到新鲜，微博多是辛辣批评，专家见仁见智，北大中文系教授孔庆东（专门研究北京文化）干脆称之为“一场闹剧”。笔者以为，闹剧倒是谈不上，不过“票选”环节真的有点画蛇添足，精神的东西如何可以票选？

图 5－3　"北京精神"之五个候选表述语

无论如何，北京市委市府为推动北京城市精神表述语的正式诞生所付出的努力，还是应该给与高度肯定。我们注意到，北京市官方关于开展"北京精神"提炼培育工作的背景有这样一段表述：城市精神是一座城市的灵魂，是一种文明素养和道德理想的综合反映，是一种意志品格与文化特色的精确提炼，是一种生活信念与人生境界的高度升华，是城市市民认同的精神价值与共同追求，也是展示城市形象、引领城市发展的一面旗帜。开展"北京精神"提炼培育工作，旨在进一步增强北京文化软实力，充分发挥城市精神在"人文北京"建设中的导向、凝聚、激励作用。不难看出，北京市委市府开展"北京精神"提炼培育工作的逻辑前提，是科学的，也是正确的。至少可以说明，北京市已经从"一手抓 GDP 增长，一手抓土地财政收入增长"的非科学发展模式中率先醒悟过来，这无疑是"人文北京"建设一个令人赞赏的开端。

但是，就"北京精神"的具体表述及其内涵来讲，笔者认为有许多东西尚值得商榷。

最明显的一点，以"爱国"来表达北京精神，个性化特质明显不足；以"创新"来表达北京精神，与北京城市精神的客观存在不符。

就说"爱国"，哪个城市不爱国？哪位公民不爱国？爱国是一种责任，人与生俱来，就像孝顺一样。过去我们讲得多的是弘扬"爱国主义精神"，也讲"民族精神"，一般不说"爱国精神"，当然更不说"孝顺精神"。所以用“爱国”来表述一个城市的精神显然不合适。有人会说，北京不一样，北京是一个最能彰显中华民族爱国传统的城市，不管是“五四运动”、“卢沟桥事变”，还是新中国成立掀起的建设热潮、奥运会北京市民的参与精神，都显现出这座城市强烈的爱国热情和精神品质。这些东西，相信上海、广州、武汉、天津、重庆等城市都可以罗列一大堆。这能说明什么呢，说明北京特别爱国其他城市一般爱国或不爱国吗？无论那个城市，除了一小撮，绝大多数民众过去、现在、将来都是爱国的。将“爱国”作为北京精神的核心和灵魂，反倒麻烦来了，其他城市还怎么提炼本城市的城市精神？接下来，广州精神、上海精神也必须把“爱国”作为城市精神的核心和灵魂，否则，岂不是不爱国了。可是大家都知道，城市精神的表述要求言简意赅，假如也是八个字，“爱国”占两个，其他城市要提炼出有点自己个性特质的城市精神，还真犯难。所以从这个意义上讲，北京市这一次做了一件不大“仁义”的事。

再说“创新”，“创新”也不仅是北京的文化特质。过去哪些城市最具创新精神，经济特区！城市精神是什么，城市精神反映的是一种群体意识，北京人有这种强烈的创新意识吗？恐怕绝大多数北京人都不得不承认，北京人的创新精神比起国内许多其它城市，确实存在不少差距。关于这一点，笔者倒是同意孔庆东教授的说法，北京文化里面更多的是“保守”的东西，比起“创新”，“保守”更符合北京精神特质。到北京胡同转一转，看看老北京的四合院，这一点应该不难理解。

至于“包容和厚德”，笔者去过国内外不少城市，在北京住了十几年，对北京“包容”的感受是真真切切。北京房价如此畸形的高，如果说坚持到今天还没有逃离，其中最重要的原因恐怕就是，太舍不得京城这份“包容”情怀了。

矿产资源跨区域购并与跨文化管理

矿业公司资源版图的扩张不等于并购的成功，资源整合开发的成功才是真正的成功。必须注意的是，矿产资源项目的开发和运营周期一般都较长，少则八年十年，多则数十年。资源并购之后的整合开发进程必然遭遇跨文化管理难题。跨文化问题的有效解决事关资源整合开发的成败。

一、矿产资源集中化趋势不可逆转

研究世界矿业巨头的发展壮大历史不难发现，通过并购实现矿产资源集中化，已经成为一个共同规律。譬如 BHP 公司与 Billiton 公司于 2001 年合并，组成全球最大的采矿业公司 BHP Billiton 矿业集团。淡水河谷矿业公司 2006 年 10 月 24 日宣布用现金以每股 86 加元（约合 76．90 美元）的价格收购了加拿大国际镍业公司 75．66% 的股份，收购金额高达 158 亿美元，收购交易完成后，淡水河谷公司成为世界上最大的镍矿生产商和仅次于澳大利亚必和必拓公司的全球第二大矿业集团。1962—1997 年，力拓公司（Rio Tinto）兼并了数家全球有影响力的矿业公司，并在 2000 年成功收购了澳大利亚北方矿业公司，成为在勘探、开采和加工矿产资源方面的全球佼佼者。嘉能可国际公司（Glencore International）是全球最大的有色金属及矿产品供货商，斯特拉塔矿业公司（Xstrata）是全球第四大铜生产商，铜、镍、锌资源储量丰富，这两家同属于瑞士的矿业公司通过换股方式合并，成为世界第四大矿业巨头。全球最大的锌生产商加拿大特克 - 科明科公司（Teck Cominco）耗资 178 亿加元（约合 160 亿美元）收购世界第一大镍制造商国际镍业公司（Inco），一跃成为世界第五大矿业巨头。2010—2012 年，全球金属和矿业并购交易总额分别为 926 亿美元、1624 亿美元和1100亿美元。预计未来若干年内，全球金属和矿业并购将持续保持活跃态势。

矿业公司热衷于并购扩张，归根结底源于矿业公司对自身根本利益的考虑，主要有两点：

一是增加可控优质矿产资源储量和权益资源产量。矿业属于典型的规模经济产业，衡量一个矿业公司的实力，其中有两个最重要的指标不可忽略，一是看可控制的资源储量，二是可实现的资源产量。巴西淡水河谷从1942年成立以来几乎就没有停止过对矿产资源的并购整合，其主要矿产可维持开采近400年，其中保有铁矿储量约40亿吨。嘉能可国际公司购并斯特拉塔矿业公司，可控优质矿产资源储量和权益资源产量都得到大幅提升。嘉能可2011年拥有的含铜资源量超过0.17亿吨，权益矿铜产量为18.9万吨。斯特拉塔2011年拥有的含铜资源量超过1亿吨，权益矿铜产量为95.2万吨。斯特拉塔新建项目及扩产项目完成后，2015年将新增权益矿铜产量约45万吨。2018—2019年斯特拉塔还有三座要投产的铜矿山资产，预计投产后产能每年新增权益矿铜产量120万吨。购并之后的嘉能可公司拥有的含铜资源量超过1.17亿吨，拥有权益矿铜产量约为110万吨，2015年权益矿铜产量将可能超过150万吨，2018—2019年或有更大幅度的增长。

二是增强对矿产品市场的控制力或矿产品贸易的主导权。并购导致矿产资源的集中化，对以自用为主的矿业公司而言，无疑大大增强对矿产品市场的控制力，降低了过度依赖市场的风险；对矿产品供应商而言，则可以提高矿产资源产品的市场份额，增强了矿产品贸易的主导权。嘉能可和斯特拉塔均为全球重要的铜精矿生产和供应商。2011年嘉能可和斯特拉塔在全球铜精矿生产市场的份额分别为1.5%和6.1%，合并份额为7.6%，居第三位；在全球铜精矿供应市场的份额分别为5.3%和4%，合并份额为9.3%，居第一位。斯特拉塔是全球最大的锌精矿生产商，2011年在全球锌精矿生产市场占有7.6%的份额。嘉能可是全球第五大锌精矿生产商，2011年在全球锌精矿生产市场占有3.6%的份额，双方合并市场份额为11.2%，与第二位竞争者（市场份额为6.1%）相比具有明显优势；嘉能可是全球最大的锌精矿供应商，2011 年在全球锌精矿供应市场占有 13.1% 的份额，居第一位。斯特拉塔 2011 年在全球锌精矿供应市场占有 4.7% 的份额。双方合并份额高达 17.9%，更是大大拉开了与第二位竞争者（市场份额为 6.4%）的差距，在锌精矿市场足以笑傲江湖。

二、矿业企业跨区域资源整合遭遇跨文化烦恼

矿业企业实施跨地区乃至跨国界资源并购，固然是增强竞争实力和实现不断发展壮大的必由之路，但是资源版图的扩张不等于并购的成功，资源整合开发的成功才是真正的成功。必须注意的是，矿产资源项目的开发和运营周期一般都较长，少则八年十年，多则数十年。资源并购之后的整合开发进程必然遭遇跨文化管理难题。跨文化问题的有效解决事关资源整合开发的成败，跨文化问题的复杂性和跨文化管理难题的异常棘手，令矿业公司的各级管理者头痛不已。

何谓跨文化？跨文化（cross culture），本义为文化交叉，特指人类交往或合作过程中的文化跨界现象。在跨区域交往或经济合作的过程中，本民族文化与它民族文化、原地域文化与它地域文化、母国文化与东道国文化、并购企业的文化与被并购企业的文化，存在一定程度的文化差异或文化冲突，包括价值观念、风俗、习惯、行为方式等方面的差异或冲突。

跨文化管理并不是一个新的事物，它起源于古老的国际商贸往来，但它真正成为一门科学，是 20 世纪 70 年代后期总结日本跨国公司的成功经验之后，在美国逐步形成和发展起来的。跨文化管理意指在全球化经营中，对东道国的文化采取求同存异的包容态度，在跨文化条件下消弭分歧化解冲突，并据以创造出独特的企业文化，从而形成卓越管理的过程。跨文化管理的主题就是解决不同价值观念、风俗、习惯、行为方式等方面的相互认同、接纳和有机融合，防范和化解文化冲突，最终达成文化和谐。

国家和地区不同，人的价值维度各异。根据霍夫斯泰德的文化维度理论，权力距离、风险回避、个人主义与集体主义、男性度与女性度、长期取向与短期取向五个价值维度的差别导致人们宗教信仰、风俗习惯、思维方式、道德准则以及沟通方式的不同，并由此酿成文化冲突，致使境外资

源合作项目组织沟通不畅，管理效率下降，经营成本增加，甚至屡受当地民众的抵制。

对矿业公司而言，无论是实施跨国界资源并购还是实施境内跨区域资源并购，在资源整合开发和运营过程中，都会同样面临跨文化问题，都有可能遭遇跨文化管理风险。跨文化管理风险主要表现在：

一是资源并购之后不能妥善解决跨文化管理问题，并购后资源项目整合开发将无法顺利推进，组织运营效率大打折扣。譬如首钢总公司1992年收购秘鲁铁矿公司之后，由于劳资管理理念和劳资管理方式不能得到当地员工的理解和接受，经常遭到铁矿工会组织的抵触。每次经济损失都在数百万美元以上。

二是并购企业在主导资源整合开发过程中如果不能实现并购企业文化与资源所在地地域文化的有机融合，轻则影响与当地社会的和谐关系，重则导致地方产生心理排斥乃至“非理性”对抗。中国冶金科工集团公司通过并购方式从澳大利亚太平洋高地公司收购到巴布亚新几内亚的瑞木镍钴矿，在项目建设过程中，因2009年5月8日一起普通的当地雇员工伤事件导致谣言四起，触发不明真相的当地工人及周边社区居民情绪失控，先是打砸工地损毁财物，后来引发巴布亚新几内亚从首都莫尔兹比港蔓延到第二大城市莱城，以及北部马当和高地地区的全国性严重反华骚乱。分析表明，这其实是一次典型的因跨文化问题累积而最终爆发的跨文化冲突事件。

三、中国矿业企业跨文化管理体系构建要领

（一）正确处理母公司文化和子公司文化的关系

中国企业无论是实施跨国界资源并购还是实施境内跨区域资源并购，外埠企业一般都以子公司的形式出现，和母公司形成法理上的母子关系。如何处理好母公司文化与子公司文化的关系，是外埠企业跨文化管理体系构建的前提。

一般而言，企业跨文化管理就是要求外埠企业妥善解决对母公司文化的继承和创新问题，要求基于外埠企业所在地区的文化交叉特点，创新性

建立一种能够获得子公司内部群体和员工认同的子公司主体文化，以此来统合员工思想和行为，真正发挥企业文化对企业发展的导向作用、润滑作用和促进作用。

将母公司的企业文化与子公司生产经营所在地区文化进行有效的整合，通过各种渠道促进不同的文化相互了解、适应、融合，从而在母公司文化和当地文化的基础之上构建一种新型的企业文化，以这种新型文化作为子公司的管理基础。这种新型文化既保留着母公司企业文化的特点，又与当地的文化环境相适应，既不同于母公司的企业文化，又不同于当地的文化，而是两种文化的有机结合。

（二）处理好地方关系是跨文化管理体系构建的轴心

企业发展离不开和谐稳定的外部环境，特别是外埠资源开发企业，由于本身的生产特点，必然要和所在地政府、社区、居民发生各种各样的关系，这些关系处理不好，必然对企业的生产经营带来巨大的负面影响，轻则影响正常的生产秩序，造成经济损失，重则可能引发群体性事件乃至项目下马，卷铺盖走人。

外埠资源开发企业要始终秉持“同一个矿山，同一个社区”的和谐理念，始终注重打造和提升资源开发软实力，始终注意防范和化解地方关系风险；坚定维护和发展地企睦邻关系、伙伴关系、合作关系，坚定践行“开发一方资源，保护一方环境，发展一方经济，富裕一方百姓，文明一方社会”的社会责任，坚定推进企业的长治久安和地企关系的可持续健康发展。

外埠资源开发企业处理地方关系要坚持两大基本原则：

一是坚持利益为本、互利共赢的发展原则。既要深刻理解和把握当地政府的期待，更要高度关注并认真倾听当地社会各界尤其是受影响社区和居民的利益关切；既要建立“输血”补偿机制扶贫帮困，更要注意打造“造血”机能化解贫困，增强受影响社区和居民的自力更生能力，促进持续发展。

二是坚持信任尊重、理解包容的文化融合原则。在与地方交往的过程中，由于涉及文化碰撞和利益分歧，要想赢得地方各界的尊重，获取信任无疑是必须跨越的第一道门槛。而信任之要，在于待人开诚布公，在于办事设身处地，在于处事言必行、行必果。

跨区域资源开发企业处理好地方关系还要完成三大任务：

一是切实做好商业开发规划，为涉矿社区和居民持续提供商业发展机会。

二是积极投身当地经济和社会发展事业，模范践行“发展一方经济，文明一方社会”的社会责任。

三是高标准、严要求，扎实做好生态环境保护工作。

（三）人力资源本地化是外埠资源开发企业跨文化管理体系构建的根本保障

人力资源本地化，也叫人力资源本土化（localilzation），是相对于人力资源外派方式而言的人力资源任用方式，强调以本地化人力资源替代投资方外派人员，以化解跨文化风险和降低人力成本。人力资源本地化是企业跨国经营或跨区域经营所通常采取的人力资源战略。

实行人力资源本地化战略，对外埠资源开发企业成功开发资源意义重大，既有利于实现母公司文化与当地地域文化的有效融合，实现母公司企业文化的落地、生根、开花、结果；又有利于利用本地员工熟悉本地地域文化（包括价值观念、思维方式、风俗习惯等）的天然优势，增进企业与地方政府、社会各界以及周边社区和居民的有效沟通，进而有效避免文化冲突；还有利于增强当地政府和社会对跨区域资源开发企业的认同感和信任感。

实施人力资源本地化重点须做好以下三项工作：

第一，加强本地人力资源培训工作，提升人力资源本地化的质量。

第二，加强本地化员工的培养工作，加快推进员工骨干的本地化。

第三，适应当地文化环境，推进人力资源管理方式本地化。

“尿歪罚款”——“法治困境”的经典案例

最高明的管理一定不是制度管理，不是法律干预，而是法律道德化，是文化管理。深圳市政府大可不必对“尿歪罚款”如此较劲，不妨从单一的制度管理思维中转换出来，借鉴一些文化管理的思路和做法，也许“尿歪歪”问题可以得到更好解决。

深圳市政府宣布，《深圳市公共厕所管理办法》已经市政府五届八十八次常务会议审议通过，于2013年9月1日起正式实施。该办法规定：对在便器外便溺者处以罚款，被戏称为“尿歪罚款”。这无疑是中国一些部门因患上立法依赖症而陷入“法治困境”的又一经典案例。对此，网络社会一片哗然。

@网友煎蛋0927：怎么鉴定是那人尿的呢？难道嘘嘘时有旁人在旁边监督，或者是提取尿尿去医院鉴定？

@要不咱再商量商量：如果我真的没尿歪，但管理人员冤枉了我，我怎么证明自己没尿歪呢？

@深圳兼职深圳全职：哎妈呀尿歪也要罚，请问你们怎么监督呢？一个坑派一个公务员坐看大家小便，看来要新增“尿管员”岗位了。

@梦幻咖啡屋：深圳市民要多练习定点发射呵。

@潜龙：不如干脆直接没收作案工具。

……

《深圳市公共厕所管理办法》旨在推进城市文明建设工作，提升城市文明水平，弘扬中华传统美德，促进社会进步，这个宗旨并没有错。把城市文明建设纳入制度化管理，通过地方立法，颁布地方性行政法规，强制性规范市民行为，国际社会不无先例。譬如新加坡、中国香港，对公共场合吸烟和随地吐痰等行为都有极严格的处罚规定。但是需要引起高度注意的是，国际社会不论立什么章，建什么制，如何处罚，罚款多少，都必须考虑规章制度在实践中的可操作性。相比"吸烟"和"随地吐痰"而言，公厕"便器外便溺"存在一个监管难的问题。监管"便器外便溺"，大抵有三种方式，一是派人监管，二是摄像头监控，三是他人举报。如果派人在旁边进行监督，监督成本过高，哪个部门能消化得了这样高昂的成本？"在公共厕所安装摄像头"，可是这涉及到个人私隐问题，如何解决？至于他人举报，仅是一种理论上的可能。想想看，当下社会不少人奉行明哲保身、少管闲事的行为准则，指望每一个入厕公民都去举报公厕里的"尿歪歪"，只能是一种想象。

搞管理工作的都知道，不论公共行政管理还是企业管理，都知道管理有两难，管理难在考核，考核难在量化。所以近年来出现了一股热衷于建立各种考核奖惩制度的热潮，一种以考核奖惩替代管理的错误倾向。一些单位和部门企图通过施行严刑峻法，利用考核工具和奖惩手段一举解决管理问题，但实践中却收效甚微，欲速不达。

考核和奖惩究竟能不能达到目的、收到实效，取决于三个方面的因素：一是量化技术，二是考核成本，三是实施条件。

无量化标准，考核奖惩缺乏科学依据。我国一些地方政府出台的干部考核办法，把干部孝顺乃至对配偶是否忠诚作为干部考核指标，这里姑且不论把这些指标用于干部考核是否合理，这些指标的量化无论如何都是一个难题。我国交通管理条例一直有"严禁超员、超速和疲劳驾驶"的规定。超员、超速，考核标准相对容易量化，但疲劳驾驶，就存在一个量化问题。以前交通行政管理部门没有提出一个"疲劳驾驶"的量化标准，所以规定也一直无法得到有效执行。后来，交通行政管理部门对"疲劳驾驶"进行了量化，确定"驾驶员白天连续驾驶超过4个小时、夜间连续驾驶时间超过2小时、夜间累计驾驶超过6小时"，就属于"疲劳驾驶"，从此关于"疲劳驾驶"的考核和奖惩就有了依据。

虽有量化标准，但考核成本不经济，考核和奖惩制度也难以实施。还是以“疲劳驾驶”为例，如何知晓“驾驶员白天连续驾驶是否超过4个小时，夜间连续驾驶时间是否超过2小时，夜间累计驾驶是否超过6小时”，如果专门安排一个考核人员随车考核，显然考核成本太高。后来出现了GPS定位技术，在每一台车上安装GPS定位系统，完全可以监控到行车中途有无停车休息或者更换驾驶员的情况。解决了考核成本问题，“疲劳驾驶”的考核和奖惩就会迎刃而解。

有量化标准，考核成本也不高，但遇到其他障碍，也很难执行。深圳“尿歪罚款”就是典型的案例。是不是“尿歪”了，装一个摄像头，安排一个人坐在监控室进行监控，完全可以即时监控到“尿歪歪”。可是，现行法律框架下，这种做法因侵犯公民的隐私权而为法律所不容。所以说“尿歪罚款”遭遇执法障碍，说到底还是一纸空文。

其实，深圳市政府大可不必对“尿歪罚款”如此较劲，不妨从单一的制度管理思维中转换出来，借鉴一些文化管理的思路和做法，也许“尿歪歪”问题可以得到更好解决。制度管理和文化管理的最大区别在于，前者属于他律，表现为硬性的规定，后者属于自律，表现为软性的约束。譬如许多男卫生间都张贴有诸如“向前一小步，文明一大步”之类的标语，这就是一种文化暗示，这种文化的暗示随着时间的累计，潜移默化，终将转换为一种巨大且无形的规范力和约束力。

最高明的管理一定不是制度管理，不是法律干预，而是法律道德化，是文化管理。深圳是我国改革开放的桥头堡，是探索市场经济的前沿阵地。市场经济本质特征就是尊“法治”，但必须引起高度注意的是，法治的落实绝不在于机械式地用法条来取代固有的文化传统。德国古典哲学创始人伊曼努尔·康德（Immanuel Kant）曾说过这样一段话：“有两样东西，越是经常而持久地对它们进行反复思考，它们就越是使心灵充满常新而日益增长的惊赞和敬畏，一是我头顶上的星空，二是我心中的道德定律。”管理学上有一个“火炉法则”，说的是制度如火炉，触摸者必烫无疑。制度如火，固然令人望而生畏，但“上善如水”，“水善利万物而不争”，而“攻坚强者莫之能先也。”文化如水，水滴石穿，这就是水的力量。

企业文化建设不在于知而在于行

《尚书·说命中》云："知之匪艰，行之惟艰。""知之"并不难，难的是"行之"。世事如是，企业文化建设更是如此。

一、企业文化体系四位一体

企业文化是企业在生产经营过程中所创造的并经提炼形成的用以指导和规范企业行为的价值观、道德、精神以及操守的综合。从20世纪90年代后期开始，越来越多的中国企业开始重视企业文化建设，有的公司花费不菲费用聘请顾问公司设计MI（Mind Identity）、BI（Behavior Identity）、VI（Visual Identity），但企业文化建设的效果却大相径庭。企业文化在许多公司被束之高阁，被人感觉华而不实，如同花拳绣腿。

中国公司开展企业文化建设，传统的做法是，偏重MI、BI的总结和提炼，以及VI的设计，大多忽视企业文化的落地实施，尤其是MI和BI的落地实施。现代公司深化企业文化建设出现了一个新趋势，那就是越来越重视企业文化建设的实效，更加关注企业文化的落地实施。传统企业文化体系与现代企业文化体系的比较模型如图5-2所示。

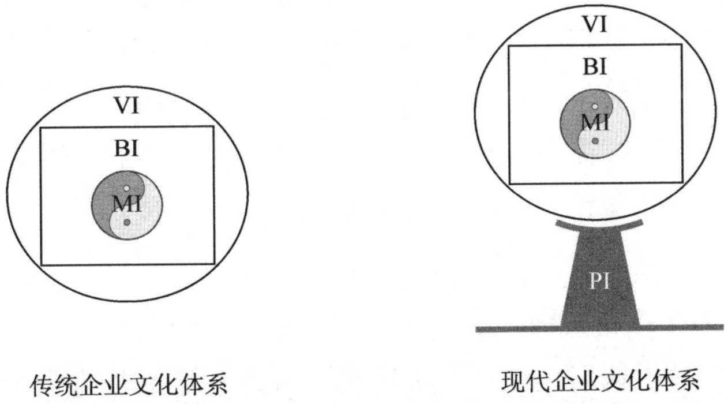

图5-2 传统企业文化体系与现代企业文化体系比较模型

现代企业文化体系在 MI、BI、VI 的基础上增加了一个重要环节，那就是 PI（Put into effect），PI 即为落地实施，产生效用。MI、BI、VI 与 PI 一起，共同构成企业文化体系的四位一体模型。

“以行而求知，因知以进行”。这已经成为现代公司深化企业文化建设遵循的重要原则。企业文化来源于企业实践，必须再回到生动的实践中去，犹如春风化雨，去润化公司员工的灵魂，进而凝聚成推动企业持续发展的正能量。

二、企业文化落地实施的五个环节

《尚书·说命中》云：“知之匪艰，行之惟艰。”“知之”并不难，难的是“行之”。世事如是，企业文化建设更是如此。企业文化之 MI 的梳理和提炼，BI 的归纳和总结，VI 的策划和设计，已经变成一种专业性工作，应该说都有套路可循，有章法可依。而 PI 呢，企业普遍感觉难度极大，即便是很想推进企业文化的落地实施工作，也苦于缺乏落实实施的可行举措和路径。结合管理咨询实践探索，我们认为企业文化的落地实施，可以从以下五个环节入手。

1. 企业文化培训

企业文化培训是企业文化落地实施的第一步，通过培训，加强员工对企业文化的认识，使之入脑入心。那么如何做好企业文化的培训实施工作呢？首先，公司领导须带头参与培训。公司领导带头听课尤其是带头讲课，充分表现出公司对企业文化培训的重视，对推进企业文化落地实施的决心，有利于提高培训工作的质量。其次，要分层分批组织培训，譬如公司统一组织中高层管理人员培训和新员工培训，公司各下属单位组织本单位员工培训。再次，需对企业文化培训的质量进行考核，可以组织企业文化知识竞赛、企业文化演讲比赛、企业文化户外拓展训练等，把企业文化培训工作推向高潮。

2. 企业文化宣传传播

企业文化的落地与企业宣传工作密不可分，这也是许多企业把企业文化管理职能和宣传职能合并的重要原因。坚持不懈做好企业文化宣传工作，有利于培养员工认同感和归属感，增强员工主人翁精神，在潜移默化中实现员工的价值观与企业价值观的有机融合。

企业文化宣传传播需注意两点：一是把握好宣传传播主题，企业文化宣传主题必须始终围绕企业基本价值理念尤其是核心价值展开，必须服从和服务与企业战略发展大局。二是选择好传播媒介，传统媒体和新媒体众多，企业文化宣传传播必须要有所选择，要有的放矢。

3. 企业文化楷模工程

实施企业文化楷模工程，创建企业文化示范班组和评选企业文化模范员工，是促进企业文化落地生根的重要举措。通过示范班组的创建和模范员工评选，可以深化员工对企业文化理念的理解，倡导对职业操守和行为规范的遵守，激励员工自觉自主践行企业文化。

企业文化模范班组的创建和模范员工评选，是企业文化管理工作的重要环节，与企业生产经营管理并行不悖。有的企业认为，企业有绩效考核体系，提出把企业文化的考核纳入到绩效考核，这其实是“以考代管”的典型表现。企业文化模范班组的创建和模范员工评选本质上属于推先评优工作，目的在于在企业营造一种热爱企业文化、践行企业文化的风尚和氛围；绩效考核则是针对组织或个人职责履行情况的效果评价，两者之间泾渭分明。

4. 企业文化建设与文体活动融合

文体活动是把企业文化建设不断引向深入的生动载体。结合文体活动推进企业文化建设，不但可以把企业文化建设不断引向深入，而且易于取得成效。文体活动寓教于乐，将企业文化的深刻内涵以人们喜闻乐见的形式表达出来，将教条而又呆板的东西以一种生动活泼的形式呈现出来，像火把点燃了员工心中的激情，令人热血沸腾，精神振奋。丰富多彩的文体活动让员工愉悦身心和纾缓精神疲劳的同时，陶冶情操，并受到感化和教育。企业可通过举办联谊及竞技性的文体活动推动企业文化建设，让企业文化融入员工生活，强化员工团队合作精神。

5. 新员工入职宣誓

员工入职宣誓，是一次庄严的宣告，也是员工心灵的告白，更是一次深刻的精神洗礼。企业坚持举行员工入职宣誓仪式，让员工在入职之初，以誓言的形式对选择的工作和岗位做出庄严承诺，表达对职业的坚定，对岗位职责的担当，更重要的是对公司核心价值和员工职业操守的坚守，这对增强乃至升华员工的职业使命感、职业责任感和职业荣誉感具有十分重要的意义。

三、企业文化展示与传承的"六个一"工程

企业文化不仅要展示出来，更要传承下去，通过展示和传承，持续性地给员工以视觉与听觉冲击，营造潜移默化的文化环境。通过展示和传承，传播企业价值理念，引导和凝聚员工积极参与企业改革发展，树立共同的价值观和信仰，激发荣誉感与责任感，增强企业凝聚力。

企业文化展示与传承，需要以合适的载体为依托。在为众多企业的咨询实践中，我们提出了企业文化展示与传承的"六个一"工程，即以"一篇赋、一首歌、一座雕塑、一个陈列室、一个内刊、一本故事集"作为企业文化展示与传承的载体。

1. 一篇赋

企业赋可谓企业文化体系建设的点睛之作，在企业文化传承体系中居引导地位。围绕企业文化理念、企业发展战略和企业发展成就作一篇企业赋，以赋辞的艺术形式诠释企业的使命抱负，宣示企业的核心价值，有利于坚定信念，凝聚力量，时刻鞭策和激发公司员工奋发进取。尤其是把企业赋以碑刻形式呈现出来，有利于向社会各界传递出企业的正能量。

2. 一首歌

《诗·大序》曰："情动于中而行于言；言之不足，歌之咏之；歌咏之不足，舞之蹈之。"一首《义勇军进行曲》对凝聚爱国情操，唤起爱国激情，激发爱国主义，发挥了难以估量的作用。同样，一首企业之歌，以歌唱的艺术形式传颂企业文化，以优美的旋律，抒发企业心声，有利于员工在歌声中增进对文化的感悟，在歌声中感受文化的力量。

3. 一座雕塑

雕塑被称为"凝固之乐舞，立体之史诗"。它是文化的固化，是历史

的传承，更是价值和精神的象征。一幅生动的雕塑作品，就是一段尘封的历史，一段难忘的记忆，一段如歌的岁月，或者是一个令人感怀不已的故事。它寄予了人们太多的情感和联想，也表达了对未来美好生活的向往。企业雕塑是一种立体的、供全方位观赏的艺术作品，它既是企业文化的重要组成部分，更是传承企业文化的重要物质载体。企业雕塑的体量一般都不大，它的体量在企业环境中仅仅占有很小的比重。但是在企业文化建设中可以发挥出独特的作用。一方面，企业雕塑可以在优化企业环境中起到画龙点睛的作用，有利于提升企业文化品位。另一方面，一尊反映企业文化主题的雕塑作品将给员工以美的熏陶，给员工以美的享受。雕塑作品会以其所体现出的文化内涵，感染、教育和激励企业员工，促进员工思想品德的健康成长。

4. 一个陈列室

设置企业文化陈列室，以沙盘、展板、图片、书法作品、实物等形式呈现企业发展战略、企业改革成就、发展重大事件、企业文化成果等，有利于员工铭记奋斗历史，总结发展经验，增强发展信心。

5. 一个内刊

企业内刊是企业文化的宣传阵地，是企业文化宣贯和传播的重要载体，是记录和报道企业文化演进过程和企业文化建设成就的重要平台。通过企业内刊传播企业价值理念，记录企业发展风采，有利于引导员工职业操守，增进企业上下互动，丰富员工精神生活，塑造企业良好形象，增强企业凝聚力和向心力。

6. 一本故事集

谈到海尔的企业文化时，人们会自然而然地想起“铁锤砸电冰箱”，“洗衣机洗地瓜”等故事。企业文化故事既是一种文化沉淀，也是一种文化诠释，更是一种生动的文化传承形式。一个个触动心灵的企业文化故事按照时间先后顺序连起来，形成一条文化“珍珠项链”，让企业文化由薄变厚，将使一代代的员工深受教益。

附录一

管理咨询是一种力量

——访北京博洋零询管理顾问有限公司总经理何腊柏博士

《中国有色金属报》记者　李旋　赵夏擎

北京博洋零询管理顾问有限公司是一家专业从事矿业企业战略管理、集团化管控、人力资源管理机制优化和企业文化体系建设咨询服务的专家机构。近年来为推动中国矿业企业管理变革和进步奉献心力，为众多大中型企业提供了优质管理咨询服务，创造了“咨询一家满意一家”的不俗业绩。近日，北京博洋零询管理顾问有限公司再度获授中国管理咨询行业最高奖——中国管理咨询优秀案例奖，这是中国企业联合会自2012年创立该奖项以来，该公司连续两年获得该项殊荣。作为这家中国矿业管理咨询领先机构的创办人何腊柏博士，回顾心路历程，充满感概。《中国有色金属报》记者赵夏擎为此对何腊柏博士进行了专访。

记者：今年是中国企业联合会在全国范围内开展管理咨询优秀案例评选活动的第二年，北京博洋零询管理顾问有限公司再度获授中国企业联合会颁发的中国管理咨询行业最高奖——中国管理咨询优秀案例奖，您作为公司总经理有什么特别感受？

何：能够获得中国企业联合会授予的行业奖励——管理咨询案例奖，这是中国管理咨询行业主管部门对我们多年来所做的咨询工作的认可。连续两年能够获得这个奖实属不易，因为全国各地咨询公司每年向中国企业联合会报送上千个管理咨询案例，每年只有20个左右的案例能够脱颖而出，可以说获奖的案例基本代表了中国管理咨询行业的领先水平。

中国咨询业目前的状况是，咨询公司数量很多，但鱼龙混杂、良莠不齐。很多咨询公司心态浮躁、急功近利，但在质量方面，在联系实际解决问题方面，在研究的深度方面做得很不够，导致客户满意度总体上不高，可以说，客户满意度问题是中国管理咨询行业发展最大的风险。我们恪守

"客户为壹我为零"的客户理念，强调为客户提供物超所值的服务，让客户心满意足。我们在咨询前期深入开展行业研究和标杆研究，咨询初期深入开展实态访谈和调研，咨询过程深入对接互动，把方案做精、做细、做实。咨询成果交付之后，我们提供一年的实施辅导服务，确保咨询方案落实。我们深知，我们所做的一切只归结为一点，那就是赢得客户的尊重，这才是咨询职业的真正价值，才会让我们这个社会共同感受到管理咨询的力量。

记者：能不能请您介绍一下北京博洋零询管理顾问有限公司的咨询服务特色？

何：博洋零询公司主要有四个方面的特色。

第一，我们的咨询理念契合客户的要求。我们公司叫"博洋零询"，它内含我们独特的咨询理念。具体解释一下，"博洋"就是要求公司咨询团队要有非常广博的知识，非常深厚的研究功力。"零询"有两层意思，一是表达"心态归零零即壹、空杯境界杯亦满"空杯情怀，二是强调"客户为壹我为零"。

第二，我们专注于矿业领域。多年来，我们一直坚持把矿业企业的管理咨询定位于我们的核心业务，我们的团队有很深厚的矿业管理和技术背景，对国内外知名矿业企业有深入研究。我们的口号是："懂矿业，为矿业，与中国的矿业企业管理变革同行。"我们深知，管理咨询，只有做得专，才能做得精，只有做得精，才能赢得客户的尊重。我们的咨询服务取得了"咨询一家满意一家"的优良业绩，这与我们的专注和专业是分不开的。

第三，特别重视咨询团队与客户企业的良性互动沟通。我们与客户企业的沟通互动贯穿于咨询的每一个环节。我们始终认为，管理咨询服务形成的任何一项解决方案，都是双方团队管理思想和管理思维的集成，是双方团队管理智慧的结晶。

第四，咨询方案坚持"一例一案"，拒绝"模板"。我和我的团队有一个共识，那就是"视咨询为登山"，每一座山的秉性都会不同，攀登每一座山都是一次新的挑战，我们只有从零开始。我们的心里、眼里、手里，永远没有“模版”。我们特别注重企业的个性化需求与企业的文化、企业的管理体制、企业所处发展阶段等具体情况相结合，专注于研究和设计个性化管理解决方案。

记者：您曾经在中央大型企业从事管理工作，是一种什么力量驱使您放弃一份相对稳定的职业，进而投身充满挑战的管理咨询事业？

何：我一参加工作就在矿山，因为年轻的时候，最好的时光都留在矿山了，所以我跟矿业企业有很深的感情，这就相当于每个人的初恋，这种情感是最值得留恋的，也是记忆最深刻的。后来，我有机会到中央大型企业工作，对国际矿业公司进行深入研究，中国矿业公司与国际矿业公司在战略管理、组织管理、人力资源管理、企业文化管理等方面的巨大差距，令人震撼。我感到有一份沉甸甸的责任去帮助更多的中国矿业企业改善管理工作。从这个意义上讲，只能说是与矿业情缘未尽，我还得回归矿业，我觉得这是我的归宿，我和我的团队打心里为能够给越来越多的中国矿业公司提供切合实际的管理解决方案感到无比欣慰和自豪。

记者：我国矿业公司企业管理相对粗放，贵公司在为矿业企业提供管理咨询服务的过程中遇到了哪些困难或挑战？如何去化解这些挑战？

何：如您所言，中国矿业企业管理上确实相对落后一些，矿业公司管理层也都能够意识到管理方面的差距，但由于矿业公司拥资源自重，加之大部分矿山企业位置偏僻，所以尚存在管理变革意识不强、管理变革阻力较大的问题，这可能是我们开展管理咨询工作面临的最大挑战。

管理变革特别是企业组织和人力资源管理体系的优化，意味着对现行利益格局进行调整，现有的部门有可能被裁撤或归并，有的员工有可能面临岗位调整和调降薪酬，这样的利益调整势必面对传统观念、习惯思维、保守力量的抵触或消极对抗。由于国有企业通常视“稳定”为压倒一切的大局，所以如何在确保不触碰“稳定”红线的前提下设计好管理变革方案，成了摆在我们面前的一大难题。我们在系统总结国有企业变革成功经验和失败教训的基础之上，提出了国有矿业企业特别是无城市依托的矿山企业的“柔性变革”模式，有效破解了国有矿业企业组织和人力资源管理变革的难题。我们主导的大型矿业企业柔性变革得到了客户企业的高度认同和称赞。

记者：请问矿业管理咨询的工作流程是怎样的？咨询团队是否也会深入井下或冶炼炉前作业现场开展调查研究？

何：管理咨询流程大致分实态访谈调研、行业与案例研究、方案初步设计、方案讨论沟通、方案优化、辅导培训等几个阶段，这里需要特别强调的是咨询工作的第一个阶段，那就是“实态访谈调研”。在这一阶段，咨询团队必须深入矿业企业采矿（无论井下还是露天）、选矿、冶炼的一线作业现场，访谈干部员工，开展调查研究，深入了解工人的作业环境和作业过程，这是一个从感性到感受再到感动的认知过程，这个过程越深入越好，否则设计出来的管理咨询方案难以接地气。

记者：北京博洋零询管理顾问有限公司创立六年，取得一系列优良业绩，请问您对公司未来的发展有何规划？

何：第一，气定神闲，戒除浮躁，坚定不移地立足于矿业企业管理咨询，持之以恒开展国内外矿业企业案例动态研究，进一步夯实和强化我们在矿业行业的竞争优势。

第二，坚守我们的六大咨询服务理念，这六大咨询服务理念就是心态归零、参谋定位、行业切入、诊断先行、拒绝模版、反复沟通。

第三，坚持走“瞪羚模式”发展之路。“瞪羚”是非洲的一种动物，个头不大，跑得快，跳得高。我们走“瞪羚模式”发展之路，追求精细发展，自然生长，始终做到“咨询一家、满意一家”，绝不追求公司经营规模的盲目扩大。

“管理咨询是一个机会，管理咨询是一种力量。”我们希望通过管理咨询同仁专业而又富有实效的工作，把管理咨询变成真正推动企业变革和企业转型的一种不可或缺的力量。我们将始终秉持“客户为壹我为零”的客户理念，常怀空杯心态，风雨潜行，为实现“以理性维护企业健康，以激情助力管理变革，以智慧推进客户从优秀走向卓越”的公司使命而不懈努力。

附录二

与中国矿业企业变革同行

——访北京博洋零询管理顾问有限公司总经理何腊柏博士

《中国有色金属报》记者　何水金

在矿业资源化、资本化、政治化狂潮席卷全球的当下，中国矿企变革迫在眉睫。矿企变革是一项庞杂的系统工程，为了探寻一条适合中国国情和矿情特色的变革之路，记者近日采访了我国矿业企业管理咨询服务专业智力机构——北京博洋零询管理顾问有限公司总经理、企业战略和人力资源管理资深专家何腊柏博士。

记者：北京博洋零询管理顾问有限公司是一家从事企业战略管理和人力资源管理咨询顾问服务的专业智力机构，与中国最大矿山企业——德兴铜矿成功合作，这对公司未来的发展有什么重大意义？

何：与德兴铜矿的成功合作，标志着博洋零询的管理咨询事业攀上了一座新的高峰。博洋零询以中国矿业企业为优先咨询服务对象，以成为“中国矿业企业管理咨询第一家”为奋斗目标。与德兴铜矿携手合作，是我们在追求企业远景目标征途上迈出的最坚实的一步，这无疑是一个新的里程碑！

众所周知，德兴铜矿是世界第二、亚洲最大的露天铜矿，若论其具体矿情及管理特色，世界绝无仅有。德兴铜矿拥有1.3万名余员工，管辖的矿区人口超过5万余众，矿山企业中几乎无人能望其项背。作为一个无城市依托的相对独立的矿区，德兴铜矿组织和人事变革之复杂性和难度，堪称中国传统国企组织变革的经典标本。主持完成这种超大型矿业企业的咨询，博洋零询在咨询信心、咨询能力和咨询品质等方面都经受了一次前所未有的严峻考验，但实践证明，目前我们已经完全具备为中国矿业企业的组织和人事变革提供完整解决方案的能力，并且我们提出并倡导实施的“复杂企业柔性变革模式”经受住了实践的检验。

记者： 作为一位资深管理咨询专家，您成功主持过包括大庆油田、齐鲁石化、青岛纺织集团在内的许多大型国有企业的管理咨询项目，其中《齐鲁石化企业文化管理咨询项目成果》入选国资委《中央企业企业文化建设优秀案例汇编》，在业界赢得了很好的口碑。但是，您创办北京博洋零询管理顾问公司时间并不长，博洋零询能够与众多竞争对手同场PK，同台竞逐德兴铜矿管理咨询项目并最终胜出，您认为贵公司成功签约德兴铜矿的关键是什么？

何： 我本人从事管理咨询工作长达十余年，成功主持过数十个管理咨询项目，每一个项目都让客户企业感到物超所值，心满意足。虽然博洋零询作为国内从事企业战略管理和人力资源管理咨询顾问服务的新秀，但“让客户心满意足”的服务理念在博洋零询得到了发扬光大。这一点应该说是首要的。

还有一个重要的原因就是，我和我的咨询团队拥有比较丰富的矿山企业管理咨询经验。我本人是采矿工程师出身，在中国的特大型矿业企业金川集团公司从事矿山技术和管理工作长达八年之久。虽然我后来离开了矿山投身管理科学研究领域，但我却把人生最美好的年华无私地奉献给了矿山，多少年来我对矿山一直怀有至深至厚的情感，对中国矿山企业的管理现状有着刻骨铭心的感受。在我的职业生涯中，我有幸参与了两个境外矿产开发资源项目的管理工作，对国际矿山企业的先进管理体系有比较深刻的认识。我的博士论文《中国企业境外资源开发战略风险研究》，让我有机会对中外矿山企业的管理模式进行了深入系统的比较研究。可以说，我的这三段经历让我对中国矿业企业管理问题拥有足够的发言权。我们结合德兴铜矿的实际情况提出的推进德兴铜矿组织和人事管理变革的“柔性变革模式”，引起德兴铜矿的浓厚兴趣并最终得到了德兴铜矿领导层的充分肯定和高度认可。

记者： 我们了解到，贵公司创建以来，相继承担并完成了国内多家矿业企业管理咨询项目，您能否简要概述一下国有矿业企业尤其是矿山企业当前在组织和人力资源管理方面存在的主要管理问题？

何： 当前国有矿业企业尤其是矿山企业，组织和人力资源管理存在的问题可以用两个字来概括，那就是“不变”。矿山企业，拥有资源，得天独厚，偏安一隅，自我满足，固步自封。一份浓烈的守业情结导致管理体制“旧”，管理机制“僵”，思维惯性“重”，管理模式和管理体系十几年乃至几十年维持现状。现代市场经济体制环境下，如何实现由“不变”向“求变”的跨越，这是国有矿山企业当前面临的最紧迫课题。

譬如说，关于管理流程问题，“条”“块”管理思维固化导致“条”、“块”藩篱高筑，流程阻滞堵塞，流程控制节点缺失，扯皮无休无止。有机构、有制度、无流程形成企业管理所称“跛脚鸭”怪象。

关于组织机构问题，管理层级过多，职能上下重叠，职能机构虚胖，行政后勤服务岗位冗员严重，而主流程技术人员和操作技工长期偏紧。

关于人力资源管理问题，岗位设置随意，岗位责权模糊，人力资源配置深陷行政化“沼泽”，薪酬分配与岗位价值相脱节，与个人绩效贡献不挂钩，与人才市场价值相背离，薪酬分配过分迁就“弱势群体”，公平正义荡然无存。

国内矿山企业管理相当落后，可以说是不争的事实。我们给国内不少化工企业提供过管理咨询服务，如果要把矿山企业与化工企业作一比较，我个人觉得矿山企业的管理水平至少落后 10 年以上。矿山企业拥有资源，抱着“金饭碗”，几乎没有什么市场竞争压力，这是中国矿山企业变革意识淡漠和变革动力弱化的根本原因。

也许中国矿业企业还有几年好日子，但未来的挑战和压力注定将越来越大。思考中国矿业企业的管理变革，必须放眼全球，具有国际视野，我们不仅要知道中国矿业企业与中国其他行业的企业在管理方面的差距，更需了解与淡水河谷、必和必拓、力拓等国际矿业巨头的管理差距。当今时代，矿产品期货市场日趋发达，金融资本已经深入渗透到矿业产业链的各个环节，矿产品市场国际化趋势不可逆转，中国矿业企业粗犷式经营模式面临前所未有的挑战。中国矿业企业是奋起变革还是因循守旧，这是决定中国矿业企业生死命运的重要抉择。

记者：企业组织和人事管理变革涉及每一位职工切身利益的调整，常常会遭遇传统习惯势力的抵触，前些年，有的大型国有企业因为实施了较为激进的变革而导致职工上访甚至群体事件，让许多企业至今心有余悸。作为一名资深管理咨询专家，您对大型国有矿山企业的变革有什么建议?

何：大型国有矿业企业多年来陈积的管理问题较多，管理变革可能遭遇巨大阻力，搞得不好就会影响企业稳定。结合我们在德兴铜矿管理咨询项目上取得的经验，我们认为，以一种“柔性变革模式”替代“激进变革模式”，可以大大化解变革阻力，达到比较理想的变革效果。“柔性变革模式”的内涵主要有以下几点：

第一，借力外脑，设计变革方案。变革自古多阻碍。研究表明，中国自古以来的变革多以无果而终乃至败局收场，原因极为复杂，除了传统观念根深蒂固和守旧势力比较强大等阻力因素以外，最关键的一点在于，要看变革由谁主导，由谁组织，变革方案由谁负责设计等。中国人有两个思维习惯，一是唯上，唯红头文件是遵。变革要是由上一级组织来发动并以红头文件提出具体变革方案，下一级组织遵照实施，往往不会有多大的阻力。二是外来的和尚好念经。“外来的和尚”由于立场独立、角度客观，加之心态超脱，可以远离组织内部的利益纷扰和复杂关系，由他设计的变革方案，其专业性和公允性更容易令人信服。而组织内部中的人都是利益相关者，无论如何变革，势必涉及自身利益或者其所代表的群体利益。如果变革的始作俑者和发动者既为当权者和组织者，同时又是变革方案的设计者和执行者，客观上会导致变革者角色混乱，这就好比一个人既是运动员，也是教练员，还是裁判员。角色混乱的结果是角色冲突。在这种情势下，变革方案的客观性、科学性和公正性必然引起人们的质疑，进而客观上授反对者以口实，让既得利益者找到了一个抵触和对抗变革的借口。中外复杂组织的变革经验告诉我们，借力外脑，让专业管理咨询机构以顾问形式参与变革进程，大大有利于化解变革阻力，使变革工作平稳有序向前推进。

第二，思想培训，奠定变革基础。研究表明，变革阻力主要是来自思想方面的阻力，变革要成功，必先解放思想。大家都知道，文艺复兴运动推动了欧洲文化思想的繁荣，为资产阶级革命奠定了进步的思想基础，中国 20 世纪 70 年代末 80 年代初的改革开放首先也是从解放思想开始的。复杂企业在启动变革之前，必须加强对企业职工的思想培训工作。可以邀请有关专家来企业讲课，宣讲企业面临的机遇和挑战，宣讲市场经济理论和现代企业管理理论，宣讲同行业标杆企业组织和人事管理变革的先进经验。也可以分期分批选派部分职工去标杆国有企业和优秀民营企业学习考察，开阔视野。通过采取“请进来”和“走出去”的方式，转变职工观念，统合职工思想，明确变革方向，坚定变革信念，将大大有助于化解变革阻力。

第三，集思广益，让职工广泛参与。企业变革不是少数人的游戏，企业变革一定要代表绝大多数职工的利益。企业变革程序是否规范，变革过程是否透明，变革方案能否集思广益，能否反映大多数职工的诉求和愿望，这是决定企业变革成败的关键。所以说，复杂企业柔性变革模式其中一个关键点，就是要争取职工群众的更广泛参与。职工参与的方式一般有访谈、问卷调查、恳谈会等。尤其值得一提的是，企业组织和人事管理变革涉及每一位职工的切身利益，必要时可以提请职代会审议改革方案，可以对改革方案予以公示，以更广泛尊重民主，吸纳民意，确保变革方案能够得到绝大多数职工的拥护。

第四，宣传导向，营造良好变革氛围。为了使企业组织和人事管理变革进行得更加平滑、更加顺畅，宣传工作是不可忽视的重要一环。宣传工作要结合每一个阶段的变革主题，确定宣传主题，充分利用企业内部的报纸、电台、有线电视、局域网络以及有形的宣传栏等宣传媒介，大张旗鼓宣传变革的意义，发挥舆论的正确导向作用，营造良好的变革氛围，为变革开路。

附录三

2012 年中国管理咨询获奖优秀案例
——德兴铜矿组织和人力资源管理体系优化

项目概要：德兴铜矿是一家无城市依托的特大型国有矿山企业，诊断表明，德兴铜矿管理体制和经营机制变革滞后，存在管理流程阻塞、组织机构臃肿、冗员严重、分配平均主义、矿内人力资源逆向流动、骨干人才外流等突出问题。陈旧而缺乏活力的组织和人力资源管理机制日益成为德兴铜矿进一步解放生产力的内在制约。按照德兴铜矿提出的“审慎稳妥、务求成功”的总体要求，北京博洋零询管理顾问有限公司借鉴“组织变革平衡模型”，创新性提出了一套针对德兴铜矿复杂情况的柔性变革模式，有效破解了企业改革与维护稳定相平衡的难题，既适时推进了德兴铜矿组织和人力资源管理变革的顺利进行，又保证了企业总体的和谐稳定。“组织和人力资源管理体系优化方案”理论切合实际，有的放矢，操作性强，获得了德兴铜矿上下一致的高度认可。

一、项目背景

矿业是国民经济的命脉，是国民经济发展的支柱性产业之一。中国经济的强大从某种程度上促进了中国矿业的复苏和繁荣，却没有使中国矿业企业趁机走向强大。本土矿企为数众多，但大多小而不大或大而不强，三大世界矿业巨头相差甚远。我国国有矿业企业坐拥国家资源，得天独厚，却偏安一隅，管理体制“旧”，管理机制“僵”，思维惯性“重”，组织机构长期臃肿庞杂，薪酬分配的“大锅饭”依然盛行，绩效考核长期流于形式以致各管理层级责任逐渐弱化。僵化的组织和人力资源管理体系已经形成国企进一步解放生产力的内在制约。中国矿企变革迫在眉睫，时不我待。

德兴铜矿是一家无城市依托的特大型国有矿山企业，其铜精矿产量占全国1/5，享有“中国铜都”美誉。论矿区面积、矿石储量，德兴铜矿在有色金属矿山中位居亚洲第一、世界第二；若论其具体矿情及管理特色，世界绝无仅有。作为一个无城市依托的相对独立的矿区，德兴铜矿的员工数量以及它所管辖的人口无人能望其项背。德兴铜矿目前拥有1.3万多名员工，共辖5万余众的矿区人口，堪称世界之最。德兴铜矿1956年开始勘探，1958年建矿，从计划经济时代一路走来，虽然历经改革开放和市场经济体制建设，但囿于种种原因，其管理体制和经营机制变革一直滞后，与世界先进水平的差距越来越大。

世界上最大的露天铜矿区是智利的丘基卡马塔铜矿，拥有矿石储量约100亿吨，控制铜金属量6000万吨。该矿1951年投产，目前铜精矿产量大致维持在每年70万吨左右，矿区工人总人数5600多人，实际上从事矿山作业的工人不到4000人。另一个世界级大型铜矿智利埃斯康迪达铜矿，它的产量目前位居世界第一，铜精矿年产量达到120多万吨，而矿山工人只有2200名。德兴铜矿呢，2010年铜精矿产量50多万吨，在册员工有12025人，其中主业板块9228人，辅业板块2346人，后勤服务板块451人。按照可比口径讲，德兴铜矿用9228人一年才生产出铜精矿50多万吨。与世界先进矿山相比较，德兴铜矿的工艺技术和装备水平并不落后，正是管理体制和经营机制的束缚才导致德兴铜矿全员劳动生产率长期低位徘徊。

德兴铜矿的组织和人事变革牵一发而动全身，动一员而波及三代以矿为家的直系旁系亲属。德兴铜矿的组织和人事管理体制从20世纪80年代一直沿用至今，一方面变革压力与日俱增，另一方面变革难关如关山重重。

与时俱进，选择变革，德兴铜矿别无选择。如何既积极又稳妥地推进变革，尽可能少产生震荡，成了摆在变革者面前的一大难题。

二、尽职调查与诊断分析

北京博洋零询管理顾问有限公司咨询团队进驻德兴铜矿，用两个月时间开展实态调查和诊断分析工作。期间，对德兴铜矿经营管理高层人员、机关各部室负责人、矿属二级单位党政负责人以及职工代表共计129人进行了访谈，发放员工满意度调查问卷500份，岗位信息调查问卷400份，核查了与组织和人力资源管理有关的所有管理流程和管理制度，综合运用数理统计、对比分析、比较研究、工作分析、流程分析等方法，对德兴铜矿组织和人力资源管理体系存在的问题进行了系统诊断，得出四个方面的诊断结论。

1. 德兴铜矿一、二级机关机构过于庞大，机关人员数量偏多

德兴铜矿机关设有33个职能管理部门，共有工作人员892人。分析表明，机关机构庞大的原因主要是“非职能部门职能化”和“业务人员机关化”。譬如，把培训中心和档案馆等单位划为机关职能部门，把保卫部经警、财务部的缴费人员、供销部的保管工、工会从事文体活动场所管理的一般工作人员等都计为机关人员。初步统计，德兴铜矿机关892人中至少有370人不从事职能管理工作，可以从机关剔出。

2. 岗位设置过细，岗位职位不分，结构性冗员问题比较突出，形成了“岗能不配、人不适岗、岗职不符、价薪分离”的岗位管理常态

在岗位管理方面最根本的问题是岗位设置过细，譬如，档案管理工作设置了科技档案、会计档案、基建档案、人事档案、文书档案5个岗位，每一个档案管理岗位就一个人，属于典型的一事一岗一人。

又如，下属运输部门设有“东风车司机、五十铃司机、切诺基司机、8吨水车司机、洒水车司机、垃圾车司机”等司机岗位。

岗位设置过细，一事一人，一人一岗，其明显弊端就是，其中一个岗位的员工因事请假，该岗位担负的工作就将因此停止运转，安排相近岗位的人员暂时接替一下，可能也不便接替。另外，岗位设置过细，员工长期从事一份简单而又单调的工作，不利于员工的职业发展。

3. 薪酬分配长期实行结构工资制度，没有弹性，没有机制活力，没有绩效调节功能，没有时代特点，对内不具公正性，对外没有竞争性

德兴铜矿自20世纪80年代后期开始实行结构工资制度，一直沿用至今。这种分配制度通道单一，工资单元名目繁多，结构复杂，平衡有余，弹性不足，差距不合理，与绩效不挂钩。薪酬分配结果既不具有内部公平性，又缺乏外部竞争性，具体表现出六个不合理：

（1）关键岗位与非关键岗位的薪酬差距太小。

（2）维修骨干与操作骨干的薪酬差距不合理。

（3）一、二线同一岗级之间的薪酬差距与实际差距不符。

（4）不同职能部门同一岗级之间的薪酬差距显失公平。

（5）市场稀缺专业人才与非稀缺专业人才的薪酬差距不合理，市场稀缺专业人才薪酬没有竞争力，不利于吸纳和保留稀缺专业人才。

（6）同一岗位不同身份之间薪酬差距不合理。

4. 绩效考核体系不科学、不完整，没有形成全覆盖，中层干部考核指标过于空泛，考核主体过多，陷于“民主评议怪圈”

诊断表明，德兴铜矿绩效考核存在八大问题：

（1）绩效考核主责部门不明确。调查发现，目前，国企内部参与绩效考核组织和管理的部门主要有人力资源部、企业管理部、组织部、宣传部、工会等。“多龙治水”导致绩效考核职责不明确，流程不顺畅。

（2）缺乏一套科学、系统的绩效考核制度，尤其是直接针对岗位员工的绩效考核制度。目前绝大多数国有企业对二级单位实施了经济责任制考核，将薪酬分配与经济责任制完成情况挂钩，一定程度上解决了二级单位吃企业“大锅饭”的问题，但对岗位绩效而言，仍如同“隔靴挠痒”，职工吃二级单位“大锅饭”的问题仍然相当严重。

（3）多种考核并存，考核体系缺乏有效整合。譬如经济责任制考核、双文明考核、干部德能勤绩廉考核、干部关键事件考核、目标考核等。

（4）机关职能部门和各级管理人员的考核指标设计不科学。绩效指标与职责结合不紧密，指标量化不够，指标过多尤其是存在不少末梢指标，关键绩效指标所占权重偏低，导致考核结果失真，甚至出现了工作责任重、工作负荷大、工作内容多的部门和个人得分普遍偏低的现象。

（5）中层干部绩效考核陷入形式主义的“民主评议”怪圈。国有企业普遍比较重视中层干部考核，考核内容为德、能、勤、绩、廉，但“绩”的指标并不突出；考核主体过多，包括经营经营管理层、相关职能部门、党员代表、职工代表等；考核体系过于复杂，程序繁琐，费时费力。

（6）绩效考核反馈与投诉机制不健全，绩效考核中产生的不满情绪得不到合理释放与疏通，不利于建立和谐共赢的绩效文化。

（7）绩效考核结果与绩效工资挂钩存在“极左”和“极右”两种不

良倾向。“极左”表现是，绩效考核结果唯与薪酬分配挂钩，而且影响的程度很大；“极右”表现是，绩效考核结果虽与薪酬分配挂钩，但是影响的程度很小，几乎不能引起任何重视。

（8）绩效考核体系游离运行，绩效考核工作与人力资管理的其他工作相脱节，与企业文化建设相脱节。

三、解决方案

1. 德兴铜矿组织和人力资源管理变革整体思路

推行组织和人力资源管理体系变革，即意味着对现行利益格局进行调整，有的员工有可能面临岗位调整和调降薪酬，这样的利益调整势必面对传统观念、习惯思维、保守力量的抵触或消极对抗。德兴铜矿管理层不无忧虑，如果因变革导致部分职工（哪怕是极少部分）情绪波动，给这个万人大矿的安全生产带来不良影响，甚至引发群体对抗事件，后果不堪设想。德兴铜矿推进组织机构调整和人事机制变革，如何变消极为积极，化对抗为合作，这是压倒一切的大局问题。用德兴铜矿矿长刘方云和党委书记周犇的话说就是：德铜变革，只许成功，不容任何闪失。像德兴铜矿这样的复杂组织，其变革注定不能按照非复杂组织的变革方式推进。

关于复杂组织变革理论，理查德·贝克哈德（Richard Beckhard）和鲁本·哈里斯（Reuben Harris）于1987年共同提出了一个“变革平衡模型”（Change Model），被视作为组织发展研究领域的一个新的里程碑。“组织变革平衡模型”为：

$$D \times V \times F > R$$

D = dissatisfaction（不满情绪）

V = vision（变革愿景）

F = First steps（初步实践）

R = Resistance to change（变革阻力）

用中文表述即为：不满情绪 × 变革愿景 × 初步实践 > 变革阻力

“变革平衡模型”告诉我们，变革阻力取决于三个因素，即对当前形势状况之不满，对组织未来愿景之期待，变革之初步实践。如果上述三项要素有一项为零或者接近零的话，三者之积也将为零或者接近零，此时，变革阻力将占据上风，反之变革阻力就会减弱。复杂组织的管理变革能否顺利推进，主要看面临的变革阻力有多大以及能否减少和战胜变革阻力。

受“变革平衡模型”的启发，我们创新性地提出了一套针对德兴铜矿复杂情况的“柔性变革模式”，得到了德兴铜矿的高度认可。

“柔性变革模式”的要领主要有五个方面：

（1）明确由咨询公司主导变革工作，独立设计并提交变革方案，德兴铜矿严格遵循民主集中制原则审议变革方案。变革自古多阻碍。中国自古以来的变革多以无疾而终乃至败局收场，原因极为复杂，除了传统观念根深蒂固和守旧势力比较强大等阻力因素以外，最关键的一点在于，要看变革由谁主导，变革方案由谁负责设计等。咨询公司作为企业外脑，由于立场独立、角度客观，加之心态超脱，可以远离组织内部的利益纷扰和复杂关系，其专业性和公允性更容易令人信服。

（2）强化思想培训，奠定变革基础。变革阻力主要是来自思想方面的阻力，变革要成功，必须解放思想，必先统一思想。德兴铜矿采纳了我们的建议，在启动变革之前先开展职工思想培训工作。通过各种形式反复宣讲企业面临的机遇和挑战，宣讲市场经济理论和现代企业管理理论，宣讲同行业标杆企业组织和人事管理变革的先进经验。通过扎扎实实的思想培训，转变职工观念，统合职工思想，明确变革方向，坚定变革信念。

（3）集思广益，让职工广泛参与，确保程序民主。企业改革不是少数人的游戏，要争取职工群众的更广泛参与。譬如，在调研访谈阶段，确保访谈和调查对象的广泛性和代表性；在方案设计阶段，公开征集意见和建议；在方案审议阶段，邀请职工代表参加恳谈会，并提请职代会审议改革方案；在方案正式出台之前将改革方案在全矿公示，再次吸纳民意。通过确保程序民主，夯实改革的民主基础，化解改革的阻力。

（4）开动企业宣传机器，营造良好变革氛围。在改革的整个过程中，德兴铜矿积极发挥宣传舆论的导向作用，结合每一个阶段的变革主题，确定宣传主题，充分利用企业内部的报纸、电台、有线电视、局域网络以及有形的宣传栏等宣传媒介，大张旗鼓宣传变革的意义，发挥舆论的正确导向作用，营造良好的变革氛围，为变革呐喊助威。

（5）变革有“理”，操作有“情”。为消化部分员工的不满情绪，减少变革阻力，在变革方案的具体操作上，对在变革中职位或薪酬被调降的员工，尽可能做到有“理”调整，有“情”安排，以时间换空间，逐步纾缓变革阻力。譬如，机构合并以后导致职能部门正副职数减少，一方面要实行竞争机制让合并前的部门正副职都有机会参与公平竞争，竞聘上岗；另一方面要妥善做好落聘同志的安置，落聘同志应该说是对企业组织变革作出了贡献，组织上不能对这些同志另眼相看，更不能歧视。我们的做法是，在薪酬待遇上保留“存量”，安排其从事岗能匹配的工作。再如，实行科学定岗定编的结果是岗位和编制都有所精简，原来几个岗位现在复合为一个岗位，原来一个岗位3个人将减为2个人。柔性变革的做法是，设定一个过渡期，在过渡期内，企业给富余出来的员工提供新的岗位、新的出路、新的培训，让员工逐渐把压力转化为动力，走上新的职业发展之路。在富余的员工拥有新的岗位之前，可以继续照过去方针办。

德兴铜矿组织和人力资源管理的柔性变革的实践证明，把握合适的节奏，运用合适的力度，以一种柔和的方式推进国企变革，在变革中平衡，在平衡中变革，这就是富含东方“中庸”智慧的“柔性变革”。采用“柔性变革模式”实施德兴铜矿组织和人力资源管理变革，既适时推进了德兴铜矿组织和人力资源管理变革的顺利进行，又有效化解了变革阻力，保证了企业总体的和谐稳定。德兴铜矿柔性变革艺术或许可以给正在思考变革的企业以许多有益的启示。

1. 方案框架

（1）按照“三十二字”方针和“七十二字”原则优化组织机构。德兴铜矿是一家无城市依托的特大型矿山企业，由于它远离城市且管辖5万多矿区人口，所以它不是一般意义上的经济组织，它不得不承担许多社会管理责任。所以我们界定德兴铜矿有四大组织职能，分别是生产经营管理、行政保障服务、社会管理、党群管理。针对德兴铜矿这样一个特色，我们提出了组织机构优化的“三十二字”方针和“七十二字”原则。

“三十二字”方针是：科学梳理、合理归位、顺畅流程、消肿职能、突出核心、四位一体、加减并用、不唯精简。

“七十二字”原则是：服从组织使命，服务中心工作；满足流程需要，强化核心职能；管控服务分离，职能资源匹配；监管职能上移，具体业务下移；针对现存问题，做到有的放矢；遵循一般规律，突出德铜特色。

（2）采用“岗位复合化”技术优化岗位设置，遵循“按需设岗、岗得其人、人乐其岗、人能其岗、人担其责、人行其权、人获其薪、人享其尊、人尽其才”的原则实现人力资源优化配置。德兴铜矿岗位设置过细，岗位数量太多，“一人一岗”和“一人多岗”现象非常严重，如何精简岗位，这是一个问题。我们从河南省巩义康百万庄园的“西席室”石牌中得到启发。过去教私塾的老师被尊称为“西席”，就是我们今天所称的私塾老师。这“西席室”正是老师教主家幼小子孙读书写字的地方。不过“西席”的职责不仅是教书，还要负责看病、司仪等工作。由此看出，“西席”实际上就是一个“复合”岗位。把岗位复合化引入德兴铜矿的岗位优化工作，将具有相互关联性的几项工作并入一个岗位，让一个岗位担当多项工作，使“一事一岗”变成“多事一岗 ”，岗位员工工作从极不饱满走向相对满负荷。一举解决了德兴铜矿设置过细的难题。譬如档案馆的岗位优化，此前设置了科技档案、会计档案、基建档案、人事档案、文书档案 5 个岗位，分别定员 1 ~ 2 人不等。由于岗位设置过细，其中一个档案管理岗位人员如果出现休假或其他暂时性缺员，就会导致一段时间某类档案无人管理的状况。按照岗位复合化要求，现在把原来的五个岗位复合为一个岗位，不仅实现了岗位和人员的精简，也化解分工与协作的矛盾，大大提高了档案管理工作的效率。

（3）建立“岗效合璧”薪酬分配制度，把员工的薪酬与岗位价值和工作绩效密切结合起来。“岗效合璧”薪酬分配制度，是一套以岗位价值为依据、与工作绩效紧密挂钩、与劳动力市场价位发生联系、岗位级差合理、岗位薪酬宽幅适当、满足员工薪酬发展需求的新型薪酬分配制度。用数学模型表述为：

$$S = P1 \times I + P2$$

其中 S 为岗位直接薪酬；P1 为应得岗位工资；I 为绩效考核系数；P2 为绩效薪酬。

在“岗效合璧”薪酬分配模式里，岗位工资实行宽幅工资制度，一岗多薪（岗位工资坐标图见表1、表2）。考虑德兴铜矿相对孤立、封闭的矿山企业特征，员工流动性较差，职业纵向发展空间尤其是晋升职数有限，为鼓励员工爱岗敬业，提升岗位能力和创造更多的岗位绩效，岗位工资实行宽幅薪酬制度即一岗多薪制。宽幅薪酬制度赋予每一岗位适当的薪酬幅度，并允许上下岗位薪级适当交叉。

表1　德兴铜矿管理类岗位工资坐标图

<table>
<tr><th colspan="4" rowspan="2">管理类岗位</th><th colspan="5">同岗岗位工资档级</th></tr>
<tr><th>1</th><th>2</th><th>3</th><th>4</th><th>5</th></tr>
<tr><td rowspan="7"></td><td rowspan="3"></td><td rowspan="4">二级机构正副职</td><td>A11</td><td>A11.1</td><td>A11.2</td><td>A11.3</td><td>A11.4</td><td>A11.5</td></tr>
<tr><td>A10</td><td>A10.1</td><td>A10.2</td><td>A10.3</td><td>A10.4</td><td>A10.5</td></tr>
<tr><td>A9</td><td>A9.1</td><td>A9.2</td><td>A9.3</td><td>A9.4</td><td>A9.5</td></tr>
<tr><td rowspan="5">三级机构正副职</td><td>A8</td><td>A8.1</td><td>A8.2</td><td>A8.3</td><td>A8.4</td><td>A8.5</td></tr>
<tr><td rowspan="7"></td><td>A7</td><td>A7.1</td><td>A7.2</td><td>A7.3</td><td>A7.4</td><td>A7.5</td></tr>
<tr><td>A6</td><td>A6.1</td><td>A6.2</td><td>A6.3</td><td>A6.4</td><td>A6.5</td></tr>
<tr><td>A5</td><td>A5.1</td><td>A5.2</td><td>A5.3</td><td>A5.4</td><td>A5.5</td></tr>
<tr><td rowspan="4">其他一般管理岗位</td><td>A4</td><td>A4.1</td><td>A4.2</td><td>A4.3</td><td>A4.4</td><td>A4.5</td></tr>
<tr><td rowspan="3"></td><td>A3</td><td>A3.1</td><td>A3.2</td><td>A3.3</td><td>A3.4</td><td>A3.5</td></tr>
<tr><td>A2</td><td>A2.1</td><td>A2.2</td><td>A2.3</td><td>A2.4</td><td>A2.5</td></tr>
<tr><td>A1</td><td>A1.1</td><td>A1.2</td><td>A1.3</td><td>A1.4</td><td>A1.5</td></tr>
</table>

表2　德兴铜矿操作、服务类岗位工资坐标图

<table>
<tr><th colspan="2" rowspan="2">操作、服务类岗位</th><th colspan="6">同岗岗位工资档级</th></tr>
<tr><th>1</th><th>2</th><th>3</th><th>4</th><th>5</th><th>6</th></tr>
<tr><td rowspan="11">B
操作、服务
岗位</td><td>B11</td><td>B11.1</td><td>B11.2</td><td>B11.3</td><td>B11.4</td><td>B11.5</td><td>B11.6</td></tr>
<tr><td>B10</td><td>B10.1</td><td>B10.2</td><td>B10.3</td><td>B10.4</td><td>B10.5</td><td>B10.6</td></tr>
<tr><td>B9</td><td>B9.1</td><td>B9.2</td><td>B9.3</td><td>B9.4</td><td>B9.5</td><td>B9.6</td></tr>
<tr><td>B8</td><td>B8.1</td><td>B8.2</td><td>B8.3</td><td>B8.4</td><td>B8.5</td><td>B8.6</td></tr>
<tr><td>B7</td><td>B7.1</td><td>B7.2</td><td>B7.3</td><td>B7.4</td><td>B7.5</td><td>B7.6</td></tr>
<tr><td>B6</td><td>B6.1</td><td>B6.2</td><td>B6.3</td><td>B6.4</td><td>B6.5</td><td>B6.6</td></tr>
<tr><td>B5</td><td>B5.1</td><td>B5.2</td><td>B5.3</td><td>B5.4</td><td>B5.5</td><td>B5.6</td></tr>
<tr><td>B4</td><td>B4.1</td><td>B4.2</td><td>B4.3</td><td>B4.4</td><td>B4.5</td><td>B4.6</td></tr>
<tr><td>B3</td><td>B3.1</td><td>B3.2</td><td>B3.3</td><td>B3.4</td><td>B3.5</td><td>B3.6</td></tr>
<tr><td>B2</td><td>B2.1</td><td>B2.2</td><td>B2.3</td><td>B2.4</td><td>B2.5</td><td>B2.6</td></tr>
<tr><td>B1</td><td>B1.1</td><td>B1.2</td><td>B1.3</td><td>B1.4</td><td>B1.5</td><td>B1.6</td></tr>
</table>

“岗效合璧”薪酬分配制度比之传统的分配方式，不但较好地解决了薪酬分配的内部公平性和外部竞争性问题，而且更加突出了薪酬的激励特

性，给员工提供了更广阔的职业发展空间。

“岗效合璧”薪酬制度的激励特性主要有：

1）员工有机会通过岗位竞聘的方式获得合适的岗位，享受该岗位对应的报酬，只要有能力，就有足够的发展空间。

2）员工可以立足本职、爱岗敬业，取得优良绩效，通过绩效考核获得高于岗位平均薪酬的绩效薪酬；反之，如果岗位绩效较差，就将获得低于岗位平均薪酬的绩效薪酬。

3）员工可以通过学习技术提高岗位技能等级，获得薪酬横向晋升。

4）年度绩效考核连续几年获得优秀的员工，薪酬可直接横向晋升。

5）员工获得纵向职位晋升，可以获得新晋职位相应的报酬。

（4）以“平衡性 KPI”考核新思路建立科学的团队绩效和岗位个人绩效评价体系，破除“大锅饭”体制并铲除南郭先生的生存土壤。德兴铜矿此前存在两类考核：一类是下属生产单位实施的经济责任制考核，此类考核偏重考核经济性指标；另一类是中层干部考核，考核指标涵盖“德能勤绩廉”。针对德兴铜矿存在的生产单位偏重经济责任考核、非生产单位和管理岗位考核指标难以量化的情况，提出“平衡性 KPI”考核新思路，从单位职责和岗位职责出发，分别设计矿属各单位、职能管理部门以及非计件岗位的考核指标，解决了涉及全矿各单位、各部门乃至各岗位的绩效考核问题，实现绩效考核指标的科学量化和绩效考核的全覆盖，从制度上铲除了“南郭先生”的生存土壤。以安全防尘部的安全管理岗位为例，该岗位的绩效考核指标及考核表单如表 3 所示。

表 3　德兴铜矿安全环保部安全管理岗位考核表单

被考核者：	岗位名称：安全管理
所属部门：安全防尘部	岗位编号：
考核时段：年 月至 年 月	考核周期：□季度　　□年度
本岗位关键职责	之一：监督、检查二级单位落实与执行安全生产管理制度和流程情况
	之二：指导、督促安全生产隐患整改工作
	之三：监督、指导二级单位开展安全生产教育培训

续表

序号	KPI		权重	考核标准					考核得分
				95～100	85～94	75～84	60～74	59以下	
1	本岗位关键职责履行情况	工作计划完成情况	20	超量、提前完成	不折不扣完成	较好完成工作计划	基本完成	有较大差距	
		主动性	10	非常主动	主动	比较主动	欠主动	不主动	
		创造性	10	很强	较强	有一定创造性	偶有创造性	毫无创造性	
		工作质量	10	优秀	良好	较好，偶有微小差错	有2次以上明显差错	有1次以上重大失误	
2	考核期内上级安排的重要工作的完成情况	时效性	10	提前完成	按时完成	基本按时完成	常有延误	严重滞后	
		质量	10	很好	好	较好	欠佳	较差	
3	工作负荷		10	超负荷	饱满	比较饱满	不够饱满	严重不饱满	
4	基础工作质量		10	很好	好	较好	欠佳	较差	
5	团队协作和服务意识		10	很强	强	较强	一般	较差	
考核人签名：				被考核人签名：				总分	
绩效评语：									

四、项目成果效果评价

德兴铜矿项目成果效果有如下几方面评价：

1. 创新性提出并运用复杂组织柔性变革理论指导德兴铜矿组织和人力资源管理体系优化，有效破解了大型传统国企变革与稳定相平衡的难题，为国有企业深化改革提供了一个较好的范式

德兴铜矿柔性变革成果具体表现在：

（1）机构合并后职能部门正副职数减少，一方面实行竞争机制让合并前的部门正副职有机会参与公平竞争，竞聘上岗；另一方面妥善做好落聘同志的安置，在薪酬待遇上保留“存量”，安排其从事匹配的工作。

（2）实行科学定岗定编，令岗位精减，编制结构化调整，采取引导流动、培训转岗、留薪待岗等办法推进调整，给压力给动力，以时间换空间。

（3）针对“岗效合璧”薪酬分配制度导致一部分职工薪酬调降的情况，采取“稳定存量，改革增量”的办法推进改革，减小职工的心理落差，逐步纾缓变革阻力。

2. 在确保稳定的前提下实现了机构较大幅度精简和岗位的优化设置，有利于进一步实现德兴铜矿人力资源的优化配置

组织机构优化后，全矿职能部门和二级单位等机构数量由 56 个减至 47 个，减幅为 16.07%；矿机关 35 个职能管理部门减至 23 个，减幅为 34.29%；全矿岗位数量由 2850 个减为 2516 个，减幅为 11.7%。

通过优化机构和岗位，解决了德兴铜矿机构臃肿、人浮于事、推诿扯皮的组织管理问题，实现了“管理流程更顺畅，专业分工更清楚，职能部门更精干，管理幅度更扁平，定岗定编更科学”的组织结构优化目标。

3. 岗位编制得到优化，解决了生产一线人员长期偏紧，后勤服务单位人员严重冗员的问题

优化德兴铜矿定岗定编，并不是为精简而精简，主要是进行结构化调整，有保有压。譬如，全矿生产一线操作岗位和维修岗位编制不仅没有减少，反而略有增加，由 6043 个增加到 6314 个，净增加 271 个；全矿管理人员编制减少了 166 人，其中中层管理职数由 515 个减为 460 个，净减少 55 个。机关工作人员优化前有 892 人，优化后编制确定为 448 个，减幅为 49.78%；后勤服务人员编制减幅较大，由 2628 人减至 2281 人，净减少 347 人，减幅为 13.2%。

4. 建立“岗效合璧”薪酬制度和基于职责要求的绩效考核制度，不仅遏止了矿内人力资源逆向流动和人才外流现象，更激发出了干部职工工作的积极性和主动性，让传统国有大型矿山焕发出前所未有的生机和活力

德兴铜矿原来一线和二线职工薪酬差距小，骨干人才薪酬远低于市场价值，导致一线职工想方设法往二线流动，骨干人才不断流失。“岗效合璧”薪酬制度的实施建立起了公正的岗位价值分配体系，彰显出了薪酬分配的内部公平性和外部竞争性，一举解决了矿内人力资源逆向流动和骨干人才不断流失的老大难问题。

附录四

2013年中国管理咨询获奖优秀案例

——四川江铜稀土有限责任公司跨文化管理体系建设

一、项目背景

跨文化管理一直是跨国经营企业遇到的难题之一，早已受到国际社会的高度关注，研究者众多，不乏成功的案例，但失败的案例也不少。

相比跨国经营企业的跨文化管理而言，境内跨区域经营企业的跨文化管理还远未受到应有的重视。实际上，企业在国内跨区域经营过程中也同样遇到跨文化管理难题，尤其是资源型企业“走出去”实施跨地区资源整合与开发，在项目建设和运营过程中，始终无法回避来自不同利益诉求团体的抵触，常常因土地、环保、就业以及当地员工薪酬福利等问题与当地社会发生纠纷，如果投资者与当地社会在价值理念、生活习惯、交流方式等方面存在沟通障碍，势必造成文化冲突。基于此，国内一些大型资源集团开始审慎思考并部署探讨跨文化管理问题，开始把研究和破解跨文化管理难题提上企业的重要议事日程。

江西铜业集团公司（以下简称江铜集团），无疑是探索境内跨区域矿产资源并购，跨文化管理难题的先行者。江铜集团系中国最大的阴极铜生产商，是黄金、白银、硒、碲、铼等稀贵金属和硫化工的重要生产基地。近年来，江铜集团秉承“用未来思考今天”的发展理念，逐步加大对省外铜资源及相关有色金属资源整合开发的力度，加快境内外矿产资源并购整合的步伐。为防范和化解境内外资源整合开发的跨文化管理风险，江铜集团决定在四川江铜稀土有限责任公司开展跨文化管理试点工作，探索跨文化管理经验。

北京博洋零询管理顾问有限公司是一家专业从事战略管理、人力资源管理和企业文化咨询服务的专家机构，具有较为丰富的企业文化咨询实战经验。公司总经理何腊柏博士主持的“齐鲁石化企业文化体系建设”咨询案例入选国务院国资委《中央企业企业文化建设优秀案例选编》，被中国企业文化促进会收入《中国特色企业文化建设案例》（第二卷），列入全国企业文化管理师培训指定教材。特别值得一提的是，博洋零询咨询团队2013年一直跟踪和研究跨文化管理问题，对中国企业境外资源开发的跨文化风险以及国内跨区域经营企业的跨文化管理有相当深入的研究。

博洋零询管理顾问有限公司接受江铜集团之委托，就江铜稀土跨文化管理体系建设以及落地实施提供咨询顾问服务。

二、项目调研

（一）实态访谈

四川江铜稀土有限责任公司（以下简称江铜稀土）系江铜集团实施“走出去”战略，通过出资收购四川冕宁牦牛坪稀土矿整合重组而成的大型稀土资源开发企业。江铜集团来到四川凉山彝族聚居区开发稀土资源，彝族同胞价值维度、宗教信仰、风俗习惯、思维方式、道德准则以及沟通方式有其自身的鲜明特色，跨文化管理问题显然不能回避，也不容回避。无论生态环保、征地补偿、搬迁安置以及地方经济发展和人力资源本地化，都与跨文化紧密相关。而且，在凉山彝族自治地区实施稀土资源整合开发，跨文化管理难题的解决涉及许多复杂因素，充满挑战性，任务十分艰巨。

项目组通过对江铜稀土高层领导、中层管理人员和员工代表以及当地政府官员、涉矿村民的访谈，重点了解了他们对跨文化管理的认识和亟须解决的问题。访谈提纲如表1、表2。

表1　江铜稀土干部员工跨文化管理体系建设访谈提纲

访谈对象	访谈人数	访谈问题（包括但不限于）
高层领导	10	1. 如何看待江铜集团文化和江铜稀土文化的关系 2. 江铜稀土的战略愿景是什么 3. 江铜稀土成立以后在处理企业和当地政府及涉矿乡村关系方面做了哪些工作？经验和教训有哪些 4. 对彝族文化有哪些认识 5. 如何理解跨文化管理问题 ……

续表

访谈对象	访谈人数	访谈问题（包括但不限于）
中层管理人员	12	1. 如何看待江铜集团文化和江铜稀土文化的关系 2. 对江铜稀土的未来有什么期待 3. 对彝族人的风俗习惯有哪些了解和认识 4. 谈谈对少数民族员工管理的体会 5. 如何理解跨文化管理问题 6. 对处理好企业和当地政府及村民关系有什么建议 ……
员工代表	6	1. 对江铜稀土有哪些期待 2. 汉族员工和少数民族员工之间如何友好相处 3. 对处理好企业和当地政府及村民关系有什么建议 ……

表2 凉山州冕宁县有关人员访谈提纲

访谈对象	访谈人数	访谈问题（包括但不限于）
冕宁县政府部门	1	1. 地方政府对江铜稀土有什么期待 2. 对处理好企业和地方关系有哪些建议 ……
彝族文化专家	2	1. 彝族文化有哪些特点？最精华的有哪些 2. 和彝族人交往应注意哪些问题 3. 对处理好汉族和少数民族关系有哪些建议 ……
当地乡村干部	6	1. 当地政府和村民对江铜稀土有哪些希望和要求 2. 企业怎样做才能赢得当地政府和村民的信任 3. 对处理好企业和地方关系有哪些建议 ……
涉矿村民代表	6	1. 对江铜稀土有哪些希望和要求 2. 企业怎样做才能赢得涉矿村民的信任 ……

通过调研，博洋零询咨询团队发现，江铜集团历史悠久，文化底蕴深厚，企业文化建设卓有成效并已形成强大影响力。江铜稀土员工来源不同，构成复杂，其中本地化员工将成为员工的构成主体。员工文化背景不同，各自不同的价值观念、风俗、习惯乃至行为方式形成交叉。咨询团队

认为，江铜稀土作为江铜集团的控股子公司，有责任和义务移植母公司文化，但在移植过程中面临与四川凉山地域文化的融合问题。毕竟江铜集团公司文化属于外来文化，需要接地气，需要落地生根。江铜稀土文化的交叉特性如图1所示。

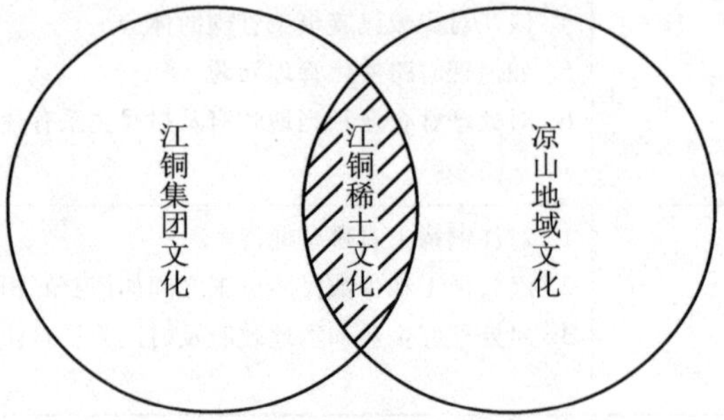

图1　江铜稀土文化的交叉特性模型

（二）彝族文化研究

江铜稀土所在的四川凉山彝族自治州，是我国最大的彝族聚居区。正视彝族文化的地位和价值，有效发挥彝族文化的效能，学会以彝族文化视角和立场化解矛盾，解决问题，才能从容地应对各种问题。

项目组通过对当地彝族文化专家的走访调查，参观凉山彝族奴隶社会博物馆，并翻阅了大量的彝族文化资料，对彝族文化有了一定的了解和认识：

第一，家支文化在凉山彝族文化中居于特别重要地位。彝族家支文化的本质是维护“忠”、“孝”，在这一点上与汉族的家族文化并无二致。家支文化与家族文化最大的不同，家支文化在处理涉外关系中发挥着巨大作用，而且这种作用难以替代。彝谚云：“不维护一户，全家支保不住；不维护家支，一片被抱光”；“个人惹事，家支负责”。这就给我们一个启示，在处理涉彝地方关系中，有一个重要环节绝不可忽视，那就是要注意与家支的头人（也叫头领、首领）协商，要有效发挥家支头人的作用。

第二，习惯法是彝族人约定俗成的规则文化。习惯法作为一类社会规范，在世界各地广泛存在，至今在非洲一些国家仍然在实际上起着比较大的作用。习惯法是独立于国家制定法之外，依据某种社会权威确立的、具有强制性和习惯性的行为规范的总和。它既非纯粹的道德规范，也不是完全的法律规范，而是介于道德与法律之间的准法规范。凉山彝族在约两千年的进化和发展历史进程中，形成了解决问题和化解矛盾首遵习惯法的独特风俗习惯。特别是较大事件的处理，都一律遵照习惯法进行处理。

第三，“情”字当先，彝族人珍重生命的情义文化。彝族同胞长期生活在一个传统社会，所以十分珍重情义，凡事“情”字当先，“义”字为要。彝族人至今保留喝“转转酒”、喝慢酒的习惯，了解“转转酒”传说的人都知道，他们喝的哪里是酒，他们喝的是真真切切的兄弟情。彝族社会流行这样一种逻辑：妥善化解分歧纷争，必先建立信任关系，而信任关系的建立必先奠定感情基础。彝族人相信，只要感情有了，许多问题都可以找到满意的答案。彝族同胞讲究以酒会友，以酒结盟。通过喝酒，交流情感，达到情理交融，解决问题，恰恰体现了彝族社会豪气仗义的为人处事风格。

第四，崇奉多神是彝族人原始质朴的信仰文化。彝族是一个有宗教信仰的民族。彝族宗教具有浓厚的原始宗教色彩，崇奉多神，信仰万物有灵，认为天有天神，地有地神，日有日神，大自然中许多没有生命的物质都附有精灵。例如，彝族人认为有些石头搬不得，要搬，必由彝族巫师出面举行仪式；再如，彝族人信奉驱鬼治病，生病通常也要请巫师作法。其他民族同胞对此可能不能理解，这是信仰文化的差异。我国法律规定，公民享有宗教信仰自由。其他民族同胞可以不信仰宗教，但要尊重彝族同胞的信仰。这就要求我们在处理涉彝经济补偿时，要遵照习惯法，把因必要的宗教信仰活动而产生的费用列入预算。

三、跨文化管理体系构建思路与方案

（一）基本原则：移植不照搬

江铜稀土是江铜集团的子公司，理应传承江铜集团的企业文化。但应本着“移植不照搬”原则来处理江铜集团企业文化与江铜稀土企业文化的关系，注意充分吸纳江铜集团的企业文化精髓，并部分移植了江铜集团的价值理念和行为规范，同时注意合理彰显江铜稀土作为一家当地股份制企业的应有文化个性。

江铜稀土应该移植江铜集团企业文化中的核心价值，包括企业使命、企业目标、企业（发展）理念、企业经营理念、企业主体（核心）价值观等，它们是江铜集团最基本和最持久的信念，是江铜集团赖以生存和发展的根本。

江铜稀土还应该移植江铜集团企业文化中具有共性的行为规范，譬如企业内部关系规范、会议行为规范、基本礼仪规范和公司内部员工交往行为规范等。

江铜稀土整合开发冕宁稀土资源，这里是少数民族彝族聚居区。彝族是中国具有悠久历史和古老文化的民族之一，传统文化积淀深厚。在凉山彝族自治地区从事矿业整合和开发，必须深入研究和深刻理解彝族文化的本质内涵，必须从历史、社会、心理等方面全面领悟和把握彝族文化，才能从容地应对文化差异问题、生态环保问题、征地补偿问题、搬迁安置问题以及地方经济发展问题和人力资源本地化问题等涉及地方关系的各种问题。

江铜稀土在构建企业文化过程中，除了继承移植江铜集团企业文化中的核心价值和部分行为规范外，更重要的是结合四川凉山地区文化特别是彝族文化的实际，创新性地打造具有江铜稀土特色的企业文化。

江铜稀土企业文化与江铜集团企业文化的关系，不是“等于”关系，而是主文化与亚文化的关系，是母文化与子文化的关系。这种关系既是继承与被继承的关系，又是继承与创新的关系。

江铜稀土企业文化之于四川凉山文化的关系，是借鉴和融合的关系。江铜稀土亚文化模型如图 2 所示。

（二）通过构建跨文化管理防火墙模型找到化解跨文化管理风险的思路

在深入调查研究的基础上，博洋零询咨询团队构建了江铜稀土化解跨文化管理风险防火墙模型，如图 3 所示。

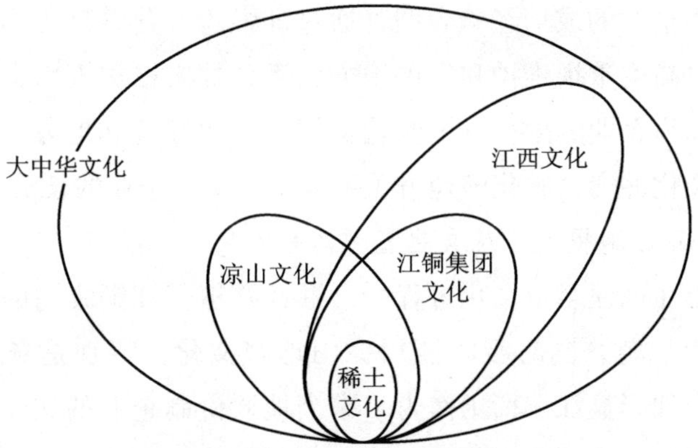

图2　江铜稀土亚文化模型

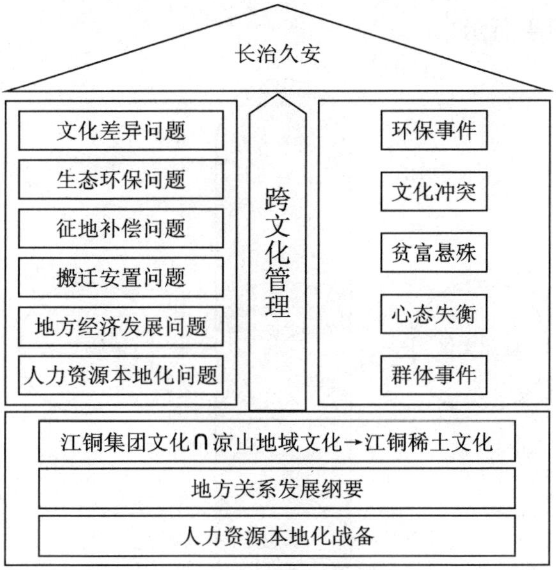

图3　江铜稀土跨文化管理防火墙模型

该模型显示：江铜稀土整合开发冕宁稀土资源，文化差异问题、生态环保问题、征地补偿问题、搬迁安置问题以及地方经济发展问题和人力资源本地化问题等都不可回避。这些问题处理不好，很有可能诱发环保事件、文化冲突、贫富悬殊、心态失衡，乃至群体性事件等，后果非常严重。

研究优秀企业的成功经验表明，通过加强跨文化管理工作，尤其是基于跨文化背景高度重视维护和发展地方关系，扎实推进人力资源本地化工作，完全可以为企业的生存发展营造良好的文化环境和地方关系环境，可以有效防范文化冲突，并化解地方关系风险，实现企业的长治久安。

（三）创新性地提出了跨文化管理体系框架

江铜稀土在创建企业文化过程中，继承移植了江铜集团的核心价值理念和部分行为规范，同时吸收四川凉山地域文化，特别是彝族文化的精华，并注意合理彰显江铜稀土作为一家当地股份制企业的文化特性，形成了具有江铜稀土特色的跨文化管理体系。江铜稀土企业文化纲领主要包含三块内容，即江铜集团核心价值、具有江铜稀土公司文化个性特质的子公司价值观以及具有稀土行业特征的子公司经营管理观。子公司企业文化纲领构建模型如图 4 所示。

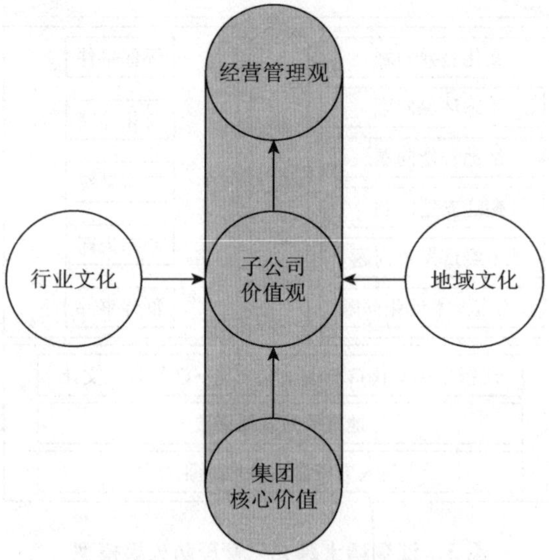

图 4　子公司企业文化纲领构建模型

江铜稀土企业文化纲领的主要内容：

（1）江铜集团核心价值，包括江铜集团的企业使命、企业理念、核心价值观等，这是江铜集团企业文化的遗传基因，体现了子公司对母公司核心价值的继承关系。

（2）具有江铜稀土公司文化个性特质的价值观。江铜稀土肩负实现江铜集团稀土资源战略使命并探索江铜集团跨区域经营企业跨文化管理经验的重大职责，在企业文化建设上必须要有自己鲜明的特点，特别需要突出的是江铜稀土的战略愿景、企业精神、企业作风、企业道德等价值观念，从而体现独具特色的江铜稀土文化内涵。譬如把江铜稀土公司的企业精神提炼为“敬业、忠诚、团结、包容”，反映了江铜稀土公司团队建设的客观要求。江铜稀土公司为一新组建单位，员工来自五湖四海，而且大部分员工来自矿区周边乡镇，这些员工没有经过严格的组织纪律性训练，职业化精神比较差，强调“敬业、忠诚、团结、包容”无疑是十分必要的。通过倡导“敬业、忠诚、团结、包容”的精神，持续塑造江铜稀土员工的一种符合组织管理要求的团队意识。

（3）明确江铜稀土经营管理观，包括安全观、环保观、质量观、成本观、竞争观、科技发展观、组织管理观、地企关系观、公共关系观、人力资源观等。

江铜稀土有限责任公司企业文化纲领构成如图 5 所示。

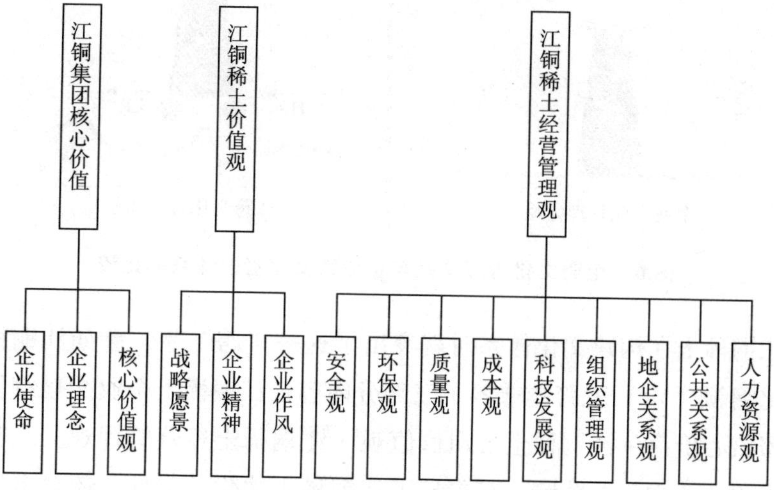

图 5　江铜稀土企业文化纲领构成

四、探索与创新

(一) 跨文化管理突出了一个“跨”字

企业跨文化管理体系和一般的企业文化管理体系在大体构架上基本类似，都包括 MI（理念识别体系）、BI（行为识别体系）、VI（形象识别体系）、PI（落地实施）等部分，但在具体内涵上却大不相同。

跨文化管理突出的是一个“跨”字，“跨”就是“跨越”，就是“兼容”，就是“超越”，通过“跨”来解决不同价值观念、风俗、习惯、行为方式等方面的相互认同、接纳和有机融合，以消弭文化差异，防范和化解文化冲突，最终达成文化和谐，如图 6 所示。

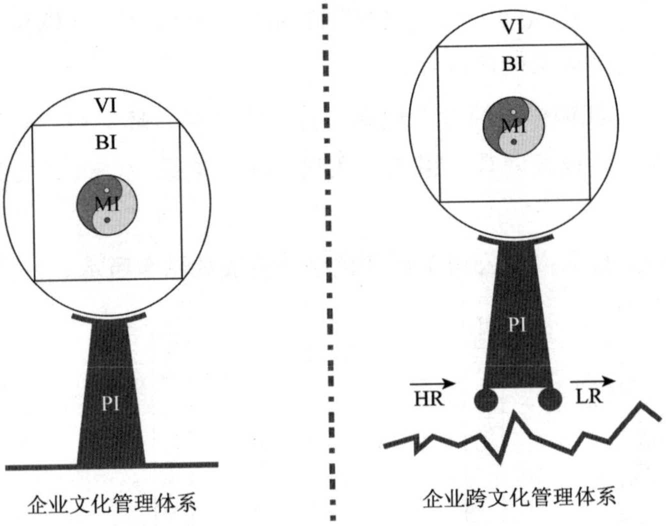

图 6　企业文化管理体系与企业跨文化管理体系的比较

江铜稀土在构建文化体系时就突出了这一“跨”字。譬如江铜稀土企业文化纲领（MI）就跨越兼容了三部分内容：江铜稀土企业文化纲领 = 江铜集团核心价值 + 江铜稀土公司价值观 + 江铜稀土经营管理观。既吸纳了江铜集团企业文化的精髓，又彰显了江铜稀土文化的个性，还含有四川冕宁地方文化元素。江铜稀土公司部分价值理念如表 3 所示。

表3 江铜稀土公司部分价值理念

项目	具体内容
公司战略愿景	稀土资源整合龙头，稀土矿业开发标杆，稀土产业升级典范
稀土企业精神	敬业、忠诚、团结、包容
稀土企业作风	规范、自省、协作、高效
安全观	生命高于一切，安全以人为本
环保观	创造永远的绿色
成本观	效益在我心中，成本在我手中
地企关系观	肝胆相照、克己厚人、亲仁善邻、包容共济
公共关系观	社会责任重于经济效益，声誉资本胜于有形资本
人力资源观	市场化、本土化、知识化、职业化
……	

BI（行为识别系统）则充分吸纳地域文化元素，譬如《地方交往行为规范》中写道："彝族文化底蕴厚，多有精华可借鉴；平等待人有礼仪，为人处事义当先；敬君尊长尊女性，谦虚谨慎与人善；你敬一尺还一丈，率直爽快不套圈。"具有浓郁的彝族文化色彩。

跨文化管理体系中最能体现"跨"的特色，是人力资源本地化（HR）和地方关系管理（LR）两个方面。

人力资源本地化（HR）和地方关系管理（LR）就像两个轮子，可以不断跨越前进道路上的不平和崎岖，有效化解因文化差异而引发的文化冲突。

（二）跨文化管理突出了与企业管理相结合

博洋零询项目团队针对江铜稀土面临的跨文化管理问题，从建设和谐员工关系和和谐地企关系出发，从奠定企业长治久安文化环境的要求出发，紧紧围绕企业管理研究江铜稀土跨文化管理策略，把江铜稀土地方关系发展和江铜稀土人力资源本地化战略作为重点，提出思路、构想和方案，既注意研究并借鉴跨国企业的成功经验，又重点注意与冕宁乃至凉山州的地域文化相结合，力图实现"尊规律"与"可操作"的统一。

1. 通过促进地企关系发展，为企业营造和谐稳定的外部环境

江铜稀土进行大矿整合和规范开发，是国家稀土资源战略的要求，是发展地方经济的需要，是冕宁稀土资源绿色开发和可持续发展的需要。

江江铜稀土开发冕宁稀土资源，为冕宁造福，为推进当地经济和社会发展事业的发展作出应有的贡献，这是江铜稀土义不容辞的责任。稀土是冕宁县乃至凉山彝族自治州的宝贵资源，稀土产业是冕宁县的支柱产业之一，州、县政府和当地社会对稀土资源整合和开发充满殷切期待。

江铜稀土大矿整合和建设工作的有序推进必得益于地方政府及社会各界的大力支持，江铜稀土公司未来的可持续健康发展必得益于地方政府及社会各界的鼎力相助。稀土资源整合与开发，实际上是对利益格局的一次重新调整，涉及许多利益相关者。要处理好众多相关者的利益关系，就必须维护和发展好和地方的关系，一定要与当地政府和社会各界平等协商，妥善解决受影响社区和居民的合理利益诉求，在大矿资源整合和开发运营有序推进的前提下，确保资源开发能使当地受影响社区和居民正正当当获益，实实在在受惠，绵绵延延发展，为江铜稀土长治久安营造良好的外部环境。

2. 通过人力资源本地化战略，为江铜稀土可持续发展提供内生动力

实行人力资源本地化战略，对江铜稀土成功开发冕宁牦牛坪稀土资源意义尤其重大。

（1）有利于实现江铜集团公司文化与凉山地域文化的有效融合，实现江铜集团企业文化的落地、生根、开花、结果。

（2）有利于利用本地员工熟悉本地地域文化（包括价值观念、思维方式、风俗习惯等）的天然优势，增进企业与地方政府、社会各界以及周边社区和居民的有效沟通，进而有效避免文化冲突。

（3）人力资源本地化是促进地方经济和社会发展的务实举措，有利于树立江铜稀土扎根地方的“本地企业”形象，更有利于增强地方政府和社会对江铜稀土的认同感和信任感。

江铜稀土未来的可持续发展和长治久安，必须把希望寄托于员工本地化尤其是员工骨干的本地化。在人力资源本地化问题上，如果不能有效推进员工骨干的本地化，那就不是真正的本地化；如果不能实现员工骨干较大程度本地化，江铜稀土就不可能成为名副其实的本地企业。江铜稀土必须致力于打造一个让本地员工职业成长的机制，建立起从优选“后备干部”，到“系统性培训”，再到“一带一培养”和“挂职锻炼”的本地化人才培养体系。对优秀的后备人才尤其是少数民族后备人才，公司可帮助他们量身定制职业生涯发展规划，并实施个性化培养方案。如有必要，可以外派高职高专院校脱产学习或对口安排到江铜集团有关单位学习和挂职锻炼。通过加大培养力度，逐步提高中高层管理人员和专业技术人员本地化的比例。

（三）创新性提出了企业文化落地的“5＋6”实施模型

为解决江铜稀土企业文化落地问题，博洋零询咨询团队提出“5＋6”实施模型，如图7所示。

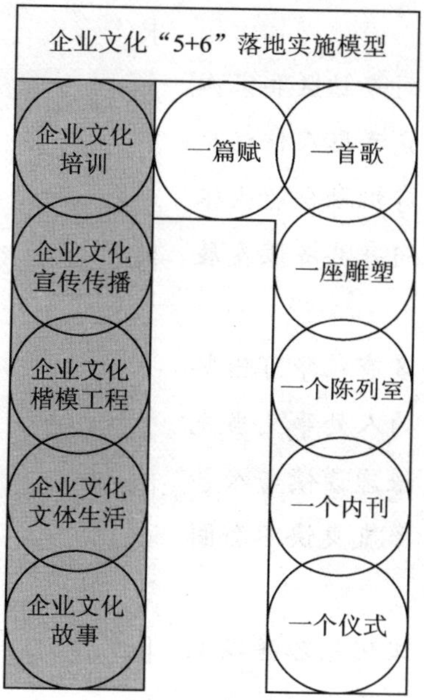

图7　企业文化“5＋6”实施模型

企业文化落地的“5＋6”实施模型，包括企业落地实施的五个重要环节和企业文化展示与传承的“六个一工程”。五个环节即稀土文化培训实施、稀土文化宣传传播、稀土文化展示与传承、稀土文化楷模工程以及企业文化建设与文体活动融合、企业文化故事的发掘与整理。企业文化展示与传承的“六个一工程”，具体指一篇赋、一首歌、一座雕塑、一个陈列室、一个内刊、一个仪式（员工入职宣誓仪式）。

（四）跨文化管理表现形式有新意

江铜稀土员工来自五湖四海，风俗习惯不同，文化层次各异，要让他们把企业文化内化于心，外化于行，必须用通俗易懂的语言，灵活多样的形式表述出来，便于员工学习记忆。

1. 用诗歌形式表述员工行为规范

《江铜稀土员工职业操守》、《地方交往行为规范》、《公司内部员工交往规范》等，均以顺口溜的形式表述，读起来朗朗上口，易记易背。譬如《江铜稀土公司地方交往行为规范》：

同一矿山一片天　同一社区共家园
肝胆相照赤诚见　克己厚人信任生
多元文化存差异　有机融合能生根
亲仁善邻和睦处　同舟共济谋发展

彝族文化底蕴厚　多有精华可借鉴
平等待人有礼仪　为人处事义当先
敬君尊长尊女性　谦虚谨慎与人善
你敬一尺还一丈　率直爽快不套圈

地方交往要谨记　文化包容弃偏见
地企关系预则立　未雨绸缪早研判
风俗习惯须尊重　兄弟相商政为援
入乡随俗晓禁忌　一言一行严检点

彝族称呼有讲究　“蛮子”“彝胞”生记恨
脏话粗话不出口　神石灵树宜远观
成人头部不要摸　夸赞婴儿莫说“胖”

当众放屁无地容　自取其辱遭白眼

做客赴宴右上坐　双脚切忌踏锅庄
转酒轻抿勿贪杯　肉不过三茶饮半
饭菜不能全扫光　有剩有余有教养
彝族禁食骡马肉　狗肉蛙肉更不沾

彝族家支重团结　涉彝事物勿擅断
纠纷争端先调解　“头人”“德古”怀远见
智慧习惯巧断案　息事宁人天地宽
毕摩苏尼不可缺　矿山社区共蓝天

2. 用小故事的形式诠释企业文化的深刻内涵

用10个企业文化小故事，从不同侧面分别阐释了江铜稀土勇于承担社会责任、员工行为规范、尊重包容彝族文化、人力资源本地化等方面的主题，使相关抽象的企业文化内容变得生动形象，亲近可感，人们易于接受。企业文化小故事如表4所示。

表4　企业文化小故事

故事序号	故事主题
故事之一	以人为本 责任唯重
故事之二	未入职即遭开除　技校生悔之晚矣
故事之三	平等待人有礼仪　为人处事义当先
故事之四	承诺是金　无信不立
故事之五	入乡随俗赢信任　相互尊重兄弟亲
故事之六	彝海歃血壮情怀　忠肝义胆抒豪迈 ——彝海结盟的有益经验
故事之七	大渡碧血彝山恨　万叠惊涛叹英豪 ——地方关系失败，石达开饮恨彝山
故事之八	任用彝族干部　破解涉矿彝村搬迁难题
故事之九	苏尼做法搬“神石”　息事宁人道路宽
故事之十	马嘿吉古子在成长

五、项目评价

该项目自 2012 年 6 月 4 日启动，12 月 21 日通过项目评审，评审意见认为：该项目的咨询报告从江铜稀土长治久安的战略高度出发，围绕“跨文化”思与谋，基于对江铜集团文化和凉山地域文化比较深入的研究，基于对国际国内资源开发企业跨文化管理经验和教训的深入研究，构筑了一套符合江铜稀土发展需要的企业文化体系，“跨”的特色十分鲜明，跨文化管理框架体系有创新，跨文化管理思路有突破，跨文化管理体系落地实施方案具有较强的可操作性。江铜集团公司领导和评审专家组对博洋零询公司咨询团队提交的咨询成果表示高度肯定。双方确定，2013 年 1－6 月重点实施江铜稀土跨文化管理体系的培训和辅导，江铜集团对培训和辅导效果表示满意。尤其是江铜稀土公司实施跨文化管理方案以后，地企关系和谐互动，形成了包容共济、互利共赢的稀土大矿整合开发氛围。真可谓“潮平两岸阔，风正一帆悬”。江铜集团探索性运用跨文化管理手段有效化解了江铜集团跨区域矿业整合开发遭遇的跨文化风险，为江铜集团加快实施跨区域资源扩张战略探索出了一条成功的经验。